普通高等教育"十二五"规划教材
高职高专土建类精品规划教材

工程经济与工程财务

主　编　陈金良　石丽忠
副主编　沈　坚　刘启够
主　审　白景富

中国水利水电出版社
www.waterpub.com.cn

内 容 提 要

本教材是根据教育部对高职高专教育的教学基本要求及全国水利水电高职教研会审定的工程造价专业指导性教学计划《工程经济与工程财务》课程教学大纲编写完成的。全书共13章，包括绪论、工程经济评价的基本知识、工程经济效果评价基本方法、风险与不确定性分析、设备更新分析、项目资金来源与融资方案、流动资金管理、工程项目成本管理、建设项目可行性研究与后评价、工程项目的财务评价、工程项目的国民经济评价、价值工程和经济评价案例。本教材力求做到突出实训，达到学练结合之目的，充分体现高职高专应用性强的特点。

本书可作为高职高专工程造价、建筑工程、工程监理、建筑经济管理类专业及相关专业的教材，也可作为成人教育土建类及相关专业的培训教材，还可供工程管理人员和财务管理人员学习参考使用。

图书在版编目（CIP）数据

工程经济与工程财务/陈金良，石丽忠主编．—北京：中国水利水电出版社，2011.8（2018.1重印）
普通高等教育"十二五"规划教材　高职高专土建类精品规划教材
ISBN 978-7-5084-8917-9

Ⅰ.①工…　Ⅱ.①陈…②石…　Ⅲ.①工程经济学—高等职业教育—教材②建筑工程—财务管理—高等职业教育—教材　Ⅳ.①F062.4②F407.967.2

中国版本图书馆CIP数据核字（2011）第168447号

书　　名	普通高等教育"十二五"规划教材 高职高专土建类精品规划教材 **工程经济与工程财务**
作　　者	主　编　陈金良　石丽忠 副主编　沈　坚　刘启够 主　审　白景富
出版发行	中国水利水电出版社 （北京市海淀区玉渊潭南路1号D座　100038） 网址：www.waterpub.com.cn E-mail：sales@waterpub.com.cn 电话：（010）68367658（营销中心）
经　　售	北京科水图书销售中心（零售） 电话：（010）88383994、63202643、68545874 全国各地新华书店和相关出版物销售网点
排　　版	中国水利水电出版社微机排版中心
印　　刷	北京瑞斯通印务发展有限公司
规　　格	184mm×260mm　16开本　15.5印张　368千字
版　　次	2011年8月第1版　2018年1月第3次印刷
印　　数	4501—6500册
定　　价	**42.00**元

前言

本教材是根据教育部《关于加强高职高专教育人才培养工作意见》和《国家中长期教育改革和发展规划纲要（2010—2020年）》、《国家中长期人才发展规划纲要（2010—2020年）》的精神，实现人才强国的战略目标，以及全国水利水电高职教研会审定的工程造价专业指导性教学计划《工程经济与工程财务》课程教学大纲编写的。本套教材以学生能力培养为主线，具有鲜明的时代特点，体现出实用性、实践性、创新性的教材特色，是一套理论联系实际、教学面向生产的高职高专教育精品规划教材。

工程经济与工程财务是一门综合性学科，具有理论面宽、实践性强、政策性要求高的特点，是工程造价、建筑工程等专业的专业基础课。通过本书的学习，掌握工程经济分析的基本方法和工程财务管理的基本知识，具有初步工程经济分析和财务管理的能力。全书共13章，包括绪论、工程经济评价的基本知识、工程经济效果评价基本方法、风险与不确定性分析、设备更新分析、项目资金来源与融资方案、流动资金管理、工程项目成本管理、建设项目可行性研究与后评价、工程项目的财务评价、工程项目的国民经济评价、价值工程和经济评价案例。

本教材编写人员及编写分工如下：沈阳大学石丽忠（第1章、第13章）；沈阳农业大学高等职业技术学院陈金良（第2章、第5章、第6章、第7章、附录）；浙江水利水电专科学校沈坚（第3章）；四川水利职业技术学院李坚（第4章）；中水东北勘测设计研究有限责任公司熊玲（第8章）；沈阳农业大学高等职业技术学院许明丽（第9章）；福建水利电力职业技术学院刘启够（第10章）；安徽水利水电职业技术学院谢颖（第11章）；杨凌职业技术学院王华（第12章）。本书由陈金良、石丽忠担任主编，陈金良负责全书统稿，由沈坚、刘启够担任副主编，由沈阳农业大学高等职业技术学院白景富担任主审。

本教材在编写过程中参考了一些文献资料和网络资源，借鉴了一些新的研究成果，在此对有关作者表示衷心的感谢。

本教材的编写得到了各位参编人员所在院校的大力支持和协助，特别是得到了有关专家的精心指导及各位同仁对本书提出的宝贵建议，在此一并深表谢意。

由于时间仓促，编者水平有限，加之工程经济与工程财务的内容在随着经济发展而不断丰富和更新，书中难免有不妥之处，诚恳希望广大师生及读者批评指正。

编者

2011年5月

目录

前言

第1章　绪　　论

学习目标和学习要点

通过本章学习，了解工程经济学研究的对象和范围，了解技术经济分析的可比性原理（满足需要上、时间上、劳动耗费上、价格上的可比性）及工程财务的内容；掌握工程、技术与经济的概念及其相互关系；掌握工程经济评价原则。

1.1　工程技术与经济的关系

现代科学技术的发展有两个特点，一是向纵深发展，形成许多分支科学；二是向广度进军，形成许多边缘学科。工程经济学就是介于自然科学和社会科学之间的边缘科学，它是根据现代科学技术和社会经济发展的需要，在自然科学和社会科学的发展过程中，互相渗透、互相促进，逐渐形成和发展起来的，是技术学和经济学的交叉学科。在这门学科中，经济处于支配地位，因此，它的性质属于应用经济学的一个分支。

1.1.1　工程

工程是指按一定的计划，运用科学知识将各种资源最佳地为人类服务进行的工作，如制造、建筑、水利、开矿等。其目的就是将自然资源转变为有益于人类的产品，它的任务是应用科学知识解决生产和生活中存在的问题，来满足人们的需要。

工程不同于科学，也不同于技术，它是人们综合应用科学理论和技术手段去改造客观世界的具体实践活动，以此取得实际成果。在长期的生产和生活实践中，人们根据数学、物理学、化学、生物学等自然科学和经济地理等社会科学的理论，并运用各种技术手段，去研究、开发、设计、制造产品或解决工艺使用等方面的问题，逐渐形成了门类繁多的专业工程，如机械工程、土木工程、航空航天工程等。

1.1.2　技术

技术是人类在利用自然和改造自然的过程中积累起来并在生产劳动中体现出来的经验和知识。或者说，技术是生产和生活领域中，运用各种科学所揭示的客观规律，进行各种生产和非生产活动的技能，以及根据科学原理改造自然的一切方法。

技术与科学常被视为一体，但严格说来，科学和技术是有着根本区别的。科学是人类在探索自然和社会现象的过程中对客观规律的认识和总结；而技术是人类活动的技能和人类在改造自然的过程中采用的方法、手段。要实现资源向产品或服务的转变，必须依赖于一定的技术。所以，人们总在期盼着用先进的工程技术，达到投入少、产出多的目的。因而，人们不断地学习、不断地创新，以期实现人们日常生活中的理想和愿望。

1.1.3　经济

“经济”一词在我国古代有“经邦济世”、“经国济民”的意义，是治理国家、拯救庶民的意思，与现代的“经济”含义不同。现代汉语中使用的“经济”一词，是19世纪后半叶，由日本学者从英语“Economy”翻译而来的。经济是一个多义词，通常有下列几方面的含义。

（1）经济指生产关系。经济是人类社会发展到一定阶段的社会经济制度，是生产关系的总和，是政治和思想意识等上层建筑建立的基础。

（2）经济是指一国国民经济的总称，或指国民经济的各组成部分，如工业经济、农业经济、商业经济等。

（3）经济指社会生产和再生产，即物质资料的生产、交换、分配、消费的现象和过程。

（4）经济是指节约或节省。在经济学中，经济的含义是从有限的资源中获得最大的利益。

工程经济学所研究的主要是人、财、物、时间等资源的节约和有效利用，以及技术经济决策所涉及的经济问题。任何工程项目的建设都伴随着资源的消耗，同时经历研究、开发、设计、建造、运行、维护、销售、管理等过程。在工程实践活动中必将产生经济效果、社会效果以及对生态、环境产生影响。如何以最少的耗费达到最优的经济效果正是工程经济学研究的目的。

1.1.4 工程技术与经济的关系

技术和经济的关系十分密切，不可分割。发展经济所进行的活动必须运用一定的技术手段，而任何技术手段的运用都必须消耗或占用人力、物力和财力等资源。可见，技术与经济两者相互促进又相互制约，是始终并存的两个方面。经济发展是技术进步的动力和方向，而技术进步是推动经济发展、提高经济效益的重要条件和手段。社会物质文化需要的满足、国民经济的发展都必须依靠技术的进步和应用。

由于科技与经济的不同特性，使它们在一定的背景下，又具有相互制约和矛盾的一面。具体表现在以下方面。

（1）技术研究、开发、应用与经济可行性的矛盾。缺乏足够的资金，就不能进行重大领域的科学研究或消化他人的先进技术为己所用。从较浅层次来看，这是经济对技术的制约；从较深层次来看，资金匮乏将使技术与经济陷入双重困境。

（2）技术先进性与适用性的矛盾。技术的先进性反映技术的水平和创新程度，这是科研部门所追求的，技术的适用性则表示技术适应使用者的生产与市场需要的程度，这是企业所要求的。先进的技术不一定适用，适用的技术不一定最先进。人们固然希望技术越先进越好，但它只有在对使用者适用、为使用者掌握、具有增值的使用价值时，才会受到青睐；否则就不可能发挥先进性的作用，并将在闲置中随科技进步与经济环境的变化而贬值。特别是在市场经济条件下，技术成为商品，如果技术研究开发脱离了市场需求，根本不可能实现其自身价值与使用价值。

（3）技术效益的滞后性及潜在性与应用者渴望现实赢利的矛盾。技术成果的应用会带来超额利润，但其应用有一个吸收、消化、创新的过程，不一定会立竿见影带来效益；而投资者期望尽快得到资金回报，从而可能将部分资金转为它用，使技术得不到推广和应用。这样，投资者即可能由于舍弃先进技术的应用而造成机会成本损失。

（4）技术研究开发应用效益与风险的矛盾。技术研究开发应用的效益与风险是并存

的，研究开发应用一旦成功，就会因掌握了技术与市场的领先优势而赢得超额利润。但研究开发应用过程也充满风险，包括技术选择失策、开发失败、时机滞后、技术供求关系变化、竞争失利、技术应用达不到预期效益等。有时人们因畏于风险而放弃新技术的开发应用，因此失去了生财的机遇。

（5）技术研究开发应用成本与新增效益的矛盾。技术愈先进，往往付出的代价愈高，从而出现支付成本与预期效益的矛盾。先进技术开发应用的成本一定要低于预期效益，否则再先进的技术也难以推广应用。

1.2 工程经济学研究对象和特点

1.2.1 工程经济学的产生与发展

工程经济学的产生至今有100多年。其标志是1887年美国的土木工程师亚瑟·M·惠灵顿出版的著作《铁路布局的经济理论》。到了1930年，E.L.格兰特教授出版了《工程经济学原理》教科书，从而奠定了经典工程经济学的基础。1982年，J.L.里格斯出版了《工程经济学》，把工程经济学的学科水平向前推进了一大步。近代工程经济学的发展侧重于用概率统计等新方法进行风险性、不确定性研究以及非经济因素的研究。

我国对工程经济学的研究和应用起步于20世纪70年代后期。随着改革开放的推进，工程经济学的原理和方法已在经济建设宏观与微观的项目评价中得到广泛应用，对工程经济学学科体系、理论和方法、性质与对象的研究也十分活跃，有关工程经济的投资理论、项目评价等著作大量出现，逐步形成了有体系的、符合我国国情的工程经济学。

1.2.2 工程经济学的研究对象

工程经济学的研究对象是工程项目技术经济分析的最一般方法，即研究采用何种方法、建立何种方法体系，才能正确估价工程项目的有效性，才能寻求到技术与经济的最佳结合点。

工程经济学从技术的可行性和经济的合理性出发，运用经济理论和定量分析方法，研究工程技术投资和经济效益的关系，例如，各种技术在使用过程中，如何以最小的投入取得最大的产出；如何用最低的寿命周期成本实现产品、作业或服务的必要功能。工程经济学不研究工程技术原理与应用本身，也不研究影响经济效果的各种因素，而只研究这些因素对工程项目产生的影响。研究工程项目的经济效果，具体内容包括了对工程项目的资金筹集、经济评价、优化决策以及风险和不确定性分析等。

1.2.3 工程经济学研究的主要内容

工程经济学的研究内容相当广泛，概括起来可以包括如下4个部分。

（1）研究技术创新的规律及其与经济发展的关系，探求如何建立和健全技术创新的机制，为制定有关的经济政策和技术政策提供理论依据。

（2）宏观、中观工程经济规划的论证。例如，全国的或某一地区的科技发展、经济发展规划的合理性与可行性论证；国家或某一地区某一种资源开采、合理利用的工程经济论证；以及行业发展规划的工程经济论证等。

（3）各级各类建设项目论证。例如，新建项目、技术改造项目、技术引进项目等的工程经济论证。

(4) 各种技术开发、产品开发与设计、工艺选择、设备更新等技术方案、技术措施的工程经济论证等。

1.2.4　工程经济学的特点

工程经济学以自然规律为基础而不研究自然规律本身，以经济科学作为理论指导和方法论而不研究经济规律。它是在尊重客观规律的前提下，对工程方案的经济效果进行分析和评价，从经济的角度为工程技术的采用和工程建设提供决策依据。工程经济学具有如下特点。

(1) 综合性。工程经济学横跨自然科学和社会科学两大类。工程技术的经济问题往往是多目标、多因素的。因此工程经济学研究的内容涉及技术、经济、社会与生态等因素。

(2) 实用性。工程经济学的研究对象来源于生产建设实际，其分析和研究成果直接用于建设与生产，并通过实践来验证分析结果的正确性。

(3) 定量性。工程经济学以定量分析为主，对难以定量的因素，也要予以量化估计。用定量分析结果为定性分析提供科学依据。

(4) 比较性。工程经济分析通过经济效果的比较，从许多可行的技术方案中选择最优方案或满意的可行方案。

(5) 预测性。工程经济分析是对将要实现的技术政策、技术措施、技术方案进行事先的分析评价。

综上所述，工程经济学具有很强的技术和经济的综合性、技术与环境的系统性、方案差异的对比性、对未来的预测性以及方案的择优性等特点。

1.3　工程经济分析的基本原则

1.3.1　选择替代方案的原则

无论在什么情况下，为了解决技术经济问题，都必须进行方案比较，而方案比较必须要有能解决同一问题的“替代方案”。所谓替代方案就是方案选择时，用做比较或相互进行经济比较的一个或若干个方案。由于替代方案在方案比较中占有重要地位，因此，在选择和确定替代方案时应遵循“无疑、可行、准确、完整”的原则。“无疑”就是对实际上可能存在的替代方案都要进行考虑；“可行”就是只考虑技术上可行的替代方案；“准确”就是从实际情况出发选好、选准替代方案；“完整”就是指方案之间的比较必须是完整地相比较，不是只比较方案的某个部分。

1.3.2　方案的可比性原则

为了使方案比较的结论合理、正确、切合实际，工程经济分析的比较原理就要遵循5个可比原则，它们是满足需求可比原则、消耗费用可比原则、价格可比原则、时间可比原则以及指标上的可比原则。

1. 满足需求可比原则

满足需求可比原则，是指相比较的各个技术方案满足同样的社会实际需要。它包括产量可比、质量可比和使用价值可比等几方面。

(1) 各种技术方案要满足产量（即生产规模）上的可比。产量可比是指各技术方案实际满足社会需要的产品产量相等，当产量不等且差别不显著时，可用单位产品投资额和单位产品经营成本相比较；当产量不等且差别显著时，可重新设计一个方案再进行比较。

(2) 各种技术方案要满足产品质量（包括品种）上的可比。如果对比技术方案的产品质量不同，应做质量可比的修正计算，就是将质量的差异换算成可比的产品质量。例如，日光灯和白炽灯两种灯具方案，不能用数量互相比较，而应在相同的照明度下进行比较。

(3) 各种技术方案要满足使用价值上的可比。使用价值上的等同化是方案比较的共同基础，只有具备相同使用价值的方案，才能进行相互比较，相互替代。如住宅建筑就不能与工业厂房相比，旅游旅馆就不能与体育馆相比，因为它们的功能不同，使用价值也不同。

2. 消耗费用可比原则

消耗费用可比原则，是指在计算和比较费用指标时，不仅要计算和比较方案本身的各种费用，还应考虑相关费用，并且应采用统一的计算原则和方法来计算各种费用。

(1) 技术方案的劳动消耗费用必须从社会全部消耗的角度来计算，运用综合的系统的观点和方法来计算。根据这一要求，技术方案的消耗费用计算范围不仅包括实现技术方案本身直接消耗的费用，而且应包括与实现方案密切相关的纵向和横向的相关费用。例如，修建一座混凝土搅拌站的目的是向用户提供混凝土，其消耗费用不仅要计算搅拌站本身的建设和生产费用，还要计算与之纵向相关的原材料的采购运输费用和成品送至用户的运输等项的费用。再例如，居住小区建设，除主要工程（住宅）的消耗外，还要计算配套工程等的耗费，故在进行小区建设方案比较时，应将各方案在主要工程的耗费和配套工程的耗费合并计算。

(2) 技术方案的劳动消耗费用必须包括整个寿命周期内的全部费用。也就是说，既要计算实现方案的一次性投资费用，又要计算方案实现后的经营或使用费用。

(3) 计算技术方案的消耗费用时，还应统一规定费用结构和计算范围，如估算基本建设投资应包括固定资产和流动资金；采用统一的计算方法，即指各项费用的计算方法、口径应一致，如对投资和生产成本的估算方法应采用相同数学公式；费用的计算基础数据要一致，就是指各项费用所采用的费率和价格应一致。因此，要求技术方案在价格上有可比性。

3. 价格可比原则

价格可比原则，是指在对技术方案进行经济计算时，必须采用合理的一致的价格。每个技术方案的消耗费用或创造的收益都是按价格来计算。价格上的可比性就是要采用相应时期的统一价格指标，即应采用同一地区、同一时期的价格水平，否则就应该进行换算或调整。

4. 时间可比原则

一是经济寿命不同的技术方案进行比较时，应采用相同的计算期作为基础；二是技术方案在不同时期内发生的效益与费用，不能直接相加，必须考虑时间因素。技术方案的经济效果除了数量概念外，还有时间概念。时间上的可比，就是要采用相同的计算期，考虑资金时间价值的影响等。

5. 指标上的可比原则

每个技术方案的经济效果评价，都是通过建立评价指标及其计算值进行的。指标上的可比性，就是使设置的指标体系，其指标所包含的内容、内涵要统一，计算的方法、口径、规则要一致等。

1.3.3 社会主义制度下经济效果的评价原则

所谓的经济效果就是技术方案实现后所取得的劳动成果（产出）与所消耗的劳动（投入）之间的比较。这里的劳动成果，是指满足社会需要的劳务和产品。消耗的劳动包括劳动和其他有用物品的消耗。这里强调经济效益的含义。经济效益，可以理解为有益的经济效果，也就是在实际上取得属于经济方面的效益。在项目的经济评价中，所有的经济指标应以经济效益为重点，但项目方案往往是在项目未实现之前进行评价，即事前评价，此时，项目的经济效果一般可以与经济效益通用。社会主义制度下经济效果的评价原则，主要体现在以下几个方面。

（1）坚持社会主义生产的目的，以最小的劳动消耗满足社会需求。

（2）局部经济效果服从整体经济效果。

（3）当前经济效果与长远经济效果相协调。

（4）经济效果与其他社会效果相一致。

1.4 工程财务管理

1.4.1 工程财务管理概述

财务管理是基于企业再生产过程中客观存在的财务活动和财务关系而产生的，是企业组织财务活动、处理与各方面财务关系的一项经济管理工作。

工程财务管理是工程管理的一个重要组成部分，是组织工程建设中财务活动、处理财务关系的一项经济管理工作。财务管理的内容是指财务管理所包含的基本业务管理方面，与财务活动的过程以及财务关系密切联系。工程财务管理分为广义财务管理和狭义财务管理。广义的财务管理具体包括资金管理、成本管理、筹资管理、投资管理及资金分配管理。而狭义的财务管理只包括筹资管理、投资管理、资金耗费管理和收益及资金分配管理，本书主要使用狭义的财务管理概念和内容。

1.4.2 工程财务管理的内容

1. 筹资管理

筹集资金是资金运动的起点，是投资的必要前提，也是企业财务管理的起点。在筹资管理活动中，主要解决的问题是如何取得企业投资所需要的资金，包括筹资数量的确定筹资渠道、筹资方式的选择、资金成本的计量及资金结构的合理安排及长短期资金的合理安排等。比如企业可以通过发行股票、债券等方式分别筹集到企业所需要的资金，前者形成企业的权益性资金，后者形成企业的债务性资金。

2. 投资管理

投资是指以收回资金并取得收益为目的而进行的投入资金的活动。企业要想谋求最高的经济效益，必须合理使用所筹集到的资金，即进行投资活动。企业的投资活动包括对内

投资（如建造房屋和建筑物、购买原材料等）和对外投资（如购买其他企业的股票、债券等）。投资是资金运动的中心环节，它不仅是对资金筹集提出要求，而且是决定未来经济效益的先决条件。因此，在投资管理过程中，应对事先拟定的投资方案进行可行性研究，在选定最优投资方案的基础上，确定投资规模，并通过对投资方向和投资方式的选择，确定合理的投资结构，以提高投资收益，降低投资风险。

3. 资金耗费管理

施工企业在日常生产经营活动的过程实际就是资金耗费的过程，这就要求企业要拥有一定量的资金，在工程建造过程中，生产者使用劳动工具对劳动对象进行加工，需要消耗固定资产、支付劳动报酬及其他费用，而各种生产经营的耗费的货币表现就是费用（包括生产费用和非生产费用）。资金耗费是资金运动的基础环节，在收入一定的情况下，资金耗费水平是企业利润水平高低的决定性因素。因此，在对资金耗费的管理过程中，应对资金支出严格把关，降低资金耗费，减少不必要的资金支持，以获取更大的经济效益。

4. 收益及资金分配管理

实现一定的收益是进行分配的前提，而影响收益的因素主要有两个方面，即收入和成本费用。收入是指企业在销售商品、提供劳务及让渡资产使用权等日常活动中所形成的经济利益的总流入，包括主营业务收入和其他业务收入。它是企业取得收益的主要前提条件，同时也是企业现金流入的主要组成部分。成本费用是指企业为在销售商品、提供劳务等日常活动中所形成的经济利益的总流出，包括营业成本和期间费用。

收益分配是指企业将一定时期内所创造的剩余价值总额在各经济利益主体之间分割的过程。在实际工作中，企业的收益分配表现为对其一定时期内实现的利润总额的分配。企业收益分配一般是按照国家有关法律、法规、制度及政策结合企业实际情况进行的，因此，企业收益分配的基本程序大致相同，如上缴税金、提取公积金、提取公益金、向股东分配利润等。收益的分配又体现着所有者的意志，因此，企业在进行收益分配的过程中，要注意处理好企业内外各经济利益主体之间的关系。

总之，企业的各项财务管理活动之间既有各自的独立性，又有其内在的必然联系。企业收益的多少受投资规模大小、收入和成本费用高低的影响；投资规模受筹资数量及筹资成本大小的制约。资金的筹集、投资、耗费和收益分配伴随着企业财务活动循环往复不断进行，相互关系、相互依存，共同构成企业财务活动的完整过程，同时这也是企业财务管理的主要内容。

思考与练习题

1.1　简述工程、技术与经济的概念及相互关系。

1.2　工程经济学的特点是什么？

1.3　工程经济学的研究对象是什么？

1.4　工程经济学的研究内容包括哪些？

1.5　工程经济分析的基本原则是什么？

1.6　工程财务管理的概念和内容是什么？

第2章　工程经济评价的基本知识

学习目标和学习要点

通过本章学习，了解资金时间价值的概念，熟悉利息与利率的关系，熟悉名义利率与实际利率的关系，熟悉现金流量及其构成，掌握等值计算的基本方法。具备资金时间价值的思想，熟练利用公式进行等值计算。

2.1　资金时间价值

2.1.1　资金时间价值的概念

货币如果通过储藏手段保存起来，不论经过多长时间仍为同等数量的货币，而不会发生数值的变化。货币的作用体现在流通中，货币作为社会生产资金参与再生产的过程中，即会得到增值、带来利润。我们常说的“时间就是金钱”，是指资金在生产经营及其循环、周转过程中，随着时间的变化而产生的增值。

例如，我们把100元存入银行，如果年利率为1.89%，一年后可得101.98元。这说明资金随着时间的流逝在流通过程中产生了增值。同理，两笔等额的资金，由于发生在不同的时期，它们在价值上就存在着差别，发生在前的资金价值高，发生在后的资金价值低。产生这种现象的根源在于资金具有时间价值。因此，资金的时间价值，是指资金在生产和流通过程中随着时间推移而产生的增值。

由于资金存在时间价值，今天存入银行的一笔钱，随着时间的推移可获得利息，因此，它就比明年的今天所拥有的同样的一笔钱更值钱。今天可以用来投资的一笔资金，由于随着时间的推移可获得利润，因此，即使不考虑通货膨胀的影响，也比将来任何时期所获得的同样数量的资金更具有价值。

2.1.2　利息与利率

利息是指因存款或放款而得到的超出存款本金的价值，或者资金使用者为其使用的资本金而偿付的超出本金的价值。换句话说，利息是因放弃使用资金而得的补偿，或因占用资金所付的代价。

利率是指用于计算资本金利息的比率。即在一个计息期内，所得或所付的利息额与本金之比。

比如，某居民在银行存款本金100元，存期2年，年利率2.7%，则存款到期本息合计为105.4元，其中，100元为本金，5.4元为利息，2.70%为利率。

利息和利率是衡量资金时间价值的尺度，故计算资金的时间价值即是计算利息的方法。利息计算有单利和复利之分。

1. 单利

单利计息是只对本金计算利息，而对每期的利息不再计息，从而每期的利息是固定不

变的一种计算方法，即通常所说的“利不生利”的计息方法。

利息计算公式如下

$$I_n = Pin \tag{2.1}$$

式中 I_n——n 个计息期末的利息总额；

P——本金；

i——计息期单利利率；

n——计息期。

而 n 期末的单利本利和 F，等于本金加上利息，即

$$F = P(1 + in) \tag{2.2}$$

在计算本利和 F 时，要注意式中 n 和 i 反映的时期要一致。如 i 为年利率，则 n 应为计息年数；若 i 为月利息，则 n 为计息的月数。

【例 2.1】 有一笔 50000 元的借款，借期 3 年，按每年 7%的单利率计息，试求到期时应归还的本利和。

解 用单利法计算，其现金流量如图 2.1 所示。

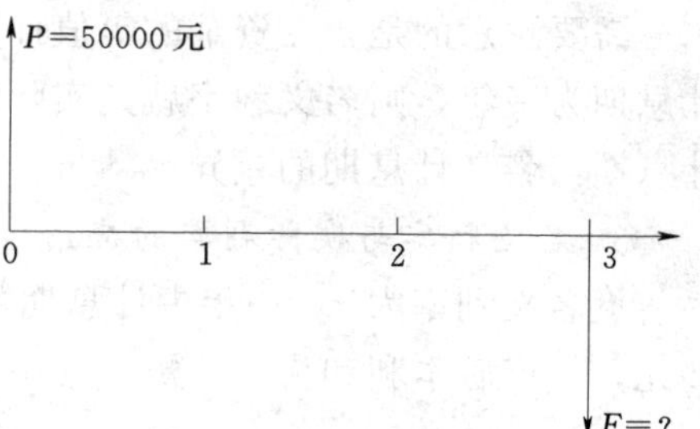

图 2.1 采用单利法计算本利和

根据式（2.2）有：

$$F = P(1 + in) = 50000 \times (1 + 7\% \times 3) = 60500(\text{元})$$

即到期应还的本利和为 60500 元。

单利法虽然考虑了资金的时间价值，但仅是对本金而言，并没有考虑每期所得利息再进入社会再生产过程，从而实现增值的可能性，这是不符合资金运动的实际情况的，没有反映资金随时都在“增值”的概念。因此，单利法由于未能完全反映资金的时间价值，在应用上有局限性，通常仅适用于短期投资及期限不超过一年的借款项目。

2. 复利

复利计息是指除本金计息外，利息也生息。其计算公式为

$$I_n = P(1 + i)^n - P \tag{2.3}$$

第 n 期末复利本利和 F_n 的计算公式为

$$F_n = P(1 + i)^n \tag{2.4}$$

【例 2.2】 在［例 2.1］中，若年利率仍为 7%，但按复利计算，则到期应还的本利和是多少？

解 用复利法计算，根据复利计算公式（2.4）有：

$$F_n = P(1 + i)^n = 50000 \times (1 + 7\%)^3 = 61252.15(\text{元})$$

与采用单利法计算的结果相比增加了 752.15 元，这个差额所反映的就是利息的资金时间价值。

复利法的思想符合社会再生产过程中资金运动的实际情况，完全体现了资金的时间价值，这是国外普遍采用的计息方法，也是我国现行信贷制度正在推行的方法。因此，在工程经济分析中，一般都是采用复利法。

2.1.3　名义利率与实际利率

前面讨论的都是计息周期以年为单位的情况，但实际应用中，计息周期并不一定以 1 年计，也可按每半年、每季或每月计息一次，在伦敦、纽约、巴黎等金融市场上，短期利率通常以日计算。而同样的年利率，由于计息期数不同，本金所产生的利息也不同。因此，当利率所标明的计息周期单位与计算利息实际所用的利息周期单位不一致时，就出现了名义利率与实际利率的差别。

1. 名义利率

所谓名义利率，是指按年计息的利率，即计息周期为 1 年的利率。它是以 1 年为计息基础，等于每一计息期的利率与每年的计息期数的乘积。例如，每月存款月利率为 3‰，则名义年利率为 3.6%，即 3‰×12 个月/年=3.6%。

2. 实际利率

实际利率又称为有效利率，是把各种不同计息的利率换算成以年为计息期的利率。例如，每月存款月利率为 3‰，则有效年利率为 3.66%，即$(1+3‰)^{12}-1=3.66\%$。

需要注意的是，在资金的等值计算公式中所使用的利率都是指实际利率。当然，如果计息期为一年，则名义利率就是实际年利率，因此可以说两者之间的差异主要取决于实际计息期与名义计息期的差异。

3. 名义利率与实际利率的应用

设名义利率为 r，一年中计息期数为 m，则每一个计息期的利率为 r/m。若年初借款 P 元，一年后本利和为

$$F_n=P(1+r/m)^m \tag{2.5}$$

其中本金 P 的年利息 I 为

$$I=F-P=P(1+r/m)^m-P \tag{2.6}$$

根据利率定义可知，利率等于利息与本金之比。当名义利率为 r 时，实际利率为

$$i=I/P=\frac{F-P}{P}=\frac{P(1+r/m)^m-P}{P}$$

所以

$$i=\left(1+\frac{r}{m}\right)^m-1 \tag{2.7}$$

式中　i——实际利率；

r——名义利率；

m——名义利率所标明的计息周期内复利计息的实际次数。

在复利计算中，对于名义利率有两种处理方法：一是将名义利率换算成实际利率，再计算复利；二是将周期利率代入复利公式，复利次数变为 $m\cdot n$。

【例 2.3】 某厂向外商订购设备，有两家银行可以提供贷款，甲银行年利率为 7%，按月计息；乙银行年利率为 8%，按半年计息，均为复利计算。试比较哪家银行贷款条件优越？

解　企业应当选择具有较低实际利率的银行贷款。

分别计算甲、乙银行的实际利率：

$$i_{甲}=\left(1+\frac{r}{m}\right)^{m}-1=\left(1+\frac{7\%}{12}\right)^{12}-1=0.072=7.2\%$$

$$i_{乙}=\left(1+\frac{r}{m}\right)^{m}-1=\left(1+\frac{8\%}{2}\right)^{2}-1=0.082=8.2\%$$

由于 $i_{甲}<i_{乙}$，故企业应选择向甲银行贷款。

从上例可以看出，名义利率与实际利率存在下列关系。

(1) 当实际计息周期为 1 年时，名义利率与实际利率相等；实际计息周期短于 1 年时，实际利率大于名义利率。

(2) 名义利率不能完全反映资金的时间价值，实际利率才真实地反映了资金的时间价值。

(3) 实际计息周期相对越短，实际利率与名义利率的差值就越大。

2.2 现金流量及其构成

2.2.1 现金流量的含义

项目在其寿命周期内，总可以表现为投入一定量的资金，花费一定量的成本，通过产品销售获得一定量的货币收入。在工程技术经济分析中，我们把项目视为一个系统，投入的资金、花费的成本、获得的收益，总可以看成是以资金形式体现的该系统的资金流出或流入。这种在项目整个寿命期内，各时点上实际发生的资金流出或流入称为现金流量。

流出系统的资金称现金流出，用符号 $(CO)_t$ 表示；流入系统的资金称现金流入，用符号 $(CI)_t$ 表示；现金流入与现金流出之差称净现金流量，用符号 $(CI-CO)_t$ 表示。技术经济分析的目的就是要根据特定系统所要达到的目标和所拥有的资源条件，考察系统在从事某项经济活动过程中的现金流出与现金流入，选择合适的技术方案，以获取最好的经济效果。

对于一个建设项目来说，投资、折旧、经营成本、销售收入、税金和利润等经济量是构成经济系统现金流量的基本要素，也是进行技术经济分析最重要的基础数据。

2.2.2 现金流量的分类

现金流量按技术经济分析的范围和经济评价方法的不同分为两类。

1. 财务现金流量

财务现金流量主要包括项目财务现金流量、资本金财务现金流量、投资各方财务现金流量。财务现金流量主要用于工程项目财务评价。

2. 国民经济效益费用流量

国民经济效益费用流量主要包括项目国民经济效益费用流量、国内投资国民经济效益费用流量、经济外汇流量。其中，国民经济效益费用流量主要用于工程项目国民经济评价。

2.2.3 现金流量图

一个项目的实施，往往要延续一段时间。在项目寿命期内，各种资金流入和流出的数额和发生的时间都不尽相同，为了正确地进行技术经济分析和计算，就需借助现金流量图。所谓现金流量图，就是一种以描述现金流量作为时间函数的图形，即把项目经济系统的资金流量绘入一时间坐标图中，表示出各项资金流入、流出与相应的对应关系，它能表示资金在不同时间点上流入与流出的情况。现金流量图包括三大要素：大小、流向、时间点。其中，大小表示资金数额，流向指项目的现金流入或流出，时间点指现金流入或流出所发生的时间。现金流量图的一般表现形式如图 2.2 所示。现金流量图是经济分析的有效工具，是正确进行经济分析计算的基础。

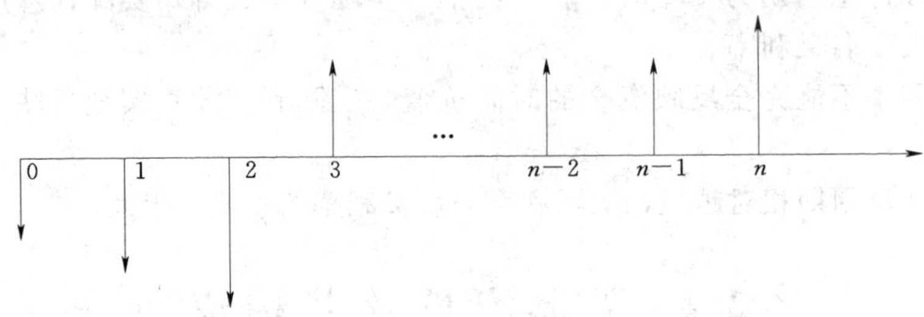

图 2.2　现金流量图

在图 2.2 中：

(1) 横轴称为时间轴，表示一个从 0 开始到 n 的时间序列，每一个刻度表示一个计息周期，如按年计息，则时间轴上的刻度单位就为年。在时间轴上，0 代表时间序列的起始点（表示投资起始点或评价时刻点），从 1 到 n 分别代表各计息期的终点（结束）。除 0 和 n 以外，每个数字都有两个含义。如 2，它既代表第二个计息期的终点（结束），又代表第三个计息期的始点（开始）。

(2) 相对于时间轴的纵坐标用来描述现金流量。箭头向上表示现金流入，即有资金流入时，此时现金流量为正值；箭头向下表示现金流出，即有资金流出时，此时现金流量为负值；箭线的长度与流入或流出的金额成正比，金额越大，其相应的箭线的长度就越长。箭线长短应适当体现各时点现金流量数值的差异，并在各箭线上方（或下方）注明该现金流量的数值。

(3) 现金流量的性质（流入与流出）是对特定的主体而言的。现金流量图因借贷双方“立脚点”不同，理解也不同。贷款人的流入就是借款人的流出或归还借款，反之亦然。通常，现金流量的性质是从资金使用者的角度来确定的。

(4) 如果没有特别说明现金的支付发生在每期的期初，一般假定现金的支付都发生在每期的期末，而每期的期末不一定都是年末。例如，某项目 2003 年 7 月 1 日开始投资，则期末可定在以后各年的 7 月 1 日。

2.3　资金的等值计算

2.3.1　资金等值的概念

在工程经济分析中，为了正确地评价投资项目的经济效果，必须对项目的整个计算期内不同时间点上所发生的全部投资收入和支出进行计算和分析，即要比较发生在不同时间点上各种资金的真实价值。由于资金存在时间价值，在不同时间点上发生的现金流量的数

值不能直接相加或相减。为了达到对投资项目的现金流量进行计算和分析的目的，我们采用一种称为资金等值计算的方法，即将不同时间点上发生的现金流量换算为同一时间点上的等价的现金流量，然后再来进行计算和分析。因此，需要用到资金等值的概念。

“等值”是指在时间因素的作用下，在不同的时间点上绝对值不等的资金具有相同的价值。在工程经济分析中，等值是一个很重要的概念，它是评价、比较不同时期资金使用效果的重要依据。

例如，当年利率为5%时，现在的1000元，等值于1年末的1050元，或5年末的1276元，或10年末的1629元，或20年末的2653元。

利用“等值”的概念，可以把在一个（或一系列）时间点发生的资金金额换算成另一个（或一系列）时间点的等值的资金金额，这样的一个转换过程就称为资金的等值计算。

资金等值的特点是，在利率大于零的条件下，资金的数额相等，发生的时间不同，其价值一定不等；资金的数额不等，发生的时间也不同，其价值却可能相等。

决定资金等值的因素是：①资金数额；②金额发生的时间；③利率。

在考察资金等值的问题时，通常都以同一利率作为比较计算的依据。

把将来某一时点的资金金额换算成现在时点的等值金额称为“折现”或“贴现”。将来时点上的资金折现后的资金金额称“现值”，与现值等价的将来某时点的资金金额称为“终值”或“将来值”。需要说明的是，“现值”并非专指一笔资金“现在”的价值，它是一个相对的概念。一般来说，将 $t+k$ 个时点上发生的资金折现到第 t 个时点，所得的等值金额就是第 $t+k$ 个时点上资金金额在第 t 个时点上的现值。进行资金等值计算时使用的反映资金时间价值的参数叫折现率或贴现率。

2.3.2 计算资金时间价值的几个基本概念

为了计算资金的时间价值，利用现金流量图对资金进行分析和计算，须掌握资金时间价值的相关概念及其含义。

1. 利率（折现率）i

在工程经济分析中，把根据未来的现金流量求现在的现金流量时使用的利率称为折现率。本书中利率和折现率一般不加以区分，均用 i 来表示，并且 i 一般指年利率（年折现率）。

2. 计息次数 n

计息次数是指投资项目从开始投入资金（开始建设）到项目的寿命周期终结为止的整个期限，计算利息的次数，通常以“年”为单位。

3. 现值 P

现值表示资金发生在某一特定时间序列始点上的价值。在工程经济分析中，现值表示在现金流量图中0点的投资数额或投资项目的现金流量折算到0点时的价值。折现计算法是评价投资项目经济效果时经常采用的一种基本方法。

4. 终值 F

终值表示资金发生在某一特定时间序列终点上的价值。其含义是指期初投入或产出的资金转换为计算期末的期终值，即期末本利和的价值。

5. 年金 A

年金是指各年等额收入或支付的金额，通常用等额序列表示，即在某一特定时间序列期内，每隔相同时间收支的等额款项。

6. 等值

等值是指在特定利率条件下，在不同时点的两笔绝对值不相等的资金具有相同的价值。

以上所指参数中，只要已知 3 个，就可以求出另外 2 个。其中，利率 i 是核心，在进行工程经济分析时，常根据利率做出决策。

2.3.3　资金等值计算的基本公式

由于利息是资金时间价值的主要表现形式，因此，对于资金等值计算来讲，其方法与采用复利法计算利息的方法完全相同，即以年复利率计息，按年进行支付。下面简单介绍一些常用的计算公式。

根据支付方式和等值换算点的不同，资金等值计算公式可分为三类：一次支付类型、等额支付类型和均匀梯度支付类型。

2.3.3.1　一次支付类型

一次支付又称整付，是指所分析的系统的现金流量，无论是流入还是流出均在某一个时点上一次发生。它包括两个计算公式。

1. 一次支付终值复利公式

如果有一笔资金，按年利率 i 进行投资，n 年后本利和应该是多少？也就是已知 P，i，n，求终值 F。解决此类问题的公式称为一次支付终值公式，其计算公式为

$$F=P(1+i)^n \tag{2.8}$$

式（2.8）表示在利率为 i，计息期数为 n 条件下，终值 F 和现值 P 之间的等值关系。

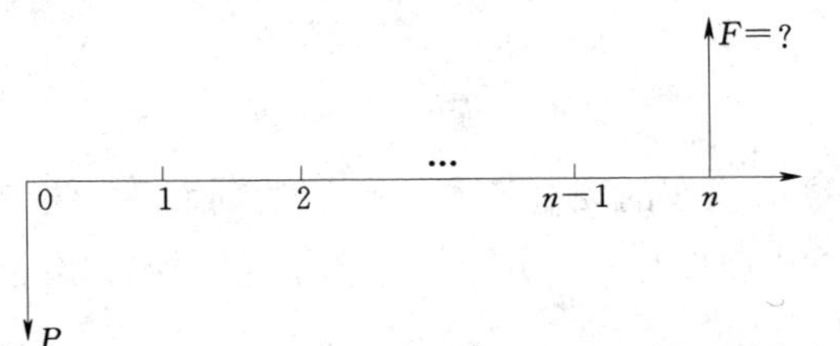

图 2.3　一次支付终值公式现金流量图

一次支付终值公式的现金流量图如图 2.3 所示。

在式（2.8）中，$(1+i)^n$ 又称为终值系数，记为 $(F/P,i,n)$。

这样，式（2.8）又可写为

$$F=P(F/P,i,n) \tag{2.9}$$

在实际应用中，为了计算方便，我们按照不同的利率 i 和计息期 n，分别计算出 $(1+i)^n$ 的值，排列成一个表，称为终值系数表（见附录）。在计算时，根据 i 和 n 的值，查表得出终值系数，然后与 P 相乘即可求出 F 的值。

【例 2.4】 现在把 500 元存入银行，银行年利率为 4%，计算 3 年后该笔资金的实际价值。

解　这是一个已知现值求终值的问题，其现金流量图如图 2.4 所示。

由式（2.8）可得：

$$F=P(1+i)^n=500\times(1+4\%)^3$$
$$=562.45(\text{元})$$

即 500 元资金在年利率为 4%时，经过 3 年后变为 562.45 元。增值 62.45 元。

这个问题也可以利用式（2.9）查表计算求解。

由复利系数表（见附录）可查得：$(F/P,4\%,3)=1.1249$，所以：

$$F=P(F/P,i,n)=P(F/P,i,n)$$
$$=500\times1.1249=562.45(\text{元})$$

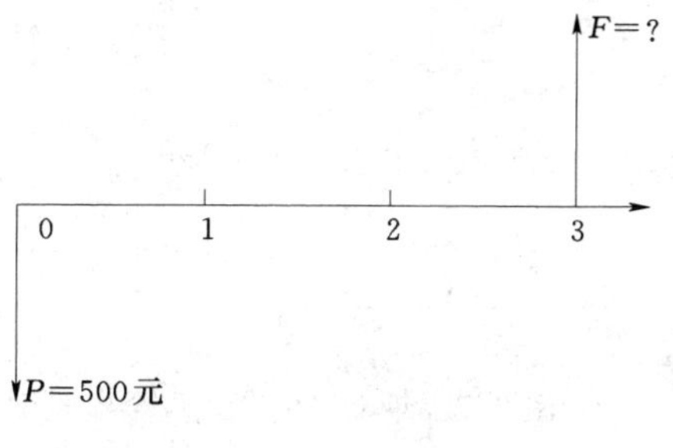

图 2.4 ［例 2.4］现金流量图

2. 一次支付现值复利公式

如果希望在 n 年后得到一笔资金 F，在年利率为 i 的情况下，现在应该投资多少？即已知 F，i，n，求现值 P。解决此类问题用到的公式称为一次支付现值公式，其计算公式为

$$P=F(1+i)^{-n} \tag{2.10}$$

其现金流量图如图 2.5 所示。

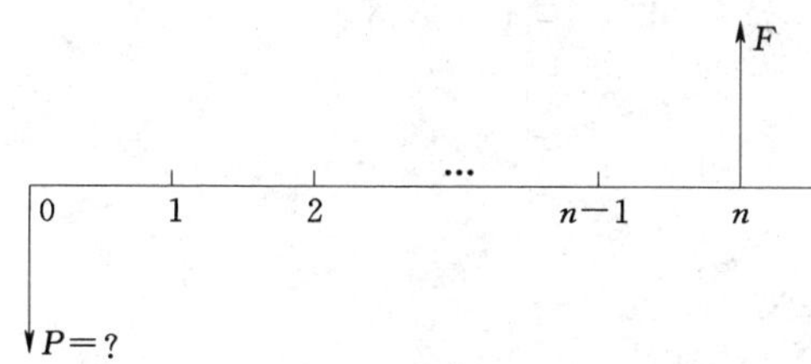

图 2.5 一次支付现值公式现金流量图

在式（2.10）中，$(1+i)^{-n}$ 又称为现值系数，记为 $(P/F,i,n)$，它与终值系数 $(F/P,i,n)$ 互为倒数，可通过查表求得。因此，式（2.10）又可写为

$$P=F(P/F,i,n) \tag{2.11}$$

【例 2.5】 某企业 6 年后需要一笔 500 万元的资金，以作为某项固定资产的更新款项，若已知年利率为 8%，问现在应存入银行多少钱？

解 这是一个根据终值求现值的问题，其现金流量图如图 2.6 所示。

根据式（2.10）可得：

$$P=F(1+i)^{-n}=500\times(1+8\%)^{-6}$$
$$=500\times0.6302=315.10(\text{万元})$$

即现在应存入银行 315.10 万元。

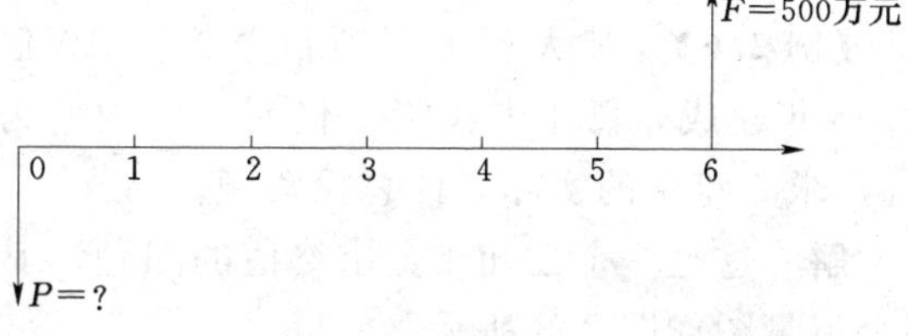

图 2.6 ［例 2.5］现金流量图

也可以通过查表，根据式（2.11）得出。从附表可查得：

$$(P/F,8\%,6)=0.6302$$

所以 $$P=F(P/F,8\%,6)=500\times0.6302=315.10(\text{万元})$$

2.3.3.2 等额支付类型

等额支付是指所分析的系统中现金流入与现金流出可在多个时间点上发生，而不是集中在某一个时间点，即形成一个序列现金流量，并且这个序列现金流量额的大小是相等的。它包括 4 个基本公式。

1. 等额支付序列年金终值复利公式

等额支付序列年金终值复利公式的含义是：在一个时间序列中，在利率为 i 的情况下

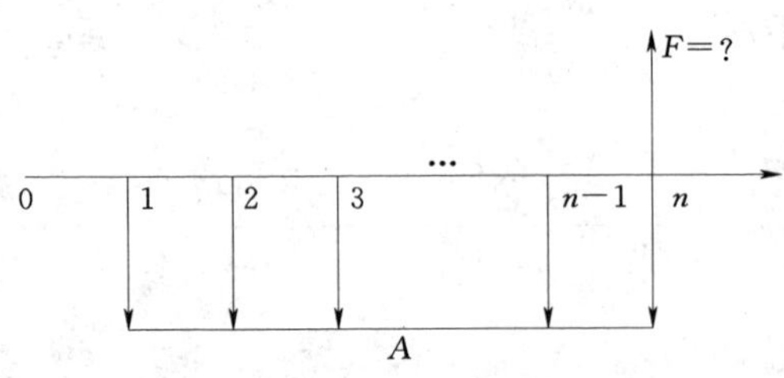

图 2.7　年金终值公式现金流量图

连续在每个计息期的期末支付一笔等额的资金 A，求 n 年后由各年的本利和累计而成的终值 F。即已知 A，i，n，求 F。类似于平常储蓄中的零存整取。其现金流量图如图 2.7 所示。

各期期末年金 A 相对于第 n 期期末的本利和可用表 2.1 表示。

表 2.1　　**普通年金复利终值计算表**

期　数	1	2	3	…	$n-1$	n
每期末年金	A	A	A	…	A	A
n 期末年金终值	$A(1+i)^{n-1}$	$A(1+i)^{n-2}$	$A(1+i)^{n-3}$	…	$A(1+i)$	A

$$F=A(1+i)^{n-1}+A(1+i)^{n-2}+A(1+i)^{n-3}+\cdots+A(1+i)+A$$

上式两边同时乘以 $(1+i)$ 则有

$$F(1+i)=A(1+i)^{n}+A(1+i)^{n-1}+A(1+i)^{n-2}+A(1+i)^{n-3}+\cdots+A(1+i)$$

后式减前式得

$$F(1+i)-F=A(1+i)^{n}-A$$

即

$$F=A\frac{(1+i)^{n}-1}{i} \tag{2.12}$$

式（2.12）即为复利年金终值（未来值）公式。式中，$\frac{(1+i)^{n}-1}{i}$称年金终值系数，记为 $(F/A,i,n)$，因此式（2.12）也可以表示为

$$F=A(F/A,i,n) \tag{2.13}$$

【例 2.6】　某大型工程项目总投资 10 亿元，5 年建成，每年末投资 2 亿元，年利率为 7%，求 5 年末的实际累计总投资额。

解　这是一个已知年金求终值的问题，其现金流量图如图 2.8 所示。

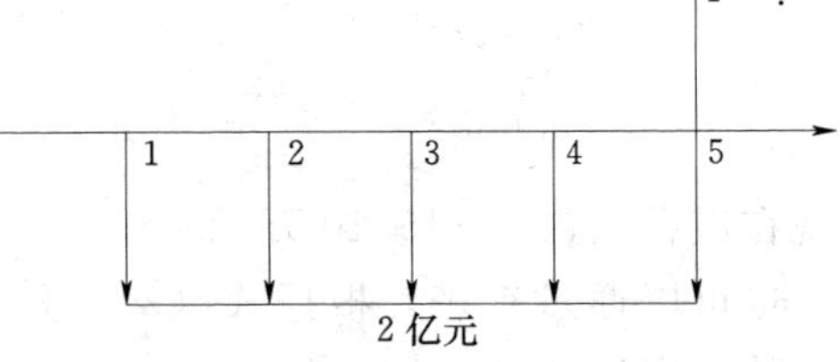

图 2.8　［例 2.6］现金流量图

根据式（2.12）可得：

$$F=A\frac{(1+i)^{n}-1}{i}=2\times\frac{(1+7\%)^{5}-1}{7\%}=11.5(\text{亿元})$$

此题表示若全部资金是贷款得来，需要支付 1.5 亿元的利息。

也可以通过查表，根据式（2.13）得出。

2. 偿债基金公式

偿债基金公式含义是：为了筹集未来 n 年后需要的一笔偿债资金，在利率为 i 的情况下，求每个计息期末应等额存储的金额。即已知 F，i，n，求 A。类似于日常商业活动中的分期付款业务，其现金流量图如图 2.9 所示。

计算公式可根据式（2.12）推导得出

$$A=F\frac{i}{(1+i)^n-1} \tag{2.14}$$

式（2.14）中，$\frac{i}{(1+i)^n-1}$称为偿债基金系数，记为（$A/F,i,n$），它与年金终值系数（$F/A,i,n$）互为倒数。

式（2.14）又可写为

$$A=F(A/F,i,n) \tag{2.15}$$

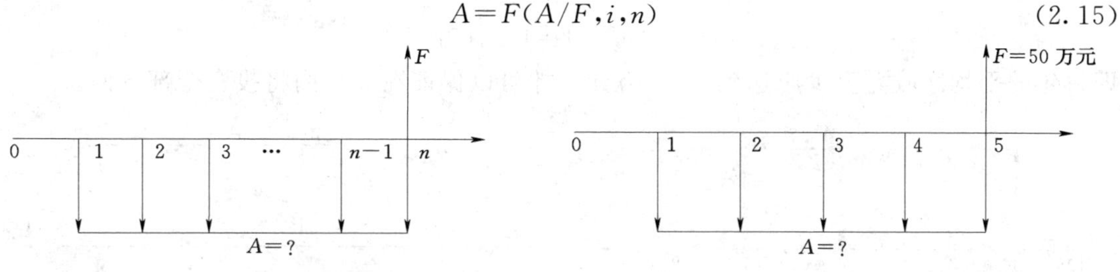

图 2.9 偿债基金公式现金流量图

图 2.10 ［例 2.7］现金流量图

【例 2.7】 某企业 5 年后需要一笔 50 万元的资金用于固定资产的更新改造，如果年利率为 5%，问从现在开始该企业每年应存入银行多少钱？

解 这是一个已知终值求年金的问题，其现金流量图如图 2.10 所示。

根据式（2.14）及式（2.15）有：

$$\begin{aligned}A&=F\frac{i}{(1+i)^n-1}=F(A/F,i,n)\\&=50\times(A/F,5\%,5)=50\times0.1810\\&=9.05(\text{万元})\end{aligned}$$

即每年末应存入银行 9.05 万元。

3. 资金回收公式

资金回收公式含义是：期初一次投资数额为 P，欲在 n 年内将投资全部收回，则在利率为 i 的情况下，求每年应等额回收的资金。也即已知 P，i，n，求 A，其现金流量图如图 2.11 所示。

资金回收公式可根据偿债基金公式和一次支付终值公式来推导，即

$$A=F\frac{i}{(1+i)^n-1}=P\frac{i(1+i)^n}{(1+i)^n-1} \tag{2.16}$$

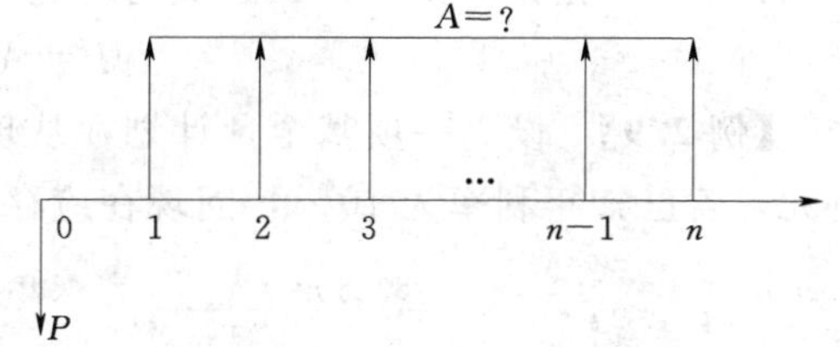

图 2.11 资金回收公式现金流量图

式（2.16）中，$\frac{i(1+i)^n}{(1+i)^n-1}$称为资金回收系数，记为（$A/P,i,n$）。因此资金回收公式（2.16）又可写为

$$A=P(A/P,i,n) \tag{2.17}$$

注意：资金回收系数是一个重要的系数，它的含义是对应于工程项目的单位初始投资，在项目寿命周期内每年至少应该回收的金额。在工程项目经济分析中，如果对应于单位初始投资的每年的实际回收金额小于相应的资金回收金额，就表示在给定利率 i 的条件

下，在项目的寿命周期内不可能将全部投资收回。

【例 2.8】 某项目投资 100 万元，计划在 8 年内全部收回投资，若已知年利率为 8%，问该项目每年均净收益至少应达到多少？

解　这是一个已知现值求年金的问题，其现金流量图如图 2.12 所示。

根据式（2.16）、式（2.17）有：

$$A=P\frac{i(1+i)^n}{(1+i)^n-1}=P(A/P,i,n)$$

$$=100\times0.174=17.4(\text{万元})$$

即每年的平均净收益至少应达到 17.4 万元，才可以保证在 8 年内将投资全部收回。

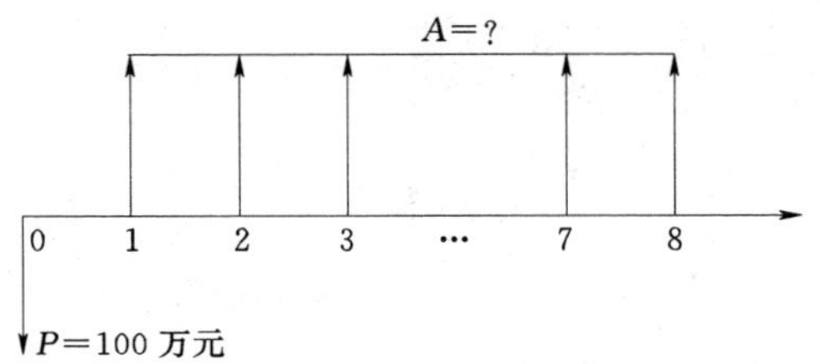

图 2.12　［例 2.8］现金流量图

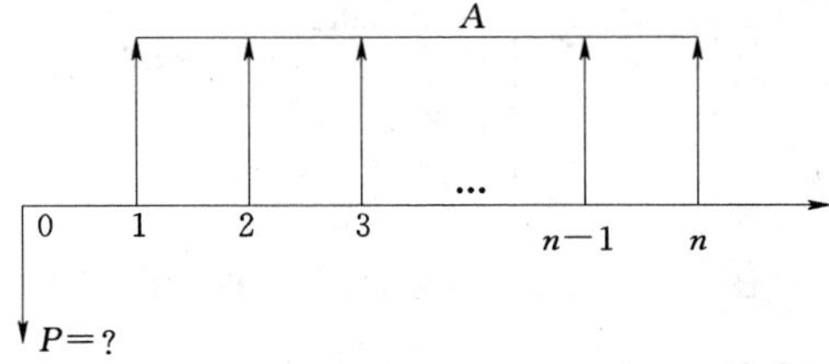

图 2.13　年金现值公式现金流量图

4. 年金现值公式

年金现值公式含义是：在 n 年内每年等额收支一笔资金 A，则在利率为 i 的情况下，求此等额年金收支的现值总额，也即已知 A，i，n，求 P。

现金流量图如图 2.13 所示。

计算公式可表示为

$$P=A\frac{(1+i)^n-1}{i(1+i)^n} \tag{2.18}$$

式（2.18）中，$\frac{(1+i)^n-1}{i(1+i)^n}$称为年金现值系数，它恰好是资金回收系数的倒数，记为 $(P/A,i,n)$。因此，式（2.18）又可写为

$$P=A(P/A,i,n) \tag{2.19}$$

【例 2.9】 设立一项基金，计划在从现在开始的 10 年内，每年年末从基金中提取 50 万元，若已知年利率为 10%，问现在应存入基金多少钱？

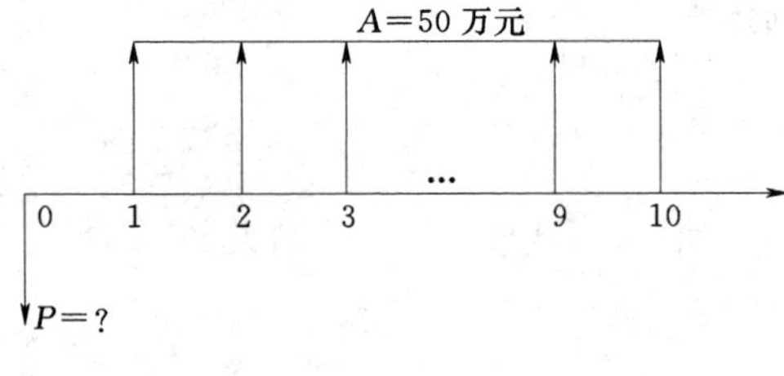

图 2.14　［例 2.9］现金流量图

解　这是一个已知年金求现值的问题，其现金流量图如图 2.14 所示。

根据式（2.18）、式（2.19）有：

$$P=A\frac{(1+i)^n-1}{i(1+i)^n}=A(P/A,i,n)$$

$$=A(P/A,10\%,10)=50\times6.1446$$

$$=307.23(\text{万元})$$

2.3.3.3　均匀梯度序列公式

均匀梯度序列的梯度序列将来值现金流量图如图 2.15 所示。

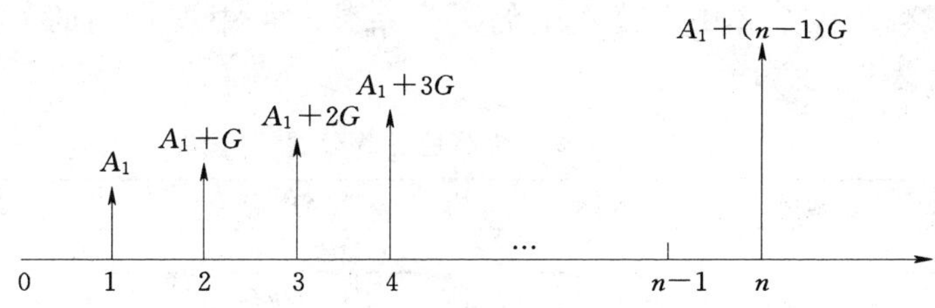

图 2.15 均匀梯度序列现金流量图

第一年年末的支付是 A_1，第二年年末的支付为 A_1+G，以后每年都比上一年增加一笔支出 G，第 n 年年末的支付是 $A_1+(n-1)G$。梯度序列的将来值 F_2 计算如下：

$$\begin{aligned}F_2&=G(F/A,i,n-1)+G(F/A,i,n-2)+\cdots+G(F/A,i,2)+G(F/A,i,1)\\&=G\left[\frac{(1+i)^{n-1}-1}{i}\right]+G\left[\frac{(1+i)^{n-2}-1}{i}\right]+\cdots+G\left[\frac{(1+i)^{2}-1}{i}\right]+G\left[\frac{(1+i)-1}{i}\right]\\&=\frac{G}{i}\left[(1+i)^{n-1}+(1+i)^{n-2}+\cdots+(1+i)^{2}+(1+i)+1\right]-\frac{nG}{i}\end{aligned}$$

方括号中的表达式是等额支付序列复利系数，所以

$$F_2=\frac{G}{i}\left[\frac{(1+i)^n-1}{i}\right]-\frac{nG}{i}$$

而与 F_2 等值的等额年值 A_2 为

$$\begin{aligned}A_2&=F_2\left[\frac{i}{(1+i)^n-1}\right]\\&=\left\{\frac{G}{i}\left[\frac{(1+i)^n-1}{i}\right]-\frac{nG}{i}\right\}\left[\frac{i}{(1+i)^n-1}\right]\\&=\frac{G}{i}-\frac{nG}{i}(A/F,i,n)\\&=G\left[\frac{1}{i}-\frac{n}{i}(A/F,i,n)\right]\end{aligned}$$

则梯度序列的等额年值

$$A=A_1+G\left[\frac{1}{i}-\frac{n}{i}(A/F,i,n)\right]=A_1+G(A/G,i,n) \tag{2.20}$$

式中，$\frac{1}{i}-\frac{n}{i}(A/F,i,n)$ 叫做梯度系数，用符号（$A/G,i,n$）表示，可以通过计算求得，也可查书中的附表求得。

【例 2.10】 若某人第一年支付一笔 10000 元的保险金，之后 9 年内每年少支付 1000 元，若 10 年内采用等额支付的形式，则等额支付款为多少时等价于原保险计划？

解 根据式（2.20）并查书中的附表求得：

$$\begin{aligned}A&=10000-1000\times(A/G,i,n)\\&=10000-1000\times3.8713\\&=6128.7(\text{元})\end{aligned}$$

以上介绍的 7 个基本公式在工程经济分析中经常用到，其中以复利终值（或现值）公式为最基本的公式，其他公式都是在此基础上经初等数学运算得到的。为便于理解和查

阅，将这 7 个公式列于表 2.2 中。公式中的 7 个系数，可根据不同的 i 值和 n 值进行计算，也可以直接查表得到。

表 2.2　　7 个基本资金等值计算公式

公式名称	已知项	欲求项	系数符号	公式
一次支付终值	P	F	$(F/P,i,n)$	$F=P(1+i)^n$
一次支付现值	F	P	$(P/F,i,n)$	$P=F(1+i)^{-n}$
等额支付序列	A	F	$(F/A,i,n)$	$F=A\dfrac{(1+i)^n-1}{i}$
偿债基金	F	A	$(A/F,i,n)$	$A=F\dfrac{i}{(1+i)^n-1}$
资金回收	P	A	$(A/P,i,n)$	$A=P\dfrac{i(1+i)^n}{(1+i)^n-1}$
年金现值	A	P	$(P/A,i,n)$	$P=A\dfrac{(1+i)^n-1}{i(1+i)^n}$
均匀梯度序列	G	A	$(A/G,i,n)$	$A=A_1+G\left[\dfrac{1}{i}-\dfrac{n}{i}(A/F,i,n)\right]$

2.3.3.4 公式应用中应注意的问题

（1）方案的初始投资，假定发生在方案的寿命期初，即“零点”处；方案的经常性支出假定发生在计息期末。

（2）P 是在计算期初开始发生（零时点），F 在当前以后第 n 年年末发生，A 是在考察期间各年年末发生。

（3）利用公式进行资金的等值计算时，要充分利用现金流量图。现金流量图不仅可以清晰、准确地反映现金收支情况，而且有助于准确确定计息期数，使计算不致发生错误。

（4）在进行等值计算时，如果现金流动期与计息期不同时，就需注意实际利率与名义利率的换算，如［例 2.11］所示。

（5）利用公式进行计算时，要注意现金流量计算公式是否与等值计算公式中的现金流量计算公式相一致。若一致，可直接利用公式进行计算；若不一致，应先对现金流量进行调整，然后再进行计算。如［例 2.12］所示。

【例 2.11】 某项目采用分期付款的方式，连续 5 年每年末偿还银行借款 150 万元，如果银行借款年利率为 8%，按季计息，问截至第 5 年末，该项目累计还款的本利和是多少？

解　该项目还款的现金流量图如图 2.16 所示。

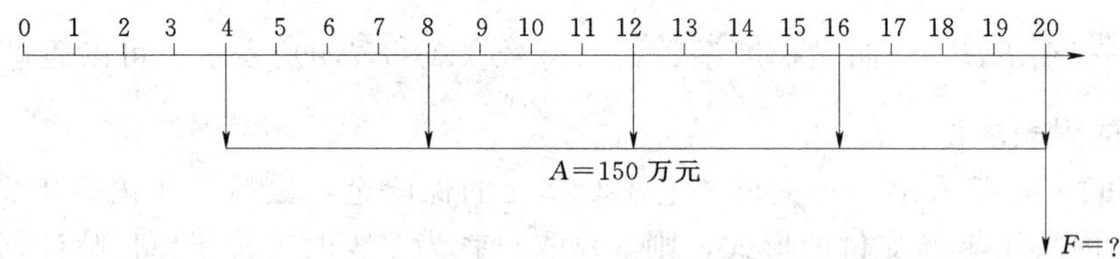

图 2.16　［例 2.11］现金流量图

这是一个计息期与现金流动期不同的情况。其计算的方法有多种，这里我们采用实际利率的方法求解。

首先求出现金流动期的等效利率，也即实际年利率。根据式（2.7），有：

$$i=\left(1+\frac{r}{m}\right)^m-1=\left(1+\frac{8\%}{4}\right)^4-1=8.24\%$$

这样，原问题就转化为年利率为8.24%，年金为150万元，期限为5年，求终值的问题。然后根据等额支付序列年金终值式（2.12），有：

$$F=A\frac{(1+i)^n-1}{i}=150\times\frac{(1+8.24\%)^5-1}{8.24\%}=884.21(\text{万元})$$

即该项目累计还款的本利和是884.21万元。

【例2.12】 某企业5年内每年初需要投入资金100万元用于技术改造，企业准备存入一笔钱以设立一项基金，提供每年技改所需的资金。如果已知年利率为6%，问企业应该存入基金多少钱？

解 这个问题的现金流量图如图2.17所示。

从图2.17中可以看出，此时的等额支付（即年金）是发生在期初（此时年金又称为预付年金），而等值计算公式中的年金是发生在期末，因此不能直接套用公式，而应该先进行现金流量的调整，调整为正常年金后再利用公式进行计算。调整后的现金流量情况可参考图2.18所示。

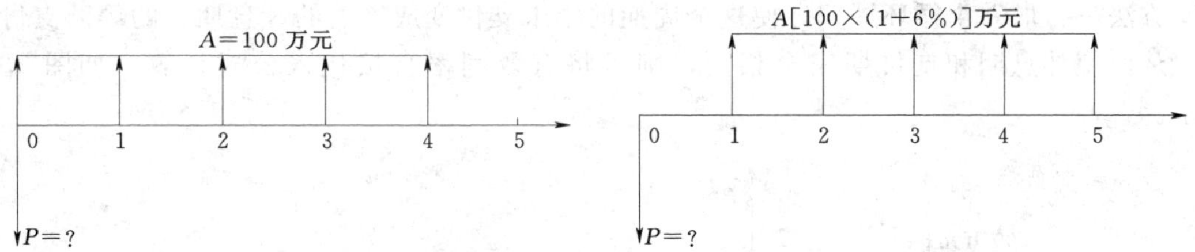

图2.17 ［例2.12］现金流量图　　　图2.18 ［例2.12］调整后的现金流量图

由图2.18可知，这是一个已知 A，i，n，求 P 的问题。根据年金现值式（2.19），有：

$$P=A(P/A,i,n)=100\times(1+6\%)\times(P/A,6\%,5)=106\times4.2124=446.51(\text{万元})$$

即企业现在应该存入基金446.51万元。

2.3.4 等值计算

2.3.4.1 计息周期等于支付周期

计息周期等于支付周期时，实际利率与名义利率相同，可以利用等值计算的基本公式直接计算。

【例2.13】 年利率为12%，每半年计息一次，从现在起，连续3年，每半年作100万元的等额支付，问与其等值的现值为多少？

解 每计息期的利率：

$$i=\frac{12\%}{2}=6\%$$

$$m=3\times2=6$$

$$P=A(P/A,i,n)=100\times(P/A,6\%,6)=100\times4.9173=491.73(\text{万元})$$

2.3.4.2 计息周期小于支付周期

适当变换后仍可利用前述公式进行计算。

【例2.14】 年利率为10%，每半年计息1次，从现在起连续3年的等额年末支付为500万元，与其等值的第0年的现值是多少？

解　方法一：先求出支付期的有效利率，支付期为 1 年，则有效年利率为：

$$i=\left(1+\frac{r}{m}\right)^{m}-1=\left(1+\frac{10\%}{2}\right)^{2}-1=10.25\%$$

则

$$P=A\frac{(1+i)^{n}-1}{i(1+i)^{n}}=500\times\frac{(1+10.25\%)^{3}-1}{10.25\%(1+10.25\%)^{3}}=1237.97(\text{万元})$$

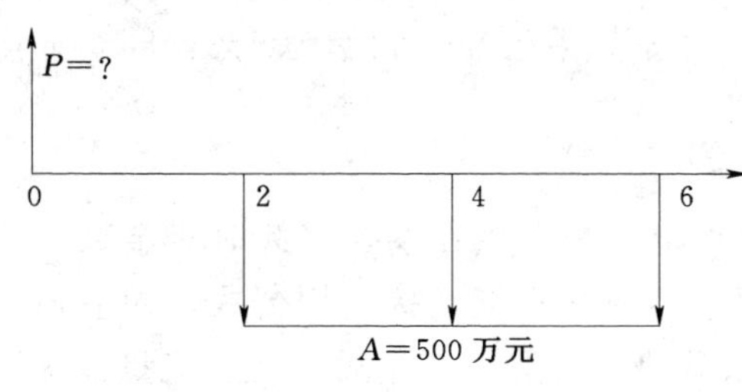

图 2.19　［例 2.14］现金流量图（一）

方法二：可把等额支付的每一个支付看作为一次支付，利用一次支付现值公式计算。如图 2.19 所示。

$$P=500\times\left(1+\frac{10\%}{2}\right)^{-2}+500\times\left(1+\frac{10\%}{2}\right)^{-4}+500\times\left(1+\frac{10\%}{2}\right)^{-4}=1237.97(\text{万元})$$

方法三：取一个循环周期，使这个周期的年末支付变成等值的计息期末的等额支付序列，从而使计息期和支付期完全相同，则可将有效利率直接代入公式计算，如图 2.20 所示。

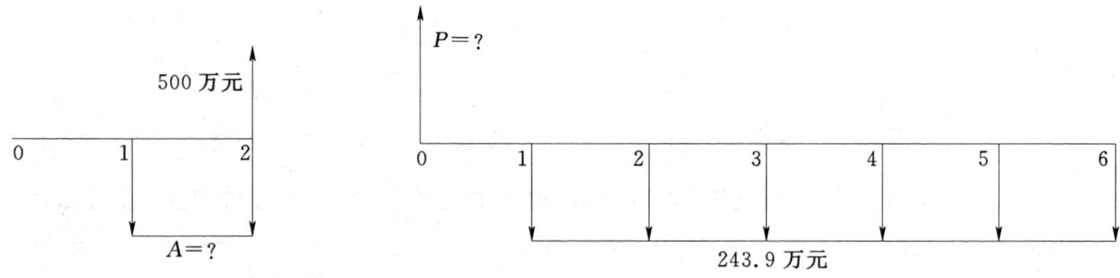

图 2.20　［例 2.14］现金流量图（二）

在年末存款 500 万元的等效方式是在每半年末存入

$$A=500\times(A/F,i,n)=500\times(A/F,5\%,2)$$
$$=500\times0.4878=243.9(\text{万元})$$

则

$$P=A(P/A,i,n)=243.9\times(P/A,5\%,6)=243.9\times5.0757$$
$$=1237.97(\text{万元})$$

2.3.4.3　计息周期大于支付周期

由于计息期内有不同时刻的支付，通常规定存款必须存满一个计息周期时才计利息，即在一个计息周期内存入的款项在该期不计算利息，要在下一期才计算利息。因此，原财务活动的现金流量图应按以下原则进行整理：相对于投资方来说，计息期的存款放在期末，计息期的提款放在期初，计息期分界点处的支付保持不变。

【例 2.15】　现金流量图如图 2.21 所示，年利率为 12%，每季度计息 1 次，求年末终值 F 为多少？

解　按上述原则进行调整，得到等值的现金流量图如图 2.22 所示。

根据调整过的现金流量图求得终值：

$$F=(-300+200)\times\left(1+\frac{12\%}{3}\right)^{4}+300\times\left(1+\frac{12\%}{3}\right)^{3}+100\times\left(1+\frac{12\%}{3}\right)^{2}$$
$$-300\times\left(1+\frac{12\%}{3}\right)+100$$
$$=116.63(\text{万元})$$

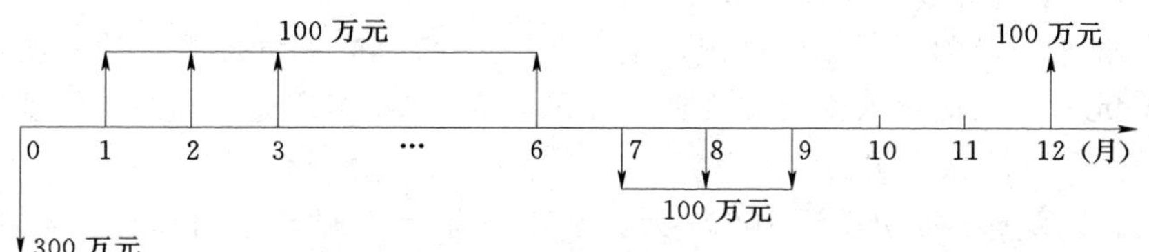

图 2.21 ［例 2.15］现金流量图

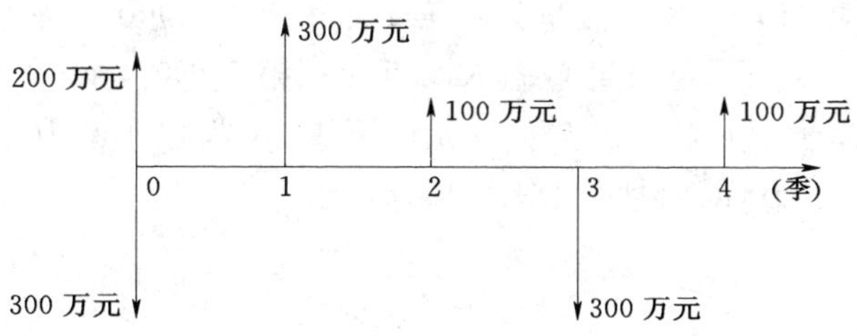

图 2.22 ［例 2.15］调整后的现金流量图

思 考 与 练 习 题

2.1 何为资金的时间价值？有何意义？

2.2 何为现金流量及现金流量图？现金流量如何计算？

2.3 什么是利息、利率？单利计算和复利计算有何区别？

2.4 什么是名义利率和实际利率？二者有何关系？

2.5 何为资金等值？常用资金等值换算公式有哪些？

2.6 下列等额支付的年金终值和年金现值各为多少？

(1) 年利率为 6%，每年年末借款 500 元，连续借款 10 年。

(2) 年利率为 8%，每年年初借款 1000 元，连续借款 5 年。

(3) 年利率为 9%，每季度计息一次，每季度末借款 800 元，连续借款 10 年。

(4) 年利率为 10%，每季度计息一次，每季度初借款 1000 元，连续借款 5 年。

2.7 下列现值或终值的等额支付为多少？

(1) 借款 5000 元，得到借款后的第 1 年年末开始归还，连续 5 年，分 5 次还清，年利率按 4%计算。

(2) 借款 5000 元，得到借款后的第 1 月月末开始归还，连续 5 年，分 60 次还清，年利率为 9%，每月计息 1 次。

(3) 年利率为 12%，每年年末支付 1 次，连续支付 8 年，8 年年末积累金额

15000 元。

(4) 年利率为 12%，每季度计息 1 次，每季度末支付 1 次，连续支付 8 年，8 年年末积累金额 15000 元。

2.8　建设银行贷款给某投资者，年利率为 5%，第 1 年初贷给 3000 万元，第 2 年初贷给 2000 万元，该投资者第 3 年末开始用盈利偿还贷款，按协议至第 10 年年末还清。问该投资者每年年末应等额偿还多少万元?

2.9　某建筑企业购买了一台机械，预计能使用 20 年，每 4 年要大修一次，每次大修费用为 1000 元，现在应存入银行多少钱，才足以支付 20 年寿命期间的大修理支出? 设年利率为 10%，每季计息一次。

2.10　如果第一年年初投资 10000 元，从第一年年末起 6 年内每年年末可获利 3000 元，问此项投资的利率为多少?

2.11　如果年利率为 8%，现在投资 10 万元，经过多少年可以收回 25 万元?

2.12　现有一个项目，其现金流量为：第 1 年末支付 1000 万元；第 2 年末支付 1500 万元；第 3 年收益 200 万元；第 4 年收益 300 万元；第 5 年收益 400 万元；第 6 年到第 10 年每年收益 500 万元；第 11 年收益 450 万元；第 12 年收益 100 万元；第 13 年收益 350 万元；第 14 年收益 450 万元。设年利率为 12%，求：

(1) 现值。

(2) 终值。

(3) 第 2 年末项目的等值。

(4) 等值的年金。

2.13　一项永久性奖学金，每年颁发 50000 元奖金，若年利率 5%，则该投资现在的投资额为多少?

2.14　某设备价格为 55 万元，合同签订时付了 10 万元，然后采用分期付款方式。第 1 年年末付款 14 万元，从第 2 年起每半年付款 4 万元。设年利率为 12%，每半年复利一次，问多少年能付清设备价款?

2.15　某家庭以住房抵押贷款方式购买了一套住宅，住房抵押贷款期限为 20 年，年利率为 6%，以每月 2500 元等额还款。该家庭于第 9 年初一次性偿还贷款本金 10 万元，余额在以后的 5 年内用按月等额还款的方式还清，则最后 5 年内的月等额还款额为多少?

第3章　工程经济效果评价基本方法

学习目标和学习要点

通过本章学习，熟悉项目经济评价指标体系；理解评价指标的概念、判别准则；掌握评价指标的计算；掌握动态、静态评价方法；理解项目方案评价类型；掌握单方案评价指标；掌握独立、互斥、相关性等多方案评价方法。

3.1　经济效果评价指标

3.1.1　概述

由于工程项目的复杂性，项目实施的经济效果体现在多个方面。经济效果评价指标是投资项目经济效益或投资效果的定量化及其直观的表现形式，它通常是通过对投资项目所涉及的费用和效益的量化和比较来确定的。

为了系统、全面地评价技术方案的经济效益，需要采用多个评价指标，从多个方面进行分析考察。

3.1.1.1　工程经济评价指标和方法

根据经济评价指标所考虑因素及使用方法的不同，可进行不同的分类。其中，最常用的分类方法之一是按照是否考虑所量化的费用和效益的时间因素，即是否考虑资金的时间价值，将评价指标分为静态评价指标和动态评价指标两类，具体如图3.1所示。与这些指标对应的工程经济评价基本方法见表3.1。

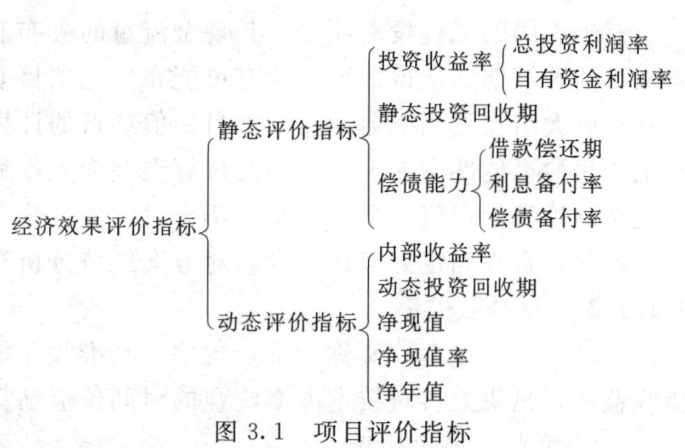

图3.1　项目评价指标

表3.1　工程经济评价的基本方法

静态评价方法	投资回收期法、借款偿还期法、增量投资回收期法、增量投资收益率法、年折算费法、综合总费用法
动态评价方法	净现值法、增量净现值法、内部收益率法、增量内部收益率法、费用现值法、费用年值法

3.1.1.2　方案计算期的确定

在计算经济评价指标时，项目寿命期的确定是否合理，有时会影响项目最终的评价结果。若寿命期确定得太短，则有可能错过一些具有更大盈利机会的方案；若寿命期确定得太长，使项目虚加了盈利时间，一些经济上本不可行的项目则可能被选中实施。

方案计算期，也称为项目的经济寿命周期，它是指对拟建方案进行现金流量分析时应确定的项目服务年限。对项目计算期的确定，主要考虑主体结构的经济性、维护的可行性、关联设施的实用性、经济计划管理的适应性及预测精度等因素综合确定。

对建设项目来说，方案计算期分为建设期和生产期两个阶段。

建设期，是指从开始施工至全部建成投产所需的时间。建设期的主要工作是：安排建设计划、签订经济合同、筹集资金、组织施工、检查工程进度、进行生产准备。项目建设期的长短与投资规模、行业性质及建设方式有关，应根据实际情况加以确定。需要指出的是：由于在建设期内，一般只有投入，没有或很少有产出，因此建设期过长，会增加项目的投资成本；同时，项目的建成投产标志着项目开始产生投资收益，建设期过长，会推迟这种获利机会的到来，从而影响到项目预期的投资效果。因此，在确保项目工程建设质量的前提下，项目建设期应尽可能缩短。

生产期，是指项目从建成投产到主要固定资产报废为止所经历的时间，它包括投产期（投产后未达到100%设计能力）和达产期。投产后达到设计生产能力的时间成为达产期，达到设计生产能力后的时期称为投产期。项目生产期一般不等同于该项目建成后的服务期，而是根据该项目的性质、技术水平、技术进步及实际服务期的长短来合理确定。除某些采掘工业受资源储量限制而需合理确定开采年限外，一般工业项目的生产期可按固定资产综合折旧寿命计，一般项目的生产期为 15 年左右，也可能延长至 25 年，甚至 30 年以上，需要根据行业的特点来具体确定。

对于不同的工程投资项目，其现金流量的分布和资金的回收时间安排往往会有差异。若项目的计算期确定得太短，就有可能在决定项目取舍或投资方案比较或选择时，错过一些具有更大潜在盈利机会的投资项目。但项目的计算期又不宜定得过长，一方面经济情况发生变化的可能性会变大，从而使计算误差变大；另一方面按折现法计算，将几十年后的收益金额折现为现值，数额较小，不会对评价结论发生关键性影响。

因此，合理确定方案计算期，对方案经济分析有较大影响。

3.1.1.3　基准收益率

基准投资收益率，又称标准折现率、基准收益率、基准贴现率、目标收益率、最低期望收益率，是决策者对技术方案资金的时间价值估算的依据。

1. 基准收益率的选择

采用净现值指标评价和选择方案时，正确选择和确定基准收益率非常重要，它关系到方案评价的正确性和确定项目的盈利水平的合理性。基准收益率又称目标收益率、最低期望收益率，用来贴现求现值的利率也称为社会折现率。它是投资者可以接受的，按其风险程度在金融市场上可以获得的收益率。

常用的基准收益率主要有行业财务基准收益率和社会折现率。行业财务基准收益率是项目财务评价时计算财务净现值的折现率。用行业基准收益率作为基准折现率计算的净现值，称作行业评价的财务净现值。行业财务基准收益率，代表行业内投资资金应当获得的最低财务盈利水平，代表行业内投资资金的边际收益率。社会折现率，是项目国民经济评价时计算净现值的折现率，用社会折现率作为基准折现率计算的净现值，称作国民经济评价的经济净现值。社会折现率表示从国家角度对资金机会成本和资金时间价值以及对资金盈利能力的一种估量。确定和采用适当的社会折现率，有助于合理使用建设资金、引导投资方向、调控投资规模、促进资金在短期和长期项目之间的合理配置。

2. 基准收益率的确定

利用基准收益率或目标收益率来选择确定项目，实际上是用它来作为一个衡量标准，这个标准收益率水平的高低对方案的选择有很大的影响。如果标准收益率定得太高，可能会使许多经济效益好的方案被拒绝；若标准收益率定得太低，可能会接受一些经济效益并不好的方案。从资金投入，即收益的时间上来分析，当基准收益率定得偏高时，则时间间隔越长的未来价值在总现值中的比重越小，即对只有近期效益的项目有利。因此，如果资金短缺，应当把收益率标准定得稍高一些。这样，有利于把资金用在获利高且短期效益好的项目上，有利于资金的增值。

基准收益率的确定必须考虑到资金成本、目标利润、投资风险和资金限制这四个因素。

（1）资金成本。资金成本是为取得资金使用权所支付的费用。项目投资后的所获利润额必须能够补偿资金成本，然后才能有利可言。因此，基准收益率最低限度不得小于资金成本，否则便无利可图。

（2）目标利润。建设项目投资的经济效益不仅应能回收资金和支付利息，而且应能获得一定的利润额。因此，在确定基准收益率时，必须考虑一定数目的目标利润。

（3）投资风险。通常，项目投资都存在发生亏损的可能性，即投资都是有风险的。为此，投资者自然就要求获得利润，否则它是不愿意去冒风险的。为了限制对风险大、盈利低的项目进行投资，可以采取提高基准收益率的办法来进行项目经济评价。

（4）资金限制。资金越少，越需要精打细算，使之利用得更加有效。为此，在资金短缺时，应通过提高基准收益率的办法进行项目经济评价，以便筛选掉盈利能力较低的项目。

总之，资金成本和目标利润是确定基准收益率的基础，投资风险和资金限制是确定基准收益率必须考虑的影响因素。

3.1.2 经济效果评价指标

3.1.2.1 静态评价指标

在工程经济分析中，把不考虑资金时间价值的经济效果评价指标称为静态评价指标。此类指标的特点是简单易算，主要包括静态投资回收期、投资收益率和偿债能力分析指标。

静态评价指标适用于对方案的粗略评价，如应用于投资方案的机会鉴别和初步可行性研究阶段，以及用于某些时间较短、投资规模与收益规模均比较小的投资项目的经济评价等。

1. 静态投资回收期（P_t）

静态投资回收期（P_t）是指不考虑资金时间价值的情况下，以项目每年的净收益回收项目全部投资所需要的时间，是考察项目财务上投资回收能力的重要指标。这里所说的全部投资既包括固定资产投资，也包括流动资金投资。对投资者来说，投资回收期越短越好。

静态投资回收期的公式如下

$$\sum_{t=0}^{P_t}(CI-CO)_t=0 \tag{3.1}$$

式中　P_t——静态投资回收期；

CI——第 t 年的现金流入量；

CO——第 t 年的现金流出量。

静态投资回收期一般以年为单位。对建设项目来说，投资回收期一般自项目建设开始年算起，即包括建设期。也可以自项目建成投产年算起，但应加以说明。

计算静态投资回收期的方法有以下两种。

（1）直接计算法。如果项目建成后各年的净收益（也即净现金流量）均相等，则静态投资回收期的计算公式如下

$$P_t=\frac{I}{A} \tag{3.2}$$

式中　I——项目投入的全部资金；

A——每年的净现金流量，即 $A=(CI-CO)_t$。

【例 3.1】 某投资方案一次性投资 500 万元，估计投产后各年的平均净收益为 80 万元，求该方案的静态投资回收期。

解　根据式（3.2）可有：

$$P_t=\frac{I}{A}=500/80=6.25(\text{年})$$

（2）累计法。累计法是根据方案的净现金流量，从投资开始时刻（即零时点）依次求出以后各年的净现金流量之和（也称累计净现金流量），直至累计净现金流量等于零的年份为止。对应于净现金流量等于零的年份数，即为该方案从投资开始年算起的静态投资回收期。

计算公式为

$$P_t=(\text{累计净现金流量开始出现正值的年份数}-1)+\frac{|\text{上年累计净现金流量}|}{\text{当年净现金流量}} \tag{3.3}$$

【例 3.2】 某投资方案的净现金流量如图 3.2 所示，试计算其静态投资回收期。

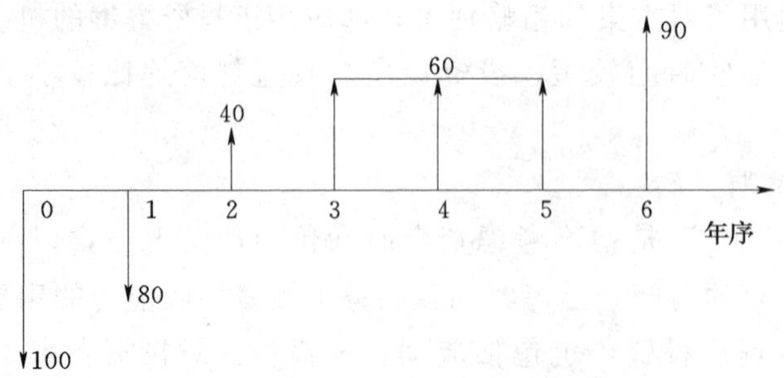

图 3.2　某投资方案的净现金流量（万元）

解 列出该投资方案的累计现金流量情况表，见表 3.2。

表 3.2 **累计净现金流量表** 单位：万元

年 序	0	1	2	3	4	5	6
净现金流量	－100	－80	40	60	60	60	90
累计净现金	－100	－180	－140	－80	－20	40	130

根据式（3.3）有：

$$P_t=(5-1)+|-20|/60=4.33(\text{年})$$

采用静态投资回收期对投资方案进行评价时，其基本做法如下。

1）确定行业的基准投资回收期（P_c）。

2）计算项目的静态投资回收期（P_t）。

3）比较 P_t 和 P_c。

若 $P_t \leqslant P_c$，则项目可以考虑接受；

若 $P_t > P_c$，则项目是不可行的。

基准投资回收期 P_c 可以是国家或部门制定的标准，也可以是企业自己的标准，其确定的主要依据是全社会或全行业投资回收期的平均水平，或者是企业根据自己的目标期望的投资回收期水平。

（3）静态投资回收期指标的优缺点。

1）优点。静态投资回收期指标的经济意义明确、直观，计算简便；它在一定程度上反映了投资效果的优劣和项目风险的大小。

2）缺点。静态投资回收期指标只考虑投资回收之前的效果，不能反映回收投资之后的情况，即无法准确衡量项目投资收益的大小；没有考虑资金的时间价值，因此无法正确地辨识项目的优劣。

2. 投资收益率（R）

（1）含义。投资收益率（R）是投资经济效果的综合评价指标，它是指投资方案建成达到设计生产能力后的一个正常生产年份的年净收益总额与方案投资总额的比率。它表明投资方案正常生产年份中，单位投资每年所创造的年净收益额。对生产期内各年的净收益额变化幅度较大的方案，可计算生产期年平均净收益额与投资总额的比率。

投资收益率，又叫投资效果系数，是考察项目单位投资盈利能力的指数。

其公式为

$$\text{投资收益率}(R)=\frac{\text{年净收益或年平均净收益}}{\text{投资总额}}\times 100\% \tag{3.4}$$

（2）判别标准。将计算出的投资收益率（R）与所确定的基准投资收益率（R_c）进行比较：

若 $R \geqslant R_c$，则项目可以考虑接受；

若 $R < R_c$，则项目是不可行的。

（3）投资收益率的应用指标。投资收益率的应用指标按资金来源分为总投资收益率和资本金净利润率。

1）总投资收益率。总投资收益率表示总投资的盈利水平，是指项目达到设计生产能力后正常年份的年息税前利润或运营期内年平均息税前利润与项目总投资的比率，计算公式如下

$$\text{总投资收益率}=\frac{\text{年息税前利润或年平均息税前利润}}{\text{项目总投资}}\times 100\% \tag{3.5}$$

式（3.5）中，年息税前利润是指净利润在扣除利息费用和所得税之前的利润，即年息税前利润＝利润总额＋计入总成本费用的利息费用。息税前利润可以选择项目达到设计能力正常年份的年息税前利润，也可以计算出运营期年平均息税前利润，即用运营期年息税前利润之和除生产期。选择前者还是后者，应根据项目的运营期长短和年息税前利润波动的大小而定。若项目运营期较短，且年息税前利润波动较大，原则上要选择运营期年平均息税前利润。

式（3.5）中的项目总投资为建设投资、建设期利息和流动资金之和。

总投资收益率高于同行业的收益率参考值（如行业标准规定的总投资收益率、行业平均总投资收益率等），表明用总投资收益率表示的盈利能力满足要求。

2）资本金净利润率。资本金净利润率表示某工程项目资本金的盈利水平，是指项目达到生产设计能力后正常年份的年净利润或运营期内年平均净利润与项目资本金的比率，计算公式如下

$$\text{资本金净利润率}=\frac{\text{年净利润或年平均净利润}}{\text{项目资本金}}\times 100\% \tag{3.6}$$

式（3.6）中的年净利润是选择正常年份的年净利润，还是选择运营期平均年净利润，原理与总投资收益率的计算相同；项目资本金是指项目的全部注册资金。

项目资本金净利润率高于同行业的净利润率参考值（如行业的平均资本金净利润率、投资者的目标资本金净利润率等），表明用项目资本金净利润率表示的盈利能力满足要求。

资本金净利润率是投资者比较关心的一个指标，因为它反映了投资者自己的出资所能带来的利润水平。

（4）投资收益率指标的优缺点。投资收益率指标的优点在于经济意义明确、直观，计算简便，在一定程度上反映了投资效果的优劣，可适用于各种投资规模。缺点是它没有考虑投资收益的时间因素，忽视了资金具有时间价值的这个重要特性；指标的计算主观性太强，即在进行正常生产年份选择时往往带有一定的不确定性和人为因素。因此，在进行项目经济评价时，投资收益率一般只作为辅助指标，而不作为主要的决策依据。

3. 偿债能力分析指标

负债经营是现代企业经营的一个显著特点，企业偿债能力是项目投资者和债权人共同关心的问题，也是评价项目风险的重要方面。因而企业偿债能力指标已成为判断和评价项目经济效果的重要指标。偿债能力分析指标主要包括借款偿还期、利息备付率和偿债备付率。

（1）借款偿还期（P_d）。借款偿还期是指在国家财政规定及具体的财务条件下，项目投产后可以用作还款的项目收益（税后利润、折旧、摊销及其他收益等）来偿还项目投资借款本金和利息所需要的时间。它是反映项目借款偿债能力的重要指标。借款偿还期的计

算公式为

$$I_d = \sum_{t=1}^{P_d} (R_p + D' + R_0 + R_r) \tag{3.7}$$

式中 P_d——借款偿还期（从借款开始年计算，当从投产年算起时，应予注明）；

I_d——建设投资借款本金和利息（不包括已用自有资金支付的部分）之和；

R_p——第 t 年可用于还款的利润；

D'——第 t 年可用于还款的折旧；

R_0——第 t 年可用于还款的其他收益；

R_r——第 t 年企业留利。

以上计算数据可取自项目的财务平衡表或借款偿还计划表，如果以年表示计算借款偿还期 P_d，则计算公式可表达为

$$P_d = (\text{借款偿还后出现盈余的年份数} - 1) + \frac{\text{当年应偿还借款额}}{\text{当年可用于还款的收益额}} \tag{3.8}$$

借款偿还期满足贷款机构要求的期限时，即可认为项目具备借款偿还能力。

当项目预先给定借款偿还期的时候，借款偿还期指标就不适用了，这时应采用利息备付率和偿债备付率指标分析项目的偿债能力。

（2）利息备付率。利息备付率也称已获利息倍数，指项目在借款偿还期内各年可用于支付利息的税息前利润与当期应付利息费用的比值。其计算式为

$$\text{利息备付率} = \frac{\text{税息前利润}}{\text{当期应付利息}} \tag{3.9}$$

式中 税息前利润＝利润总额＋计入总成本费用的利息费用；

当期应付利息——计入总成本费用的全部利息。

利息备付率表示使用项目利润偿付利息的保证倍率，可以按年计算，也可以按项目整个借款期计算。分析项目的偿债能力时，用利息备付率指标评价的准则为：当利息备付率大于 2 时，认为项目的付息能力有保障；否则，表示项目的付息能力保障程度不足。

（3）偿债备付率。偿债备付率指项目在借款偿还期内，各年可用于还本付息的资金与当期应还本付息金额的比值。其计算式为

$$\text{偿债备付率} = \frac{\text{可用于还本付息资金}}{\text{当期应还本付息金额}} \tag{3.10}$$

式中 可用于还本付息资金——包括可用于还款的折旧和摊销，成本中列支的利息费用，可用于还款的税后利润等；

当期应还本付息金额——包括当期应还贷款本金额及计入成本的利息。

偿债备付率表示可用于还本付息的资金偿还借款本息的保证倍率，可以按年计算，也可以按项目整个借款期计算。当用该指标分析项目的偿债能力时，正常情况下该指标应当大于 1，且越高越好。当指标小于 1 时，表示当年资金来源不足以偿付当期债务，需要通过短期借款偿付已到期债务。

3.1.2.2 动态评价指标

在工程经济分析中，将考虑了资金时间价值的经济效益评价指标，称为动态评价指标。与静态评价指标相比，动态评价指标考虑了在方案经济寿命期限内投资、成本和收益

随时间而发展变化的真实情况，能够体现真实可靠的技术经济评价。

常用的动态评价指标有净现值（率）、净年值、内部收益率和动态投资回收期等。

1. 净现值（NPV）

（1）含义。净现值（NPV）是指把项目计算期内各年的净现金流量，按照一个给定的基准收益率折算到建设期初（项目计算期第一年年初）的现值之和。

净现值是考察项目在计算期内盈利能力的主要动态指标。其计算公式为

$$NPV=\sum_{t=0}^{n}(CI-CO)_t(1+i_c)^{-t} \tag{3.11}$$

式中　NPV——净现值；

CI——第 t 年的现金流入量；

CO——第 t 年的现金流出量；

n——该方案的计算期；

i_c——基准收益率。

净现值表示在设定的折现率 i_c 的情况下，方案在不同时点发生的净现金流量折现到期初时，整个寿命期内所能得到的净收益。如果方案的净现值等于零，表示方案正好达到了基准收益率水平；如果方案的净现值大于零，则表示方案除能达到基准收益率外，还能得到超过期望的收益；如果净现值小于零，则表示方案达不到基准收益率水平。

（2）判别标准。在用于投资方案的经济评价时其判别准则如下。

1）若 $NPV>0$，说明方案可行。

2）若 $NPV=0$，说明方案可考虑接受。

3）若 $NPV<0$，说明方案不可行。

【例 3.3】　某项目一次性总投资 4500 万元，投产后每年的运营收入为 1300 万元，年运营支出为 400 万元，该项目寿命期为 10 年，10 年末能回收净残值 300 万元。若基准收益率 $i_c=15\%$，问此项目是否值得投资？

解　利用式（3.11），计算 NPV：

$$\begin{aligned}NPV&=-4500+(1300-400)(P/A,15\%,10)+300(P/F,15\%,10)\\&=-4500+900\times5.019+300\times0.247\\&=91.26(\text{万元})\end{aligned}$$

由于 $NPV>0$，故此项目在经济效果上是可行的。

【例 3.4】　若在［例 3.3］中，其他情况相同，但基准收益率 $i_c=20\%$，问此项目是否可行？

解　再计算 NPV：

$$\begin{aligned}NPV&=-4500+(1300-400)(P/A,20\%,10)+300(P/F,20\%,10)\\&=-4500+900\times4.193+300\times0.162\\&=-678.75(\text{万元})\end{aligned}$$

由于 $NPV<0$，这意味着在基准收益率 $i_c=20\%$ 的情况下，此投资在经济上是不合理的。

显然，净现值的大小与折现率 i 有很大的关系，当 i 变化时，NPV 也随之变化。

（3）净现值与折现率的关系。对于具有常规现金流量（即在计算期内，开始时有支出而后才有收益，且方案的净现金流量序列的符号只改变一次的现金流量）的投资方案，其净现值的大小随着折现率的增大而单调减小，NPV 与 i 之间的关系如图 3.3 所示。

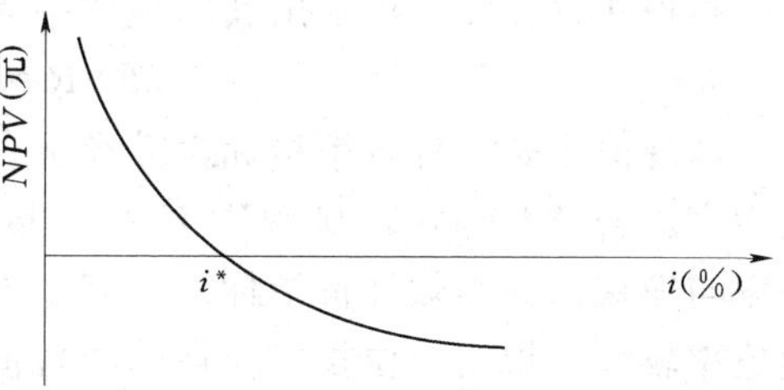

图 3.3 净现值与折现率的关系

按照净现值的评价准则，只要是 $NPV(i) \geqslant 0$，方案就可以被接受，但由于 $NPV(i)$ 是 i 的递减函数，故基准收益率定得越高，方案被接受的可能性也就越小，［例 3.3］和［例 3.4］可以清楚地表明这一点。在图 3.3 中，在某一个 i^* 值上，净现值曲线和横坐标相交，表示该折现率下的净现 $NPV(i^*)=0$，且当 $i<i^*$ 时，$NPV(i)>0$；$i>i^*$ 时，$NPV(i)<0$。i^* 是一个具有重要经济意义的折现率临界值，称为内部收益率。

（4）净现值指标的优缺点。净现值指标是反映方案投资盈利能力的一个重要动态指标，广泛应用于方案的经济评价中。它考虑了资金的时间价值，并全面考虑了项目在整个计算期内的经济状况；它的经济意义明确，可直接用货币表示项目的盈利水平，评价标准简单易行。净现值指标的不足之处是必须首先确定一个符合经济现实的基准收益率，而基准收益率的确定往往比较复杂；净现值不能说明项目运营期间各年的经营效果；此外，净现值指标也不能直接反映项目投资中单位投资的使用效率。

净现值指标用于多个方案的比选时，没有考虑各方案投资额的大小，因而不能直接反映资金的利用效率，为了考察资金的利用效率，通常采用净现值率作为净现值的辅助指标。

2. 净现值率（$NPVR$）

净现值率（$NPVR$）是指项目的净现值与投资总额现值的比值，其经济含义是单位投资现值所能带来的净现值，是一个考察项目单位投资的盈利能力的指标。其计算公式为

$$NPVR=\frac{NPV}{I_p} \tag{3.12}$$

式中 $NPVR$——净现值率；

I_p——总投资的现值。

【例 3.5】 某企业拟购买一台设备，其购置费用为 35000 元，使用寿命为 4 年，第四年末的残值为 3000 元；在使用期内，每年的收入为 19000 元，经营成本为 6500 元。若给出标准折现率为 10%，试计算该设备购置方案的净现值率。

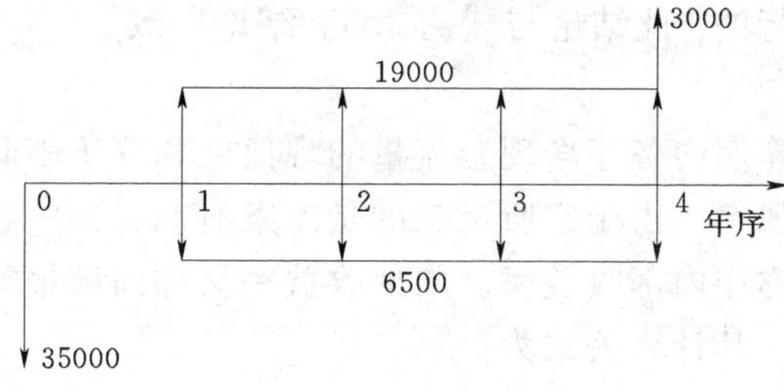

图 3.4 ［例 3.5］的现金流量图（单位：元）

解 购买设备这项投资的现金流量情况如图 3.4 所示。

根据式（3.11）可计算出其净现值为：

$$\begin{aligned}NPV&=-35000+(19000-6500)(P/A,10\%,4)+3000(P/F,10\%,4)\\&=-35000+12500\times3.1690+3000\times0.6880=6672.75(\text{元})\end{aligned}$$

根据式（3.12）可求出其净现值率为：

$$NPVR=NPV/I_p=0.1907$$

净现值率是一种效率指标，其经济含义是单位投资现值获得的净现值。对单一项目方案而言，若 $NPV\geqslant 0$，则 $NPVR\geqslant 0$（因为 $I_p>0$）；若 $NPV<0$，则 $NPVR<0$。故净现值率与净现值是等效评价指标。对有多方案可以选择的项目，如果方案的净现值相同，净现值率较大，说明单位投资获得的净现值大、投资效率高，应选择净现值率大的方案。

3. 净年值（NAV）

净年值（NAV）是指通过资金时间价值的计算，将项目的净现值换算为项目计算期内各年的等额年值，是考察项目投资盈利能力的指标。其计算公式为

$$NAV=NPV(A/P,i,n) \tag{3.13}$$

其现金流量图如图3.5所示。

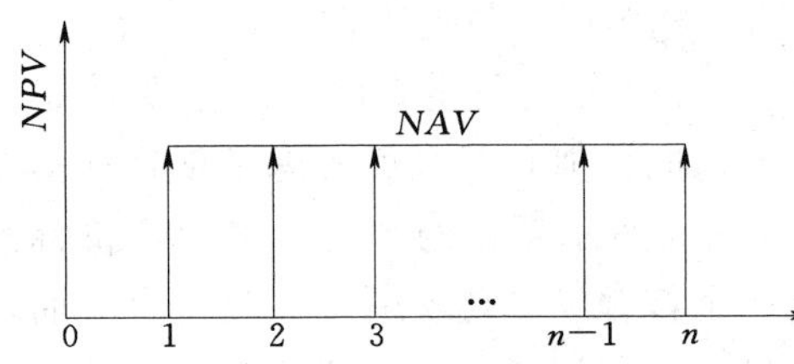

图3.5　净年值与净现值的现金流量关系

由 NAV 的计算公式可以看出，NAV 实际上是 NPV 的等价指标，即对于单个投资方案来讲，用净年值进行评价和用净现值进行评价的结论是一样的，其评价准则是如下。

（1）若 $NAV>0$，说明方案可行。

（2）若 $NAV=0$，说明方案可考虑接受。

（3）若 $NAV<0$，说明方案不可行。

净年值指标主要用于寿命期不同的多方案评价与比较，特别是寿命周期相差较大或寿命周期的最小公倍数较大时的多方案评价与比较，而 NPV 指标在用于多方案比选时，必须要求各方案的计算期相同。这一点将在下一节中详细介绍。

【例3.6】 根据［例3.5］中的数据用净年值指标分析投资的可行性。

解 根据式（3.13）可求得：

$$\begin{aligned}NAV&=-35000\times(A/P,10\%,4)+19000-6500+3000\times(A/F,10\%,4)\\&=-35000\times 0.3155+12500+3000\times 0.2155\\&=-11042.5+12500+646.5\\&=2104(\text{元})\end{aligned}$$

由于 $NAV=2104>0$，所以该项投资是可行的。此结论与［例3.5］结论一致。

4. 内部收益率（IRR）

（1）概念。内部收益率是指项目在整个计算期内各年净现金流量的现值之和等于零时的折现率，也就是项目的净现值等于零时的折现率。由于它所反映的是方案所能达到的收益率水平，其大小完全取决于方案本身，因此称作内部收益率。内部收益率又称内部报酬率，它是经济评价中重要的动态评价指标之一。其计算公式为

$$\sum_{t=0}^{n}(CI-CO)_t(1+IRR)^{-t}=0 \tag{3.14}$$

如前所述，图3.3中 i^* 即为内部收益率。根据净现值与折现率的关系，以及净现值指标在方案评价时的判别准则，可以导出用内部收益率指标评价投资方案的判别准则。

1）若 $IRR\geqslant i_c$，则 $NPV\geqslant 0$，方案可以考虑接受。

2）若 $IRR<i_c$，则 $NPV<0$，方案不可行。

（2）内部收益率的计算。根据内部收益率的定义，该函数表达式是一个一元高次方程，不容易直接求解，因此，在实际应用中，通常采用线性插值法求 IRR 的近似值，其原理如图 3.6 所示。

其具体计算步骤如下。

1）首先根据经验，选定一个适当的折现率 i_0。

2）根据投资方案的现金流量情况，利用选定的折现率 i_0，求出方案的净现值 NPV。

3）若 $NPV>0$，则适当使 i_0 继续增大。若 $NPV<0$，则适当使 i_0 继续减小。

4）重复步骤 3)，直至找到这样的两个折现率 i_1 和 i_2，其所对应的净现值 $NPV_1>0$，$NPV_2<0$，其中 $2\%<|i_1-i_2|<5\%$。

5）采用线性插值公式求出内部收益率的近似解，其公式（结合图 3.6）为

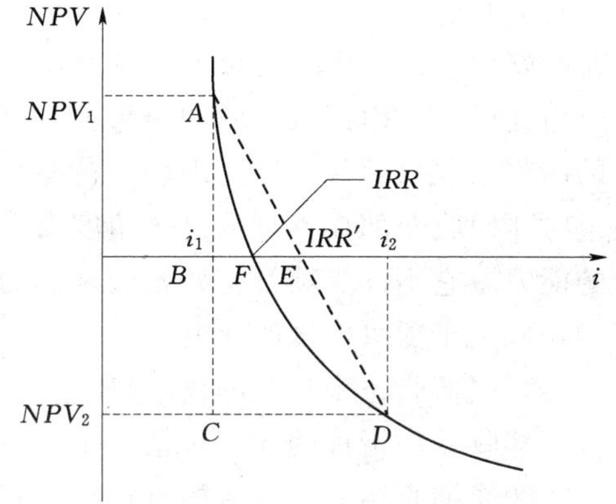

图 3.6　IRR 的近似计算图解

$$IRR=i_1+\frac{NPV_1}{|NPV_1|+|NPV_2|}(i_2-i_1) \tag{3.15}$$

【例 3.7】 某项目净现金流量见表 3.3。当基准收益率 $i_c=12\%$ 时，试用内部收益率指标判断该项目的经济性。

表 3.3　某项目现金流量表据表

年　序	0	1	2	3	4	5	6
净现金流量（万元）	−110	20	30	20	30	40	40

解　此项目净现值的计算式为：

现分别设 $i_1=12\%$，$i_2=15\%$，计算相应的 NPV_1 和 NPV_2。

$$\begin{aligned}NPV_1(i_1)&=-110+20(P/F,12\%,1)+30(P/F,12\%,2)+20(P/F,12\%,3)\\&\quad+30(P/F,12\%,4)+40(P/F,12\%,5)+40(P/F,12\%,6)\\&=-110+20\times0.8929+30\times0.7972+20\times0.7118+30\times0.6355+40\\&\quad\times0.5674+40\times0.5066\\&=8.035(万元)\end{aligned}$$

$$\begin{aligned}NPV_2(i_2)&=-110+20(P/F,15\%,1)+30(P/F,15\%,2)+20(P/F,15\%,3)\\&\quad+30(P/F,15\%,4)+40(P/F,15\%,5)+40(P/F,15\%,6)\\&=-110+20\times0.8696+30\times0.7562+20\times0.6575+30\times0.5718+40\\&\quad\times4972+40\times0.4323\\&=-2.438(万元)\end{aligned}$$

用线性插值公式（3.15）可计算出 IRR 的近似解：

$$IRR=12\%+\frac{8.035}{8.035+2.438}\times(15\%-12\%)=14.3\%$$

因为 $IRR=14.3\%>i_c=12\%$，故该项目的经济效果是可以接受的。

(3) 内部收益率的经济含义。内部收益率反映的是项目全部投资所能获得的实际最大收益率，是项目借入资金利率的临界值。

假设一个项目的全部投资均来自借入资金，从理论上讲，若借入资金的利率 $i<IRR$，则项目会有盈利；若 $i>IRR$，则项目就会亏损；若 $i=IRR$，则由项目全部投资所得的净收益刚好用于偿还借入资金的本金和利息。

由此可见，内部收益率的经济含义是，在项目的寿命周期内，项目投资将不断通过项目的净收益加以回收，其尚未回收的资金将以 IRR 的收益率获得收益，直到项目计算期结束时才回收全部投资。从这个角度来看，内部收益率反映了项目“偿付”未被收回的投资的能力。它不仅受项目初始投资规模的影响，而且受项目寿命周期内各年净收益大小的影响，取决于项目内部的状况。

(4) 内部收益率指标的优缺点。

内部收益率指标的优点包括：①考虑了资金的时间价值及项目在整个寿命期内的经济状况；②能够直接衡量项目的真正投资收益率；③不需要事先确定一个基准收益率，只需要知道基准收益率的大致范围即可。

内部收益率指标的缺点包括：①由于 IRR 指标是根据方案本身数据计算得出，而不是专门给定，所以不能直接反映资金价值的大小；②需要大量与投资项目有关的数据，计算比较麻烦；③对于具有非常规现金流量的项目来讲，其内部收益率往往不是唯一的，在某些情况下甚至不存在。

内部收益率计算通常适用于常规投资项目，否则会出现内部收益率的多个解，造成评价指标失效。所谓常规投资项目，是指在项目寿命期内除了建设期或投产初期的净现金流量为负值外，其余年份的净现金流量均为正值，寿命期内净现金流量的正负号只从负到正变化一次，并且所有负现金流量都出现在正现金流量之前。

5. 动态投资回收期（P_t'）

动态投资回收期是指在给定的基准收益率下，用方案各年净收益的现值来回收全部投资的现值所需的时间，其计算表达式如下

$$\sum_{t=0}^{P_t'}(CI-CO)_t(1+i_c)^{-t}=0 \tag{3.16}$$

式中　P_t'——动态投资回收期；

CI——第 t 年的现金流入量；

CO——第 t 年的现金流出量；

i_c——基准收益率。

实际计算时，通常是根据方案的现金流量采用表格计算的方法，并用下列公式计算

$$P_t'=(\text{累计净现金流量折现值开始出现正值的年份}-1)+\frac{|\text{上年累计净现金流量现值}|}{\text{当年净现金流量现值}} \tag{3.17}$$

【例 3.8】 某项目有关数据见表 3.4 所示，试计算该项目的动态投资回收期。设 $i_c=10\%$。

表 3.4　　某项目的有关数据表　　单位：万元

年　序	0	1	2	3	4	5	6	7
投资	20	500	100					
经营成本				300	450	450	450	450
销售收入				450	700	700	700	700
净现金流量	−20	−500	−100	150	250	250	250	250
净现金流量现值	−20	−454.6	−82.6	112.7	170.8	155.2	141.1	128.3
累计净现金流量现值	−20	−474.6	−557.2	−444.5	−273.7	−118.5	22.6	150.9

解　根据式（3.17），有：

$$P_t'=6-1+\frac{|-118.5|}{141.1}=5.84(\text{年})$$

动态投资回收期表明，在给定的折现率 $i_c=10\%$ 下，经过 5.84 年可以使累计的现金流入现值抵消累计的现金流出现值，动态投资回收期反映了在考虑资金时间价值的情况下投资回收的快慢。

动态投资回收期用于投资方案评价的判别准则可根据净现值的判别准则推出。根据净现值的计算公式（3.11）和动态投资回收期的计算公式（3.16）可以看到，当 $NPV=0$ 时，有 $P_t'=P_c$（基准投资回收期），因此，P_t'的判别准则如下。

（1）若 $P_t'\leqslant P_c$，则 $NPV\geqslant 0$，方案可以考虑接受。

（2）若 $P_t'>P_c$，则 $NPV<0$，方案不可行。

3.2　多方案评价方法

对工程项目进行经济评价，一般会遇到两种情况：一种是单方案评价，即投资项目只有一种技术方案或独立的项目方案可供评价；另一种是多方案评价，即投资项目有几种可供选择的技术方案。对于单方案评价，采用前一章介绍的经济指标就可以决定项目的取舍。但是，在实践中，单位面临的往往是多个投资方案的选择问题。与单方案的经济评价相比，多方案的比选要复杂得多。

由于多方案的评价方法的选择跟比选项目各方案之间的相互关系有关，因此，首先要了解投资方案之间的关系。方案之间一般存在三种类型的经济关系，即互斥关系、独立关系和相关关系。

（1）互斥关系是指几个方案之间具有排他性。进行方案比选时，在多个备选方案中只能选择一个投资方案，其余方案均必须放弃。处于互斥关系中的方案称为互斥方案。

（2）独立关系是指当备选方案中任一方案的采用与否都不影响其他方案是否采用时，各方案之间的关系，处于独立关系之中的方案称为独立方案。独立方案的特点是方案之间不具有排他性，各个方案的现金流量是独立的，其中某一方案的采用与否只与自己的可行性有关，而与其他方案是否采用无关。

（3）相关关系是指在各个方案之间，某一方案的采用与否会对其他方案的现金流量带来一定影响，进而影响其他方案的采用或被拒绝，处于相关关系中的方案称为相关方案。

一般来说，工程技术人员遇到的问题多为互斥型方案的选择；高层计划部门遇到的问题多为独立型方案或相关型方案的选择。备选方案之间的关系不同，所采用的评价方法也不同。下面分别予以介绍。

3.2.1　互斥方案的比较与选择

在投资方案的比选中我们经常遇到的是互斥方案的比选。互斥方案的比选要经过两大步骤。

首先，考察各个方案自身的经济性，即进行绝对经济效果检验，可以采用前述介绍的各项经济效果评价标准（如 $NPV \geqslant 0$，$NAV \geqslant 0$，$IRR \geqslant i_c$）来检验方案自身的经济性。只有通过绝对效果检验的方案才认为它在经济效果上是可以接受的；否则，就应予以拒绝。

其次，要对通过绝对经济效果检验的各备选方案进行优劣排序，确定方案之间的相对经济效果，从而选择最优方案，即进行相对经济效果的检验。

这两个步骤的目的和作用不同，前者是筛选方案，后者是优选方案，通常缺一不可。

对互斥方案经济效果进行评价和比选时，参加比选的方案应具有可比性，表现在以下几个方面：①被比较方案的费用及效益计算口径一致；②被比较方案具有相同的计算期，即时间上可比；③被比较方案现金流量具有相同的时间单位。

如果不能满足以上条件，则各个方案之间不能进行直接比较，必须经过一定转化后才能进行比较。根据各方案寿命期是否相同，可以把互斥方案的选择分为各方案寿命期完全相等和各方案寿命期不完全相等两种情况。

3.2.1.1　寿命期相同的互斥方案的比选

寿命期相同的互斥方案，计算期通常设定为其寿命期，这样就能满足方案在时间上的可比性。寿命期相同的互斥方案的比选方法一般有净现值法、差额内部收益率法和最小费用法等。

1. 净现值法

净现值法就是通过计算各个备选方案的净现值并比较其大小而判断方案的优劣，是寿命期相同的多方案比选中最常用的一种方法。

净现值法的基本步骤如下。

（1）分别计算各个方案的净现值，并用判别准则加以检验，剔除 $NPV<0$ 的方案。

（2）对所有 $NPV \geqslant 0$ 的方案比较其净现值。

（3）根据净现值最大原则，选择净现值最大的方案为最佳方案。

【例3.9】 现有A、B、C三个互斥方案，其寿命期均为16年，各方案的净现金流量见表3.5，试用净现值法选择出最佳方案（已知 $i_c=10\%$）。

表3.5　　各方案的现金流量表　　单位：万元

现金流量 年序 / 方案	建设期		生产期		
	1	2	3	4～15	16
A	−2000	−2800	500	1100	2100
B	−2800	−3000	600	1300	2300
C	−1600	−2000	350	950	1300

解 各方案的净现值计算结果如下：

$$NPV_A=-2000(P/F,10\%,1)-2800(P/F,10\%,2)+500(P/F,10\%,3)+1100(P/A,10\%,12)(P/F,10\%,3)+2100(P/F,10\%,16)$$
$$=-2000\times0.9091-2800\times0.8265+500\times0.7513+1100\times6.8137\times0.7513+2100\times0.2176$$
$$=2331.26(万元)$$

$$NPV_B=2581.15(万元)$$
$$NPV_C=2301.45(万元)$$

计算结果表明，方案B的净现值最大，即方案B是最佳方案。

2. *差额内部收益率法*

内部收益率是衡量项目综合能力的重要指标，也是项目经济评价中经常用到的指标之一。

在进行互斥方案的比选时，如果直接用各个方案内部收益率的高低作为衡量方案优劣的标准，往往会导致错误的结论，如［例3.10］所示。

【例3.10】 某建设项目有三个设计方案，其寿命期均为10年，各方案的初始投资和年净收益见表3.6，试选择最佳方案（已知 $i_c=10\%$）。

表3.6 各个方案的净现金流量表 单位：万元

方案 \ 净现金流量 \ 年序	0	1～10
A	−1650	290
B	−2000	350
C	−3000	510

解 先用净现值法对方案进行比选。

根据各个方案的现金流量情况，可计算出 NPV 分别为：

$$NPV_A=-1650+290\times(P/A,10\%,10)=-1650+290\times6.1446=131.93(万元)$$
$$NPV_B=-2000+350\times(P/A,10\%,10)=150.61(万元)$$
$$NPV_C=-2950+510\times(P/A,10\%,10)=183.75(万元)$$

由于C方案的 NPV 最大，因此根据净现值的判别准则，以方案C为最佳方案。

对于［例3.10］所示实例，如果采用内部收益率指标来进行比选又会如何呢？计算如下：

根据 IRR 的定义及各个方案的现金流量情况，有：

A方案：

$$-1650+290\times(P/A,IRR_A,10)=0$$

则
$$(P/A,IRR_A,10)=5.69$$

通过查复利系数表 $(P/A,10\%,10)=6.1446$，$(P/A,12\%,10)=5.6502$，$(P/A,15\%,10)=5.0188$。

内插可得： $IRR_A=11.85\%$

同理，B方案：

$$-2000+350\times(P/A,IRR_B,10)=0$$

则
$$(P/A,IRR_B,10)=5.71$$

查复利系数表并内插得： $IRR_B=11.75\%$

C方案：

$$-2950+510\times(P/A,IRR_C,10)=0$$

则
$$(P/A,IRR_C,10)=5.78$$

查复利系数表并内插得：

$$IRR_C=11.5\%。$$

可见，$IRR_A>IRR_B>IRR_C$，且 IRR_A、IRR_B、IRR_C 均大于 i_c。即方案A为最佳方案。这个结论与采用净现值法计算得出的结论是矛盾的。为什么两种方法得出的结论会产生矛盾？究竟哪一种方法正确？原因在于这三个方案是互斥方案。

互斥方案的比选，实质上是分析投资大的方案所增加的投资能否用其增量收益来补偿，也即对增量的现金流量的经济合理性作出判断。因此，可以通过计算增量净现金流量的内部收益率即差额内部收益率来比选方案，这样就能够保证方案比选结论的正确性。

差额内部收益率的计算公式为

$$\sum_{t=0}^{n}[(CI-CO)_2-(CI-CO)_1](1+\Delta IRR)^{-t}=0 \tag{3.18}$$

采用差额内部收益率指标对互斥方案进行比选的基本步骤如下。

(1) 计算各备选方案的 IRR。

(2) 将 $IRR\geqslant i_c$ 的方案按投资额由小到大依次排列。

(3) 计算排在最前面的两个方案的差额内部收益率 ΔIRR，若 $\Delta IRR\geqslant i_c$，则说明投资大的方案优于投资小的方案，保留投资大的方案。

(4) 将保留的较优方案依次与相邻方案逐一比较，直至全部方案比较完毕，则最后保留的方案就是最优方案。

【例3.11】 根据［例3.10］的资料，用差额内部收益率法进行方案比选。

解 由于三个方案的 IRR 均大于 i_c，将它们按投资额由大到小排列为：C方案>B方案>A方案，先对方案A和方案B进行比较。

根据差额内部收益率的计算公式，有：

$$-(350-290)+(2000-1650)(P/A,\Delta IRR_{B-A},10)=0$$

可求出：
$$(P/A,\ \Delta IRR_{B-A},\ 10)=5.833$$

则
$$\Delta IRR_{B-A}=11.3\%>i_c=10\%$$

故方案B优于方案A，保留方案B，继续进行比较。

将方案B和方案C进行比较。

$$-(2950-2000)+(510-350)(P/A,\ \Delta IRR_{C-B},10)=0$$

可求出：$(P/A,\ \Delta IRR_{C-B},10)=6.25$，$\Delta IRR_{C-B}=10.9\%>i_c=10\%$

故方案C优于方案B。最后可得结论：方案C为最佳方案。

3. 最小费用法

对多个方案比较选优时，如果各个方案产生的收益相同，或各个方案实施后能够满足同样的需要，但其所产生的效益无法或很难用货币来计量（如教育、国防、环保等项目），此时，我们可以通过对各方案的费用进行比较，以参选方案的费用最小者为最优方案，这

种评选方案的方法称为最小费用法。即通过假定各方案的收益是相等的，对各方案的费用进行比较，根据效益极大化目标的要求及费用较小的项目比费用较大的项目更为可取的原则来选择最佳方案，这种方法称为最小费用法。

最小费用法包括费用现值（PC）比较法和年费用（AC）比较法。

(1) 费用现值（PC）比较法。费用现值的含义是指利用此方法所计算出的净现值只包括费用部分。

由于无法估算各个方案的收益情况，只计算各备选方案的费用现值（PC）并进行对比，以费用现值较低的方案为最佳。

计算公式为

$$PC = \sum_{t=0}^{n} CO_t (1+i_c)^{-t} = \sum_{t=0}^{n} CO_t (P/F, i_c, t) \tag{3.19}$$

【例 3.12】 某项目有 A、B 两种不同的工艺设计方案，均能满足同样的生产技术需要，其有关费用支出见表 3.7，试用费用现值比较法选择最佳方案（已知 $i_c=10\%$）。

表 3.7　　A、B 两方案费用支出表

项　目	投资（第 1 年末）（万元）	年经营成本（2～10 年末）（万元）	寿　命　期（年）
A	600	280	10
B	785	245	10

解　根据费用现值的计算公式可分别计算出 A、B 两方案的费用现值为：

$$\begin{aligned} PC_A &= 600\times(P/F,10\%,1)+280\times(P/A,10\%,9)(P/F,10\%,1) \\ &= 600\times0.9091+280\times5.758\times0.9091 \\ &= 2011.47(\text{万元}) \end{aligned}$$

$$\begin{aligned} PC_B &= 785\times(P/F,10\%,1)+245\times(P/A,10\%,9)(P/F,10\%,1) \\ &= 1996.34(\text{万元}) \end{aligned}$$

由于 $PC_A > PC_B$，故方案 B 为最佳方案。

(2) 年费用（AC）比较法。年费用比较法是通过计算各备选方案的等额年费用进行比较，以年费用较低的方案为最佳方案的一种方法。

计算公式为：

$$AC = \sum_{t=0}^{n} CO_t (P/F, i_c, t)(A/P, i_c, n) \tag{3.20}$$

【例 3.13】 根据［例 3.12］的资料，试用年费用比较法选择最佳方案。

解　根据式（3.20）可计算出 A、B 两方案的等额年费用如下：

$$AC_A = 2011.47\times(A/P,10\%,10) = 2011.47\times0.1628 = 327.42(\text{万元})$$

$$AC_B = 1996.34\times(A/P,10\%,10) = 325.00(\text{万元})$$

由于 $AC_A > AC_B$，故方案 B 为最佳方案。

采用年费用比较法与费用现值比较法对方案进行比选的结论是完全一致的。实际上，费用现值（PC）和等额年费用（AC）之间可以很容易进行转换，即 $AC=PC(A/P,i,n)$

或 $PC=AC(P/A,i,n)$

3.2.1.2　寿命期不同的互斥方案的比较与选择

对于寿命期相等的互斥方案，通常将方案的寿命期设定为计算期，这样，在对项目进行经济评价时，方案间在时间上就有了可比性。对寿命期不同的互斥方案进行比选时，同样要求方案应具有可比性。通常采用计算期统一法和年值法对寿命期不同的方案进行比选。

1. 计算期统一法

计算期统一法首先对寿命期不同的互斥方案选定一个共同的计算分析期，以满足时间上的可比性，然后对寿命期不等于计算期的方案选择一个合理的方案接续假定或残值回收假定，这样就可以用寿命期相同的互斥方案的比选方法进行比选了。计算分析期的确定通常采用最小公倍数法和研究期法。

（1）最小公倍数法。最小公倍数法又称方案重复法，是以各备选方案寿命期的最小公倍数作为进行方案比选的共同的计算期，并假设各个方案均在这样一个共同的计算期内重复进行，对各方案计算期内各年的净现金流量进行重复计算，直至与共同的计算期相等。

【例3.14】 某建设项目有A、B两个方案，其净现金流量情况见表3.8，若 $i_c=10\%$，试用最小公倍数法对方案进行比选。

表3.8　　A、B两方案的净现金流量　　单位：万元

方案＼年序	1	2～5	6～9	10
A	－300	80	80	100
B	－100	50	—	—

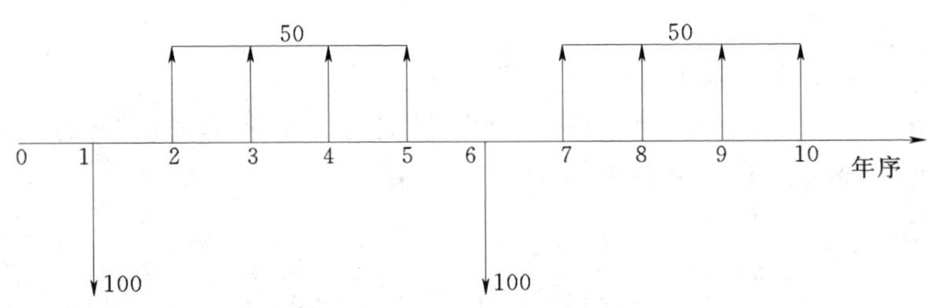

图3.7　［例3.14］方案B的现金流量图（单位：万元）

解　A方案计算期为10年，B方案计算期为5年，则其共同的计算期为10年，也即B方案需重复实施两次。

计算在计算期为10年的情况下，A、B两个方案的净现值：

$$NPV_A=153.83(\text{万元})$$

$$NPV_B=86.2(\text{万元})$$

其中 NPV_B 的计算可参考图3.7所示。

由于 $NPV_A > NPV_B$，且 NPV_A、NPV_B 均大于 0，故方案 A 为最佳方案。

（2）研究期法。所谓研究期法，就是针对寿命期不相等的互斥方案，直接选取一个适当的分析期作为各个方案共同的计算期，通过比较各个方案在该计算期内的净现值来对方案进行比选，以净现值最大的方案为最佳方案。

常用的处理方法有三种。

1）完全承认未使用的价值，即将方案的未使用价值全部折算到研究期末，如［例 3.15］所示。

2）完全不承认未使用价值，即研究期后的方案未使用价值均忽略不计。

3）对研究期末的方案未使用价值进行客观地估计，以估计值计入在研究期末。

【例 3.15】 有 A、B 两个项目的净现金流量，见表 3.9，若已知 $i_c = 10\%$，试用研究期法对方案进行比选。

表 3.9　A、B 两个项目的净现金流量　单位：万元

净现金流量 / 年序 / 方案	1	2	3～7	8	9	10
A	−550	−350	380	430	—	—
B	−1200	−850	750	750	750	900

解　取 A、B 两方案中较短的计算期为共同的计算期，即 $n = 8$（年），分别计算当计算期为 8 年时 A、B 两方案的净现值：

$$NPV_A = 601.89(\text{万元})$$

$$NPV_B = 692.90(\text{万元})$$

注：计算 NPV_B 时，是先计算方案 B 在其寿命期内的净现值，然后再计算方案 B 在共同的计算期内的净现值。

由于 $NPV_B > NPV_A > 0$，所以方案 B 为最佳方案。

2. 年值（*AW*）法

年值法是对寿命期不相等的互斥方案进行比选时用到的一种最简明的方法。它是通过分别计算各备选方案净现金流量的等额年值并进行比较，以 $AW \geqslant 0$，且 AW 最大者为最优方案。其中，年值的计算公式为

$$AW = \left[\sum_{t=0}^{n}(CI - CO)(1 + i_c)^{-t}\right](A/P, i_c, n) = NPV(A/P, i_c, n) \qquad (3.21)$$

【例 3.16】 根据[例 3.14]的资料，试用年值法对方案进行比选。

解　先求出 A、B 两个方案的净现值：

$$NPV_A = 153.83(\text{万元})$$

$$NPV_B = 53.18(\text{万元})$$

然后，根据式（3.21）求出 A、B 两方案的等额年值 AW：

$$AW_A = 25.04\ (\text{万元})$$

$$AW_B = 14.03\ (\text{万元})$$

由于 $AW_A>AW_B$，且 AW_A、AW_B 均大于 0，故方案 A 为最佳方案。

显然，用年值法得出的结论与前面最小公倍数法和研究期法得出的结论都是一致的。

用净年值法进行计算期不同的互斥方案的比选，实际上隐含着首先作出这样一种假定，即各备选方案在其寿命期结束后均可按原方案重复实施，或以与原方案经济效果水平相同的方案持续。因为一个方案无论实施多少次，其净年值是不变的，所以年值法实际上是假定了各方案可以无限多次重复实施。在这一假定前提下，年值法以“年”为时间单位比较各方案的经济效果，从而使寿命期不同的互斥方案具有可比性。

3.2.1.3　方案组合的比较与选择

1. 独立方案的比选

一般，独立方案选择有下面两种情况。

第一，无资金限制的情况。如果独立方案之间共享的资源足够多，那么其比选的方法与单个项目的检验方法是基本一致的，即只要项目本身的 $NPV\geqslant 0$ 或 $IRR\geqslant i_c$，项目就可采纳并实施。

第二，有资金限制的情况。如果独立方案之间共享的资源是有限的，不能满足所有方案的需要，则在这种不超出资源限额的条件下，独立方案的选择有两种方法：一是方案组合法；二是内部收益率或净现值率排序法。

在具有资金约束的情况下达到收益最大化，常用的比选方法有两种，即独立方案互斥组合法和净现值率排序法。

(1) 独立方案互斥组合法。独立方案互斥组合法是指在有资金限制的情况下，将相互独立的方案组合成总投资额不超过投资限额的组合方案，这样各个组合方案之间的关系就变成了互斥的关系，然后利用互斥方案的比选方法，如净现值法等，对方案进行比选，选择出最佳方案。

【例 3.17】 有 A、B、C 三个独立的方案，其净现金流量情况见表 3.10，已知总投资限额为 800 万元，$i_c=10\%$，试作出最佳投资决策。

表 3.10　A、B、C 三个方案的净现金流量表 单位：万元

方案＼净现金流量＼年序	1	2～10	11
A	−350	62	80
B	−200	39	51
C	−420	76	97

解　首先计算三个方案的净现值：

$NPV_A=34.46$(万元)

$NPV_B=40.24$(万元)

$NPV_C=50.08$(万元)

A、B、C 三个方案的净现值均大于零，从单方案检验的角度来看 A、B、C 三个方案均可行。但由于总投资额要限制在 800 万元以内，而 A、B、C 三个方案加在一起的总投资额为 970 万元，超过了投资限额，因而不能同时实施。

采用独立方案互斥化法来进行投资决策，其步骤如下。

首先，列出不超过总投资限额的所有组合投资方案，则这些组合方案之间具有互斥的关系。

其次，将各组合方案按投资额从小到大依次排列，分别计算各组合方案的净现值，以净现值最大的组合方案为最佳方案。详细计算过程见表 3.11。

表 3.11 用净现值法比选最佳组合方案 单位：万元

序号	组合方案	总投资额	净现值	结论
1	B	200	40.24	
2	A	350	34.46	
3	C	420	50.08	
4	A+B	550	74.70	
5	B+C	620	90.32	最佳
6	A+C	70	84.54	

（2）净现值率排序法。所谓净现值率排序法，是指将净现值率不小于零的各个方案按净现值率的大小依次排序，并依次序选取方案，直至所选取的组合方案的投资总额最大限度地接近或等于投资限额为止。

【例 3.18】 根据［例 3.17］的资料，试利用净现值率排序法选出最佳投资方案。

解 首先，计算 A、B、C 三个方案的净现值率。

各方案投资现值（KP）分别为：

$$KP_A=-350\times(P/F,10\%,1)=318.19(\text{万元})$$

$$KP_B=-200\times(P/F,10\%,1)=181.82(\text{万元})$$

$$KP_C=-420\times(P/F,10\%,1)=381.82(\text{万元})$$

$$NPVR_A=NPV_A/KP_A=10.83\%$$

$$NPVR_B=NPV_B/KP_B=22.13\%$$

$$NPVR_C=NPV_C/KP_C=13.12\%$$

然后，将各方案按净现值率从大到小依次排序，结果见表 3.12。

表 3.12 A、B、C 三个方案的 *NPVR* 排序表

方案	净现值率（%）	投资额（万元）	累计投资额（万元）
B	22.13	200	200
C	13.12	420	620
A	10.83	350	970

根据表 3.12 可知，方案的选择顺序是 B→C→A。由于资金限额为 800 万元，故最佳投资决策方案为 B、C 组合。

净现值率排序法的优点是计算简便，选择方法简明扼要；缺点是由于投资方案的不可分性，经常会出现资金没有被充分利用的情况，因而不一定能保证获得最佳组合方案。

独立方案互斥化法的优点是在各种情况下均能保证获得最佳组合方案；缺点是在方案数目较多时，其计算比较繁琐。

2. 一般相关方案的比选

相关关系是指在各个方案之间，某一方案的采用与否会对其他方案的现金流量带来一定的影响，进而影响其他方案是否被采用。相关关系有正相关和负相关。当一个项目（方案）的执行虽然不排斥其他项目（方案），但可以使其效益减少时，这时项目（方案）之间具有负相关关系，项目（方案）的比选可以转化为互斥关系进行比较；当一个项目（方案）的执行使其他项目（方案）的效益增加时，这时项目（方案）之间具有正相关关系，项目（方案）的比选可以采用独立方案比选方法。

一般相关方案是指各方案的现金流量之间相互影响，如果接受（或拒绝）某一方案，

就会对其他方案的现金流量产生一定的影响，进而会影响到对其他方案的接受（或拒绝）。

组合互斥方案法的基本步骤如下。

（1）确定方案之间的相关性，对其现金流量之间的相互影响做出准确的估计。

（2）对现金流量之间具有正的影响方案，等同于独立方案看待，对相互之间具有负的影响的方案，等同于互斥方案看待。

（3）根据方案之间的关系，把方案组合成互斥的组合方案，然后按照互斥方案的评价方法进行组合方案比选。

【例 3.19】 为了满足运输要求，有关部门分别提出要在某两地之间上一铁路项目和（或）一公路项目。只上一个项目时的净现金流量见表 3.13。若两个项目都上，由于货运分流的影响，两项目都将减少净收益，其净现金流量见表 3.14。当 $i_c=10\%$时，应如何决策？

表 3.13　　只上一个项目时的净现金流量　　单位：亿元

净现金流量 / 年序 / 方案	0	1	2	3
铁路（A）	−200	−200	−200	100
公路（B）	−100	−100	−100	60

表 3.14　　两个项目都上的净现金流量　　单位：亿元

净现金流量 / 年序 / 方案	0	1	2	3～32
铁路（A）	−200	−200	−200	80
公路（B）	−100	−100	−100	35
两项目合计（A+B）	−300	−300	−300	115

解　先将两个相关方案组合成三个互斥方案，再分别计算其净现值，结果见表 3.15。

根据净现值最大的评价标准，在三个互斥方案中，$NPV_A>NPV_B>NPV_{A+B}>0$，故方案 A 为最优可行方案。

表 3.15　　组合互斥方案及其净现值表

方　案	第 0 年净现金流量（亿元）	第 1 年净现金流量（亿元）	第 2 年净现金流量（亿元）	第 3～32 年每年净现金流量（亿元）	*NPV*（亿元）
铁路（A）	−200	−200	−200	100	231.95
公路（B）	−100	−100	−100	60	193.88
两项目合计（A+B）	−300	−300	−300	115	75.25

思 考 与 练 习 题

3.1　项目经济效果评价指标有哪几种分类？

3.2　静态投资回收期与动态投资回收期有何异同？

3.3　净现值指标有哪些优缺点？内部收益率指标有哪些优缺点？

3.4　如何理解净现值表达式中基准收益率的含义？

3.5　怎样计算内部收益率？

3.6　简述内部收益率的经济含义。

3.7　投资方案有哪几种类型？试举例说明。

3.8　请列出本章学习的经济效果评价指标的判别准则。

3.9　互斥型方案的经济性比选应包含哪些内容？如何进行？

3.10　独立型方案的比选有哪些基本方法？

3.11　进行互斥型方案比选的基本方法有哪些？

3.12　对寿命不等的互斥型方案比选，如何选择共同服务年限？

3.13　寿命期相同的互斥方案有哪些比选方法？寿命期不同的互斥方案有哪些比选方法？

3.14　某项目的原始投资为20000元，以后各年净现金流量如下：第1年为3000元，第2～10年年均为5000元。项目计算期为10年，试求静态投资回收期和折现率为8%时的动态投资回收期。

3.15　某项目净现金流量见表3.16，若 $i_c=10\%$，试计算该项目的净现值、净现值率、净年值、静态投资回收期、动态投资回收期和内部收益率指标。

表3.16　　某项目的净现金流量表

年　份	0	1	2	3	4	5
净现金流量	−1000	−800	500	500	500	1200

3.16　某公司为了降低费用，有两种设备可以选择。两种设备购买价格相同，使用寿命均为5年，且均无残值。设备A每年能节约费用3万元，设备B第一年能节约费用4万元以后逐年递减0.5万元，即第二年节约3.5万元，第三年节约3万元，以此类推。当利率为5%时，试通过年值法判断公司应该购买哪个设备？

3.17　某项工程总投资为4500万元，投产后每年经营成本为600万元，每年的收益为1400万元，产品的经济寿命期为10年，在第10年末还能回收资金200万元，年收益为12%，用净现值法确定投资方案是否可取？

3.18　修建某永久性工程，经研究有两个方案可以实施。A方案投资为3000万元，年维护费用为6万元，每10年需要大修一次需15万元；B方案投资为2800万元，年维护费用为15万元，每3年小修一次需5万元，若年利率10%，试比较两个方案哪个最优。

3.19　有三个独立方案A、B、C，寿命期均为5年。方案A投资100万元，年净收入60万元；方案B投资220万元，年净收入100万元；方案C投资450万元，年净收入230万元，基准收益率为10%。若企业的资金限额为500万元，试用互斥组合法和净现值率排序法分别选出最优方案组合。

第 4 章　风险与不确定性分析

学习目标和学习要点

通过本章学习，了解不确定分析的含义及产生不确定性的原因；理解风险的含义及不确定性的关系；熟练掌握盈亏平衡分析法；理解敏感性分析的概念；掌握单因素敏感性分析的方法步骤；掌握概率分析，为项目决策提供依据。

4.1　风险与不确定性分析概述

4.1.1　风险分析的含义

所谓风险就是指人们预计在采取某种行动后，可能发生的有损害的后果，以及此后果出现的可能性的大小。在工程投资中，不论是小型工程项目投资，还是大型工程项目投资，投资风险都有难以预料的不平常危险，它会给投资者造成损失、伤害，任何投资者都不愿承担风险。所以，投资者事前必须对投资项目进行可行性研究，以预测的项目现金流量为基础，计算相关经济评价指标，评价项目资金的经济效益。既然是预测，就必然会产生误差，为了慎重起见，投资者有必要对投资项目的结果进行风险分析。

风险分析是指对项目总投资及效益由随机性的原因引起的变化进行分析，识别风险因素、估计风险概率、评价风险影响、制定风险对策。任何一个项目投资都是在一定的环境下存在的，因此项目风险不可避免，项目投资者无法回避风险，只能认真研究项目风险，采取措施控制风险，使项目风险向着有利于项目的方向发展。通过风险分析有助于在可行性研究的过程中，通过信息反馈改进或优化方案，降低项目的风险、避免项目蒙受损失；有助于为项目全过程风险管理打下基础，防范实施和经营过程中的风险。

4.1.2　不确定性分析的含义

不确定性则是指人们在事先只知道所采取行动的所有可能的结果，而不知道它们出现的可能性，或者两者都为未知。在一般情况下，诸如产量、价格、成本、收入、支出等参数都是随机变量，它们与将来实际发生的情况，可能有相当大的出入，这就产生了不确定因素。不确定性分析就是对影响项目的不确定性因素进行分析，测算它们的增减变化对项目效益的影响，找出最主要的敏感因素及其临界点的过程。导致风险与不确定性的原因有如下几个方面。

（1）投资企业的不同类型本身所包含的风险因素和不确定性。

（2）建厂地区和厂址的周围政治、地理、经济文化、市场供求结构等改变，引起的风险和不确定性。

（3）项目建设中，寿命期过长而带来的项目风险。

（4）工厂的组织和管理结构不合理或管理水平低下而带来的风险和不确定性因素。

（5）由于市场调查的不真实性，项目数据的统计偏差。

（6）科学技术进步，工艺更新，而使项目风险陈旧带来的风险材料和投入物估计过于乐观，引起的风险因素和不确定性。

4.1.3 风险分析和不确定性分析的关系

可行性研究中，风险分析与不确定性分析就是帮助人们确定这些因素与项目盈利性的相关性及影响程度。两者的目的是共同的，都是识别、分析、评价影响项目的主要因素，防范不利影响，提高项目的成功率。但分析方法不同：不确定性分析是对投资项目受不确定性因素的影响进行分析，并粗略地了解项目的抗风险能力，其主要方法是敏感性分析和盈亏平衡分析；风险分析则是投资项目的风险因素和风险程度识别和判断，主要方法有概率树分析、蒙特卡洛模拟等。

4.2 盈亏平衡分析

4.2.1 盈亏平衡分析概述

盈亏平衡分析是通过盈亏平衡点（*BEP*）分析项目成本与收益平衡关系的一种方法。各种不确定因素（如投资、成本、销售量、产品价格、项目寿命期等）的变化会影响投资方案的经济效果，当这些因素的变化达到某一临界值时，就会影响方案的取舍。盈亏平衡分析的目的就是找出这种临界值，即盈亏平衡点（*BEP*），判断投资方案对不确定因素变化的承受能力，为决策提供依据。

盈亏平衡点是指投资项目在正常生产条件下，项目生产成本等于项目销售收入时的对应点，它通常以产销量指标表示，有时也可以用销售收入、生产能力利用率、单位产品售价等指标表示。盈亏平衡点又称零利润点、保本点、盈亏临界点，盈亏平衡分析也称量本利分析或保本点分析。

盈亏平衡点越低，投资项目盈利机会就越多，承担风险的能力就越强；盈亏平衡点越高，投资项目盈利机会就越少，承担风险的能力就越弱。

4.2.2 盈亏平衡分析的主要方法

盈亏平衡分析主要有以下方法。

（1）按采用的分析方法的不同分为：图解法和方程式法。

（2）按分析要素间的函数关系不同分为：线性和非线性盈亏平衡分析。

（3）按分析的产品品种数目多少分为：单一产品和多产品盈亏平衡分析。

（4）按是否考虑货币的时间价值分为：静态和动态的盈亏平衡分析。

4.2.3 线性盈亏平衡分析

4.2.3.1 线性盈亏平衡分析的假定条件

（1）生产量等于销售量。

（2）生产量变化，单位可变成本不变，从而使总生产成本成为生产量的线性函数。

（3）生产量变化，销售单价不变，从而使销售收入成为销售量的线性函数。

（4）只生产单一产品，或者生产多种产品，但是可以换算为单一产品计算。

4.2.3.2　线性盈亏平衡分析方法

1. 图解法

图解法是一种通过绘制盈亏平衡图直观反映产销量、成本和盈利间的关系，确定盈亏平衡点的分析方法。盈亏平衡图的绘制方法是：以横轴表示产销量 Q，以纵轴表示销售收入 TR 和生产成本 TC，生产总成本按其性质不同区分为固定成本和变动成本。固定成本是指在一定产销量范围内，生产总成本中不随产品产销量增减变动而变化的那部分成本，如直线法计提的折旧、辅助人员工资等。变动成本是指在一定产销量范围内，生产总成本中随着产品产销量变化而呈正比例变动的那部分成本，如直接材料费用、计件工资等。

生产总成本＝固定成本＋变动成本＝固定成本＋单位变动成本×产销量

若以 TC 表示生产总成本，V 表示单位变动成本，F 表示固定成本，则上式可写成

$$TC=F+VQ$$

在一定时期和一定的产销量范围内，产品销售单价不变，产品销售收入为产销量的线性函数，即销售收入＝产品销售单价×产销量。

若以 TR 表示销售收入，P 表示产品销售单价，则

$$TR=PQ$$

在一定时期和一定产销量范围内，单位产品销售税率保持不变，销售税金为产销量的线性函数，即销售税金＝单位产品销售税金×产销量。

若以 TT 表示销售税金，T 表示单位产品销售税金，则

$$TT=TQ$$

销售收入扣减销售税金为销售净收入，用 NR 表示，公式表达为：

销售净收入＝销售收入－销售税金＝(产品销售单价－单位产品销售税金)×产销量

即
$$NR=(P-T)Q$$

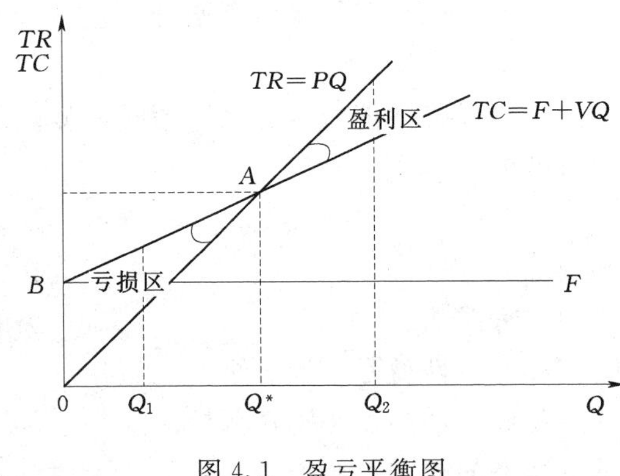

图 4.1　盈亏平衡图

在直角坐标系上先绘出固定成本线 F，再绘出销售收入线 $TR=PQ$ 和生产总成本线 $TC=F+VQ$；销售收入线与生产总成本线相交于 A 点，即盈亏平衡点，在此点销售收入等于生产总成本；以 A 点作垂直于横轴的直线并与之相交于 Q^* 点，此点即为以产销量表示的盈亏平衡点；以 A 点作垂直于纵轴的直线并与之相交于 B 点，此点即为以销售收入表示的盈亏平衡点（图 4.1）。

2. 方程式法

方程式法是利用数学方程式来反映产销量、成本和利润之间关系，确定盈亏平衡点的一种分析方法。

产销量、成本、利润三者之间关系的基本方程式为：

销售净收入方程

$$NR=(P-T)Q$$

生产总成本方程

$$TC=F+VQ$$

利润方程

$$M=NR-TC$$

用不同方法计算盈亏平衡点。

(1) 产销量表示的盈亏平衡点。计算公式

$$BEP(Q)=\frac{F}{P-V-T} \tag{4.1}$$

由盈亏平衡点定义，$NR=TC$，$M=0$，求得盈亏平衡产销量 Q^*，即

$$Q^*=\frac{F}{P-V-T}$$

由式(4.1)可知，当实际产销量大于盈亏平衡产销量时，可盈利，当实际产销量小于盈亏平衡产量时，则会发生亏损。项目投资者应努力提高经营管理水平，采用适宜的营销策略，扩大项目产品的销售，以实现更多的利润，同时，在项目产品实际产销量的一定条件下，也可以通过降低盈亏平衡产销量来实现更多的利润，降低盈亏平衡产销量的主要途径是：①降低固定成本总额或单位变动成本；②提高产品销价。

(2) 销售额表示的盈亏平衡点销售额。计算公式

$$BEP(S)=\frac{F\times P}{P-V-T} \tag{4.2}$$

由于产品销售单价假定为常数，因此，盈亏平衡销售净收入可根据盈亏平衡产销量和产品销售单价计算。即

$$TR^*=Q^*P=\frac{F}{P-V-T}P=\frac{F}{1-\frac{V}{P}-\frac{T}{P}} \tag{4.3}$$

式中 TR^*——盈亏平衡销售净收入；

$\frac{V}{P}$——变动成本率；

$\frac{T}{P}$——销售税率。

当项目产品实际销售净收入超过盈亏平衡销售净收入，可盈利；反之，则亏损。实现更多盈利的途径有：①在盈亏平衡销售净收入一定时，努力扩大实际销售净收入；②在实际销售净收入一定时，通过采取减少固定成本或变动成本率，努力降低盈亏平衡销售净收入。

(3) 生产能力利用率表示的盈亏平衡点。计算公式

$$BEP(\%)=\text{盈亏平衡点销售量}/\text{正常销售量}\times 100\%$$

盈亏平衡生产能力利用率可以根据盈亏平衡产销量和投资项目设计生产能力来计算。

$$V^*=\frac{Q^*}{Q^0}\times 100\%=\frac{F}{(P-V-T)Q^0}\times 100\% \tag{4.4}$$

式中 V^*——为盈亏平衡生产能力利用率；

Q^0——项目设计生产能力。

在其他条件不变情况下，项目实际生产能力利用率超过盈亏平衡生产能力利用率时，可实现盈利。超过越多，盈利越多，抵抗风险的能力就越强。

根据盈亏平衡生产能力利用率可以计算出项目产品产量的安全度。

$$产量安全度=1-盈亏平衡生产能力利用率=1-V^*=1-\frac{Q^*}{Q^0} \tag{4.5}$$

产量安全度越高，项目盈利的机会就越大，项目承担风险能力越强。产量安全度与盈亏平衡生产能力利用率呈互补关系。

（4）以产品销售单价表示的盈亏平衡点。计算公式

$$BEP(P)=年固定总成本/设计生产能力+单位产品可变成本+单位产品的税金 \tag{4.6}$$

【例4.1】 设某项目生产某产品的年设计生产力为10000台，每件产品销售价格为6000元，该项目投产后年固定成本总额为600万元，单位产品变动成本为2500元，单位产品所负担的销售税金为500元，若产销率为100%，试对该项目进行盈亏平衡分析。

解 已知$Q_0=10000$台，$P=6000$元，$F=600$万元，$V=2500$元，$T=500$元，按上述公式计算：

（1）盈亏平衡产销量

$$Q^*=\frac{6000000}{6000-2500-500}=2000(台)$$

（2）盈亏平衡销售收入

$$TR^*=2000\times6000=12000000(元)$$

（3）盈亏平衡生产能力利用率

$$V^*=\frac{2000}{10000}\times100\%=20\%$$

$$产量安全度=1-20\%=80\%$$

（4）盈亏平衡销售单价

$$P^*=\frac{6000000}{10000}+2500+500=3600(元)$$

$$价格安全度=1-\frac{3600}{6000}\times100\%=40\%$$

计算结果表明，该项目只要达到产量2000台，销售净收入1200万元，生产能力利用率20%，产品销售单价3600元，该项目即可实现不亏不赢。又因产量安全为80%，价格安全度为40%，因此该项目具有较大承担风险的能力。

4.2.4 非线性盈亏平衡分析

如果违背了线性盈亏平衡分析中的假定条件，利用线性盈亏平衡分析，就会导致不正确的结论。因此，需要进行非线性盈亏平衡分析。

非线性盈亏平衡分析可以分为三种情况。

第一种情况，销售收入与产销量呈线性关系，生产总成本与产销量非线性关系（如二次曲线）。

第二种情况，销售收入与产销量呈非线性关系，生产总成本与产销量呈线性关系。

第三种情况，销售收入、生产总成本与产销量均呈非线性关系。

1. 盈亏平衡点的产销量

在非线性盈亏平衡分析中，销售收入曲线 $TR=R(Q)$ 和生产总成本曲线 $TC=C(Q)$ 可能在两个及以上点处相交，这些点都是盈亏平衡点，所对应的产销量即为盈亏平衡产销量，所对应的销售收入即为盈亏平衡销售收入。本书仅讨论两个盈亏平衡点的情况并假定销售收入或生产总成本与产销量的非线性关系为二次曲线函数。因为此种情况在现实生活中最为常见，如图 4.2 所示。

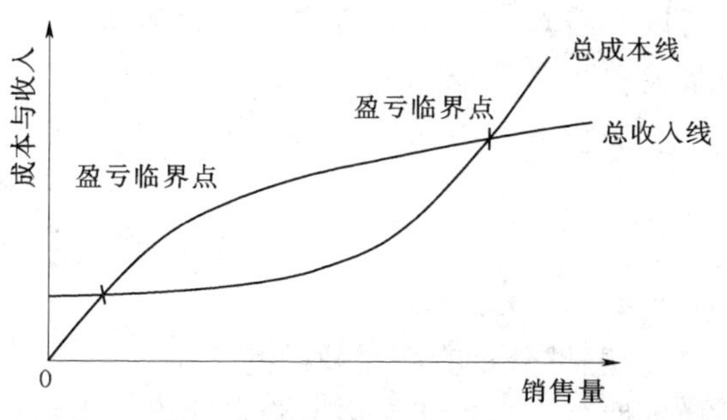

图 4.2 非线性关系下的盈亏临界图

设利润函数为 M，则

$$M=TR-TC=R(Q)-C(Q)$$

$M=0$ 时的产销量即为盈亏平衡产销量，解如下方程可以得到：

$R(Q)-C(Q)=0$ 所求得的盈亏平衡产销量有两个 Q_1 和 Q_2，称为利润限制点。

2. 利润最大时的产销量

由图 4.2 可知，无论是哪一种情况，都有最大利润存在，所对应的产销量为 Q。根据微分求极值原理，对利润函数求关于 Q 的一阶偏导数，并令其等于零，即可得到 Q。即

$$\frac{dM}{dQ}=\frac{d[R(Q)-C(Q)]}{dQ}=R(Q)-C(Q)=0$$

【例 4.2】 假定某公司拟投资某项目生产某种产品，据市场调查测算知，产品销售价格 P 与产销量 Q 的关系为 $P=600-0.02Q$（元/台），年生产总成本与产销量的关系为

$$TC=4000000+200Q+0.02Q^2$$

试对该项目进行盈亏平衡分析。

解 （1）利用销售收入函数和生产总成本函数，构造利润函数：

销售收入函数 $TR=PQ=(600-0.02Q)Q=600Q-0.02Q^2$

生产总成绩函数 $TC=400000+200Q+0.02Q^2$

利润函数 $M=TR-0.04Q^2+400Q-400000$

（2）求盈亏平衡产销量。

令
$$M=-0.04Q^2+400Q-400000=0$$

即
$$0.04Q^2-400Q+400000=0$$

$$Q=\frac{-(-400)\pm\sqrt{400^2-4\times0.04\times400000}}{2\times0.04}$$

得 $Q_1=1127$（台），$Q_2=8873$（台）。

（3）求利润最大时的产销量。

令
$$\frac{dM}{dQ}=-0.08Q+400=0$$

则 $Q=5000$ 台。

又由于
$$\frac{d^2M}{dQ^2}=-0.08<0$$

所以，当 $Q=5000$ 台可实现最大利润。

最大利润

$$M=-0.04\times50002+400\times5000-40000=600000(\text{元})$$

4.3 敏感性分析

4.3.1 敏感性分析的意义及目的

敏感性分析是指从众多不确定性因素中找出对投资项目经济效益指标有重要影响的敏感性因素，并分析、测算其对项目经济效益指标的影响程度和敏感性程度，进而判断项目承受风险能力的一种不确定性分析方法。敏感性因素一般可选择主要参数（如销售收入、经营成本、生产能力、初始投资、寿命期、建设期、达产期等）进行分析。若某参数的小幅度变化能导致经济效果指标的较大变化，则称此参数为敏感性因素，反之则称其为非敏感性因素。

敏感性分析的目的如下。

（1）找出影响项目经济效益变动的敏感性因素，分析敏感性因素变动的原因，并为进一步进行不确定性分析（如概率分析）提供依据。

（2）研究不确定性因素变动如引起项目经济效益值变动的范围或极限值，分析判断项目承担风险的能力。

（3）比较多方案的敏感性大小，以便在经济效益值相似的情况下，从中选出不敏感的投资方案。

根据不确定性因素每次变动数目的多少，敏感性分析可以分为单因素敏感性分析和多因素敏感性分析。单因素敏感性分析是对单一不确定性因素变化的影响进行分析，即假设各不确定性因素之间相互独立，每次只考察一个因素，其他因素不变，多因素敏感性分析是对两个或两个以上互相独立的不确定因素同时变化的影响进行分析。

4.3.2 进行敏感性分析的步骤

（1）确定分析的经济效益指标。评价投资项目的经济效益指标主要包括：净现值、内部收益率、投资利润率、投资回收期等。主要分析方案状态和参数变化对方案投资回收快慢的影响，可以采用投资回收期；产品价格波动对方案超额净收益的影响，选用净现值；投资大小对方案资金回收能力的影响，选用内部收益率。

（2）选定不确定性因素，设定其变化范围。其原则是：预计这些因素在其可能变动的范围内对经济评价指标的影响较大，对在确定性经济分析中采用的该因素的数据的准确性把握不大。

（3）计算不确定性因素变动对项目经济效益指标的影响程度，找出敏感性因素。

1）相对测定法，用敏感系数（灵敏度）β=评价指标值变动的百分比/不确定因素变动百分比。

2）绝对测定法。假定分析的因素均向只对经济评价指标产生不利影响的方向变动，并设该因素达到可能的最差值，然后计算在此条件下的经济评价指标，如果计算的指标已经超过临界值，从而改变项目的可行性，则表明该因素是敏感因素。

（4）绘制敏感性分析图，分析每个不确定性因素的波动程度及其对分析指标可能带来的增减变化情况，通过图形来表示，斜率反映敏感程度，斜线与横轴的交点对应的是临界值，求出不确定性因素变化的极限值。

【例 4.3】 某公司规划项目的投资收益率为 21.15%，财务基准收益率为 12%。试对价格、投资在±20%，成本、产量在±10%范围进行敏感性分析。

表 4.1 敏 感 分 析 表

项　目	规划方案	价格变动		投资变动		成本变动		产量变动	
		−20%	+20%	−20%	+20%	−10%	+10%	−10%	+10%
投资收益率（%）	21.15	7.72	33.62	25.26	18.19	25.90	16.41	17.95	24.24
和规划方案比较（%）		−13.43	+12.37	+4.11	−2.96	+4.75	−4.74	−3.2	+3.09
相对变化率（%）		−0.67	0.62	0.21	−0.15	0.48	−0.47	−0.32	0.31

解　价格变化±1%，投资收益率变化−0.67%～0.62%。其他见表 4.1。

单因素敏感性分析在计算特定不确定因素对项目经济效益影响时，须假定其他因素不变，实际上这种假定很难成立。可能会有两个或两个以上的不确定因素在同时变动，此时单因素敏感性分析就很难准确反映项目承担风险的状况，因此尚必须进行多因素敏感性分析。

多因素敏感性分析是指在假定其他不确定性因素不变条件下，计算分析两种或两种以上不确定性因素同时发生变动，对项目经济效益值的影响程度，确定敏感性因素及其极限值。多因素敏感性分析一般是在单因素敏感性分析基础进行，且分析的基本原理与单因素敏感性分析大体相同，但需要注意的是，多因素敏感性分析须进一步假定同时变动的几个因素都是相互独立的，且各因素发生变化的概率相同。

【例 4.4】 某项目投资 170000 元，寿命为 10 年，残值为 20000 元，基准利率为 13%，预计现金流入和流出分别为 35000 元和 3000 元，试对现金流入和流出做双因素敏感性分析。

解　设 x 和 y 分别为年现金流入和流出的变化率，则净现值为：

$$
\begin{aligned}
NPV &= -170000(A/P,13\%,10)+3500(1+x)-3000(1+y)+20000(A/F,13\%,10)\\
&= -170000\times 0.184+35000(1+x)-3000(1+y)-20000\times 0.054\\
&= 1757+35000x-3000y
\end{aligned}
$$

只要 $NPV>0$，即 $y>0.586+11.67x$，方案就可行。

敏感性分析是一种动态不确定性分析，是项目评估中不可或缺的组成部分。它用以分析项目经济效益指标对各不确定性因素的敏感程度，找出敏感性因素及其最大变动幅度，据此判断项目承担风险的能力。但是，这种分析尚不能确定各种不确定性因素发生一定幅度的概率，因而其分析结论的准确性就会受到一定的影响。实际生活中，可能会出现这样的情形：敏感性分析找出的某个敏感性因素在未来发生不利变动的可能性很小，引起的项目风险不大；而另一因素在敏感性分析时表现出不太敏感，但其在未来发生不利变动的可能性却很大，进而会引起较大的项目风险。为了弥补敏感性分析的不足，在进行项目评估和决策时，尚须进一步作概率分析。

4.4 概　率　分　析

4.4.1　概率分析的含义

概率分析是通过研究各种不确定性因素发生不同变动幅度的概率分布及其对项目经济效益指标的影响，对项目可行性和风险性以及方案优劣作出判断的一种不确定性分析法。概率分析常用于对大中型重要若干项目的评估和决策之中。分析方法主要有期望值法、效用函数法和模拟分析法等。其中，期望值法在项目评估中的应用最为普遍，这里仅对此做简要介绍。

期望值法是通过计算项目净现值的期望值和净现值大于或等于零时的累计概率，来比较方案优劣，确定项目可行性和风险程度的方法。

4.4.2　期望值法进行概率分析的步骤

采用概率分析，一般需要遵循以下步骤。

(1) 选用净现值作为分析对象，并分析选定与之有关的主要不确定性因素。

(2) 按照穷举互斥原则，确定各不确定性因素可能发生的状态或变化范围。

(3) 分别估算各不确定性因素每种情况下发生的概率。各不确定性因素在每种情况下的概率，必须小于等于 1、大于等于 0，且所有可能发生情况的概率之和必须等于 1。这里的概率为主观概率，是在充分掌握有关资料基础之上，由专家学者依据其自己的知识、经验经系统分析之后，主观判断作出的。

(4) 分别计算各可能发生情况下的净现值。各年净现值期望值、整个项目寿命周期净现值的期望值、各年净现值期望值的计算公式为

$$E(NPV_t) = \sum_{i=1}^{n} X_{it} P_{it} \tag{4.7}$$

式中　$E(NPV_t)$ ——第 t 年净现值期望值；

X_{it}——第 t 年第 i 种情况下的净现值；

P_{it}——第 t 年第 i 种情况发生的概率；

n——发生的状态或变化范围数。

整个项目寿命周期净现值的期望值的计算公式为

$$E(NPV) = \sum_{i=1}^{m} \frac{E(NPV_t)}{(1+i)^t} \tag{4.8}$$

式中　$E(NPV)$——整个项目寿命周期净现值的期望值；

i——折旧率；

m——项目寿命周期长度；

$E(NPV_t)$——第 t 年净现值的期望值。

项目净现值期望值大于零，则项目可行；否则，项目不可行。

(5) 计算各年净现值标准差、整个项目寿命周期净现值的标准差或标准差系数，各年净现值标准差的计算公式为

$$\delta_t = \sqrt{\sum_{i=1}^{n} [X_{it} - E(NPV_t)]^2 P_{it}} \tag{4.9}$$

式中 δ_t——第 t 年净现值的标准差；

其他符号意义同前。

整个项目寿命周期的标准差计算公式为

$$\delta = \sqrt{\sum_{t=1}^{m} \frac{\delta_t^2}{(1+i)^t}} \tag{4.10}$$

式中 δ——整个项目寿命周期的标准差。

净现值标准差反映每年各种情况下净现值的离散程度和整个项目寿命周期各年净现值的离散程度，在一定的程度上，能够说明项目风险的大小。但由于净现值标准差的大小受净现值期望值影响甚大，两者基本上呈同方向变动。因此，单纯以净现值标准差大小衡量项目风险性高低，有时会得出不正确的结论。为此需要消除净现值期望值大小的影响，利用下式计算整个项目寿命周期的标准差系数

$$V=\frac{\delta}{E(NPV)}\times 100\% \tag{4.11}$$

式中 V——标准差系数。

一般地，V 越小，项目的相对风险就越小；反之，项目的相对风险就越大。依据净现值期望值、净现值标准差和标准差系数，可以用来选择投资方案。判断投资方案优劣的标准是：期望值相同、标准差小的方案为优；标准差相同、期望值大的方案为优；标准差系数小的方案为优。

(6) 计算净现值大于或等于 0 时的累计概率。累计概率值越大，项目所承担的风险就越小。

(7) 对以上分析结果作综合评价，说明项目是否可行及承担风险性大小。

4.4.3 净现值期望值的计算

【例 4.5】 某公司以 5.0 万元购置一台设备，寿命为 2 年，第一年净现金流量可能为：4.4 万元、3.6 万元和 2.8 万元，概率分别为 0.2、0.6 和 0.2；第二年净现金流量可能为：5.6 万元、4.4 万元和 3.2 万元，概率分别为 0.15、0.7 和 0.15，折现率为 10%。问购置设备是否可行。

解

$$E(NPV_1)=4.4\times 0.2+3.6\times 0.6+2.8\times 0.2=3.6$$

$$E(NPV_2)=5.6\times 0.15+4.4\times 0.7+3.2\times 0.15=4.4$$

$$E(NPV)= E(NPV_1)/(1+i)+E(NPV_2)/(1+i)^2-5.0=1.9086$$

$$\delta_1=0.506$$

$$\delta_2=0.6572$$

$$\delta=0.7118$$

$$V=\delta/E(NPV)\times 100\%=37.33\%$$

因此，购置设备可行，且风险较小。

4.4.4 现值大于或等于 0 时的累计概率的计算

【例 4.6】 某项目投资 20 万元，建设期 1 年。据预测，生产期内的年收入可能为 5 万元、10 万元、12.5 万元，相应的概率为 0.3、0.5 和 0.2。同时，预测到因技术进步，生产期可能为 2 年、3 年、4 年、5 年，对应的可能性为 0.2、0.2、0.5 和 0.1。设折现率

为 10%，对净现值作累计概率分析。

解　以年收入 10 万元、生产期 4 年为例。

$$净现值=-200000\times(1+10\%)^{-1}+10000(P/A,10\%,4)(1+10\%)^{-1}=106300 元。$$

其他如图 4.3 所示。

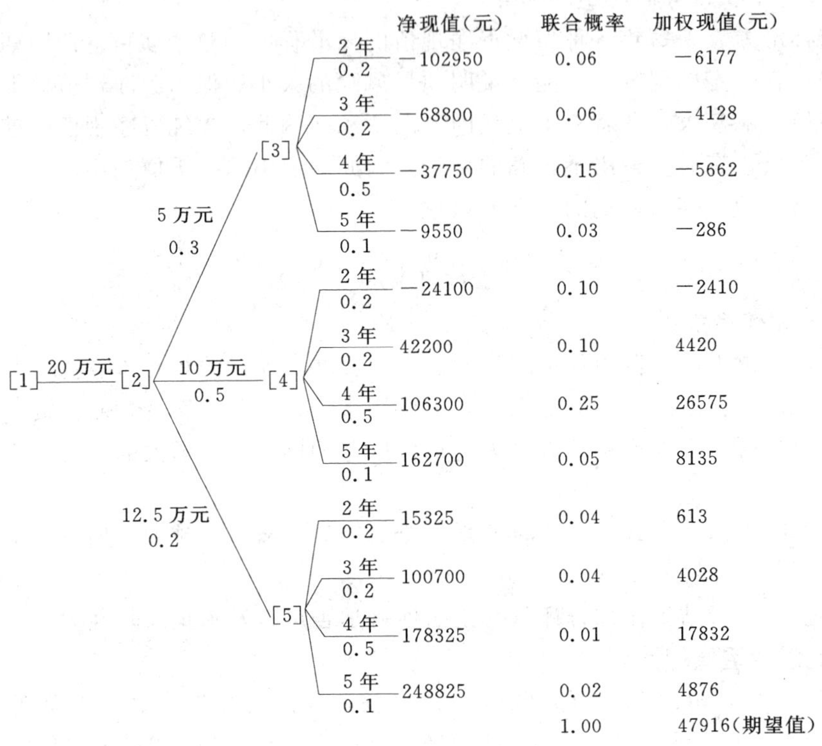

图 4.3　净现值期望值

计算净现值的累计概率，见表 4.2。

表 4.2　　净现值累计概率表

NPV (元)	发生概率	累计概率	*NPV* (元)	发生概率	累计概率
−102950	0.06	0.06	44200	0.10	0.54
−68850	0.06	0.12	100700	0.04	0.58
−37750	0.15	0.27	106300	0.25	0.83
−24100	0.10	0.37	162700	0.05	0.88
−9550	0.03	0.40	178325	0.01	0.99
15325	0.04	0.44	248825	0.02	1.00

$$P(NPV\geqslant 0)=1-0.40=0.60$$

结果说明：净现值期望值 47916 万元，大于 0 概率为 0.60，说明项目可行。

思考与练习题

4.1　什么是不确定性分析？

4.2　盈亏平衡分析的含义和特点是什么？

4.3　列举敏感性分析的步骤。

4.4　某企业年固定成本为350万元，产品单价为150元/台，单位产品可变成本为240元，求盈亏平衡产量。

4.5　某企业固定成本6.5万元，每件产品变动成本25元，原材料批量购买可降低的单位材料费用为购买量的0.1%，每件售价为50元，随销售量的增加市场单位产品价格下降0.25%，试计算盈亏平衡点、利润最大时的产量和成本最大时的产量？

4.6　某构件厂欲生产某种型号的预制板，设计生产能力为每年2万件。生产每件产品的可变成本为50元，工厂固定成本每年为20万元，据预测每件产品的售价为100元，销售税率为10%。试计算该厂盈亏平衡点的年产量。如果该厂希望获得10万元的利润，问应生产销售多少产品？

4.7　某项目方案预计在计算期内的支出、收入见表4.3，试以净现值指标对方案进行敏感性分析（基准收益率为10%）。

表4.3　　**项目的支出和收入**　　单位：万元

指标 \ 金额 \ 年序	0	1	2	3	4	5	6
投资		300	50				
年经营成本	50			150	200	200	200
年销售收入				300	400	400	400

第5章 设备更新分析

学习目标和学习要点

通过本章学习，了解设备更新的目的和意义；理解设备的磨损、补偿及设备的寿命；掌握设备的经济寿命的确定方法；理解设备更新方案比较的原则；掌握设备更新的经济分析方法；了解设备租赁的分类、设备租赁购置分析步骤；掌握设备租赁与购置的比选方法。

5.1 概　　述

5.1.1 设备更新的概念和意义

设备是企业生产的重要物质条件，企业为了进行生产，必须花费一定的投资，用以购置各种机器设备。从广义上讲，设备更新应包括设备修理、设备重置、设备更新和现代化改装。从狭义上讲，设备更新是指设备在使用过程中，由于有形磨损和无形磨损的作用，致使其功能有所降低，因而需要以结构更加先进、技术更加完善、生产效益更高的设备去替代原有的设备。设备的更新，应考虑何时更新、用何种设备更新，既要考虑技术的先进性，又要考虑经济的合理性，故对设备的更新方案要进行优选。

设备更新和技术改造是一个国家经济发展的关键因素，各种机器设备的质量和技术水平也是衡量一个国家工业化水平的重要标志。从发达国家经济发展的经验，尤其是近几十年日本的经济发展可以看出，积极采用新技术、新设备可使一个国家的经济力量突飞猛进。在我国，有一些大型企业基本上是20世纪中叶建成的，由于不重视技术改造和设备更新，导致企业长期陷于高耗费、低质量和产品落后的状况，这严重阻碍了我国经济的发展。老企业的设备更新和技术改造，在我国是一项十分重要而又迫切的任务。

5.1.2 设备更新的原则

设备更新经济分析就是不同方案的比选，其基本原理和评价方法与互斥型方案比选相同。但在设备更新方案比选时，应遵循如下原则。

1. 不考虑沉没成本

在进行方案比选时，原设备的价值应按目前实际价值计算，而不考虑其沉没成本。例如，某设备3年前购置时的原始成本是30万元，目前的账面价值是18万元，现在的净残值仅为8万元。在进行设备更新分析时，3年前的原始成本30万元是过去发生的，与现在的决策无关，因此是沉没成本。目前该设备的价值等于现在的净残值8万元。

2. 客观正确地描述新旧设备的现金流量

应该站在一个客观的立场上，遵循供求均衡的原则来考虑原设备目前的价值（或净残值）。只有这样，才能客观地、正确地描述新、旧设备的现金流量。如新、旧设备进行比较时，不能把卖旧设备的收入作为新设备的现金流入，而应把卖旧设备这笔收入列入购买

旧设备的现金流量中。

3. 以剩余经济寿命为基准的逐年滚动比较

在确定最佳更新时机时，应首先计算现有设备的剩余经济寿命和新设备的经济寿命，然后利用逐年滚动计算方法进行比较。

5.1.3 设备的磨损与补偿

设备购置后，无论是使用还是闲置，都不可避免会发生实物形态的变化及技术技能的下降，这就是设备的磨损。磨损分为有形磨损和无形磨损两种形式。有形磨损是指机器实体发生磨损，又称物理磨损；无形磨损是指机器设备在价值形态上的损失，又称经济磨损。

1. 有形磨损

有形磨损按其产生的原因，又可分为使用产生的磨损和因自然力的作用而产生的磨损。前者称为第一类有形磨损，后者称为第二类有形磨损。

有形磨损的技术后果是降低设备的使用价值，磨损到一定程度将导致机器设备使用价值的完全丧失。

有形磨损的经济后果是机器设备原始价值的部分贬值，甚至完全丧失价值。

消除有形磨损，使机器设备局部或完全恢复使用价值的方式是修理或更换，为此需支出相应费用，即产生了大修理的经济性分析问题。

2. 无形磨损

无形磨损产生的根本原因是科学技术的不断进步和发展。导致无形磨损产生的原因有两类：第一类是由于设备制造工艺不断改进，成本不断降低和劳动生产率不断提高，生产同种设备所需的社会必要劳动耗费减少，因而导致设备的价值相应地贬值。第二类无形磨损是由于技术进步，市场上出现了结构更先进、技术更完善、生产效率更高、耗用原材料和能源动力更少的新型设备，使原有设备价值降低，而且会使原有设备局部或全部丧失其使用价值。第二类磨损可能导致设备提前更新。

设备价值的两重性决定着磨损的两重性，两重磨损同时作用在机器设备上。有磨损就要有补偿，两重磨损形式与补偿方式之间的关系如图 5.1 所示。

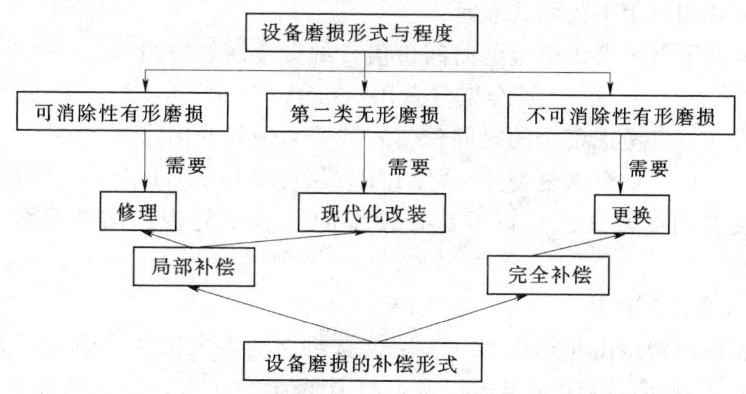

图 5.1 设备磨损形式与补偿方式之间的关系

5.2 生产设备经济寿命的计算

5.2.1 设备寿命的概念

设备的寿命在不同情况下有不同的内涵和意义。设备寿命从不同角度可划分为物理寿命、技术寿命、折旧寿命和经济寿命。

1. 物理寿命

设备的物理寿命是指设备从全新状态下开始使用，直到不能再使用而报废为止所经历的时间。它主要取决于设备有形磨损的速度，又可通过恢复性修理来延长其物理寿命。

2. 技术寿命

设备的技术寿命是指设备以全新状态投入使用到因无形磨损而被淘汰所经历的时间。它主要取决于设备无形磨损的速度。科学技术发展越快，设备的技术寿命越短。

3. 折旧寿命

设备的折旧寿命是指按国家财税制度规定的设备折旧年限，即按规定的折旧原则和方法，将设备的原值通过折旧方式转入产品成本，直到设备的净值达到零时所经历的时间，它主要取决于规定的折旧原则和方法。

4. 经济寿命

设备的经济寿命是指设备从投入使用到因继续使用而经济上不合理为止所经历的时间。它是由有形磨损和无形磨损共同决定的，是确定设备更新时机的基础。

5.2.2 经济寿命的计算

5.2.2.1 设备的年度费用

设备的年度费用，一般包括两部分：资金恢复费用和年度使用费用。资金恢复费用是指设备的原始费用扣除设备更新时的预计净残值后分摊到设备使用各年上的费用，即每年所分摊的设备购置费和净残值。

1. 资金恢复费用的计算

设 P 代表原始费用，F 代表预计净残值，n 代表使用年限，i 代表利率（折现率），则设备的资金恢复费用可用下列两式表示。

（1）静态模式下（不考虑资金的时间价值）的资金恢复费用。

$$资金恢复费用=(P-F)/n$$

（2）动态模式下（考虑资金的时间价值）的资金恢复费用。

$$资金恢复费用=P(A/P,i,n)-F(A/F,i,n)$$

从资金恢复费用的表达式可以看出，设备的资金恢复费用随着服务年限的增长而变小。

2. 年度使用费用的计算

设备的年度使用费用由年运行费（人工、材料、动力、机油等消耗）和维修费组成。如果以 C 代表年度费用，O 代表年运行费，M 代表年维修费，当不考虑货币的时间价值时有

$$C=(P-F)/n+O+M \tag{5.1}$$

由此可知，设备更新的最佳时间取决于设备的经济寿命，而设备经济寿命的长短主要取决于年度费用的变化，当设备的 P、F、n 一定时，资金恢复费用基本上也一定，年度费用的变化主要取决于年度使用费的变化。年度使用费的变化通常分为 3 种情况：固定不变的，不规则的以及不断增加的。

通常，设备在使用过程中逐渐磨损，其性能和工作效率逐年变化。为了恢复其正常功能，必须进行维护和修理，而且维护和修理的费用随着设备使用年限的增加是逐年增加的，所以年度使用费是逐年增加的。由于年度使用费的逐年上升，在设备的使用年限中才存在一个年度费用最小的年份，才能计算出设备的经济寿命。

5.2.2.2　设备经济寿命的计算

设备经济寿命按是否考虑资金的时间价值的情况，可以分为静态和动态两种计算方法。

1. 设备经济寿命的静态计算

设备经济寿命的静态计算方法是指在不考虑资金时间价值的基础上，计算设备的平均使用成本 C，年度平均使用成本最小的那一年就是设备的经济寿命（图 5.2）。

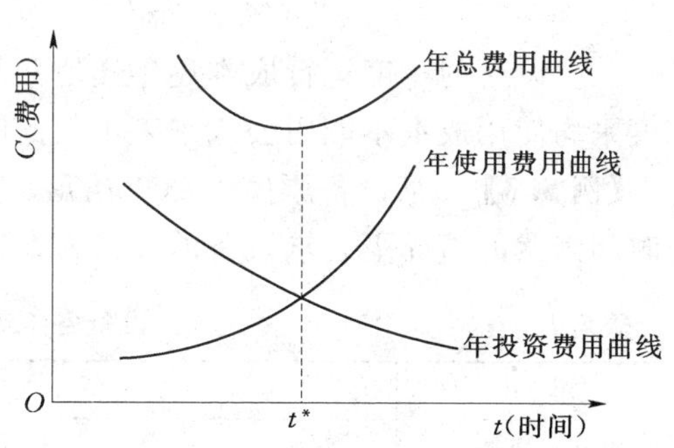

图 5.2　设备经济寿命图

不考虑资金时间价值的设备经济寿命的计算方法分为三种情况：

（1）设备的原始成本为 P 元，使用年限为 n 年，第一年设备的运行成本为 Q 元，运行成本每年增加一个固定额 q，且残值为零。则年度平均使用成本 C 为

$$C=\frac{P}{n}+Q+\frac{q+2q+\cdots+(n-1)q}{n}$$
$$=\frac{P}{n}+Q+\frac{(n-1)q}{2}$$

若要使 C 达到最小，在上式中对 n 求导数，并令其等于零，即令 $\frac{\mathrm{d}C}{\mathrm{d}n}=0$，则有

$$\frac{\mathrm{d}C}{\mathrm{d}n}=\frac{-P}{n^2}+\frac{q}{2}=0$$

得到

$$n=\sqrt{\frac{2P}{q}} \tag{5.2}$$

【例 5.1】　有一新机器，原始成本为 12500 元，不论使用多久，其残值都是零，其运行成本第一年为 2000 元，以后每年增加 1000 元，暂不计利息，求其经济寿命。

解　已知 $P=12500$ 元，$q=1000$ 元，代入式（5.2），可求得机器的经济寿命：

$$n=\sqrt{\frac{2P}{q}}=\sqrt{\frac{2\times12500}{1000}}=5(\text{年})$$

此时的年度平均使用成本最小，为：

$$C=\frac{P}{n}+Q+\frac{(n-1)q}{2}=\frac{12500}{5}+2000+(5-1)\times\frac{1000}{2}=6500(\text{元})$$

（2）设备的原始成本为 P 元，使用年限为 n 年，第一年设备的运行成本为 Q 元，运行成本每年增加一个固定额 q，第 n 年末的净残值为 L 元，则经济寿命为：

$$n=\sqrt{\frac{2(P-L)}{q}} \tag{5.3}$$

【例 5.2】 有一新机器，原始成本为 20000 元，其残值为 800 元，其运行成本第一年为 2000 元，以后每年增加 600 元，暂不计利息，求其经济寿命。

解 已知 $P=20000$ 元，$q=600$ 元，$L=800$ 元，代入式（5.3）可求得机器的经济寿命：

$$n=\sqrt{\frac{2(P-L)}{q}}=\sqrt{\frac{2\times(20000-800)}{600}}=8(\text{年})$$

（3）设备的年度运行成本逐年递增额是不规则的，且年末估计残值也是变化的，则其年度平均使用成本不能用公式来表示，此时一般采用列表的方式来求解经济寿命。

【例 5.3】 某设备原值为 20000 元，其各年残值及运行成本资料见表 5.1。试在不考虑时间因素的情况下，求设备的经济寿命。

表 5.1　　**设备各年运行成本及残值表**　　单位：元

使用年限	1	2	3	4	5	6	7
年运行成本	2000	2500	3500	4500	6000	7000	9000
年末残值	10000	7000	5000	4000	3000	2000	1000

解 计算过程及结果见表 5.2。

表 5.2　　**设备经济寿命的动态计算过程及结果**　　单位：元

使用年限	年度运行成本	累计年末运行成本	年度平均运行成本	年末残值	平均年度资产消耗成本	年度平均使用成本
(1)	(2)	(3)=$\sum$(2)	(4)=(3)/(1)	(5)	(6)=[20000−(5)]/(1)	(7)=(4)+(6)
1	2000	2000	2000	10000	10000	12000
2	2500	4500	2250	7000	6500	8750
3	3500	8000	2667	5000	5000	7667
4	4500	12500	3125	4000	4000	7125
5	6000	18500	3700	3000	3400	7100
6	7000	25500	4250	2000	3000	7250
7	9000	34500	4929	1000	2714	7643

从表 5.2 中可以看出，设备年度平均使用成本在第 5 年最低，设备的经济寿命为 5 年，应在第 5 年末进行设备更新。

2. 设备经济寿命的动态计算

设备经济寿命的动态计算方法是指在考虑资金时间价值的基础上计算设备的年度平均

使用成本，年度平均使用成本最小的那一年就是设备的经济寿命。其求解一般都是通过列表来计算。

【例 5.4】 根据［例 5.3］的数据，计算在考虑时间因素时的设备经济寿命，设 $i_c=10\%$。

计算过程及结果见表 5.3。

表 5.3 设备经济寿命的动态计算过程及结果 单位：元

使用年限	年度运行成本	复利现值系数	年度运行成本现指	累计运行成本现值	资金回收系数	等值的年度运行成本	年末残值	平均年度资产消耗成本	年度平均使用成本
(1)	(2)	(3)	(4) ＝ (2) / (3)	(5) ＝ Σ (4)	(6)	(7) ＝ (5) × (6)	(8)	(9)	(10) ＝ (7) ＋ (9)
1	2000	0.9091	1818	1818	1.1000	2000	10000	12000	14000
2	2500	0.8265	2066	3884	0.5762	2238	7000	8190	10428
3	3500	0.7513	2630	6514	0.4021	2619	5000	6532	9151
4	4500	0.6830	3074	9588	0.3155	3025	4000	5448	8473
5	6000	0.6209	3725	13313	0.2638	3513	3000	4786	8299
6	7000	0.5645	3952	17265	0.2296	3963	2000	4332	8295
7	9000	0.5132	4619	21884	0.2054	4495	1000	4003	8498

注 第（9）栏，平均年度资产消耗成本＝［原值－(8)×(3)］×(6)＝［原值－(8)］×(6)＋(8)×(i)。

从表 5.3 中可以看出，设备年度平均使用成本在第 6 年最低，考虑了时间因素后设备的经济寿命为 6 年，比不考虑时间因素时相比推迟了一年。

5.3 设 备 折 旧

5.3.1 折旧的概念

折旧是由于设备会发生磨损，为使再生产过程不断延续下去，就要将设备因磨损而失去的价值逐渐转移到产品成本中去，并从产品销售收入中回收，这种计入成本回收的设备的转移价值称为折旧费。

因此，从价值观点讲，折旧可以看做是设备性能衰退和过时引起的损失转移到产品价值中的等量价值。从会计观点讲，折旧可以看做是设备在寿命期内注销的设备成本；从经济分析的角度看折旧，则可丰富折旧分析的内容。首先，折旧应与设备的有形磨损和无形磨损挂钩，这使采用加速折旧成为合理；其次，因为折旧费的特点是免税和分期获得，故早期快速回收折旧意味着企业早期税赋减少，设备投资风险损失减少，而且折旧基金在设备更新期到达之前可用于再投资，从而直接影响企业的实际投资效益，因此，对折旧的研究应成为技术经济学研究的重要内容，通常用折旧率计算折旧费的大小，折旧率是设备年折旧额占设备价值的百分比，合理制定设备的折旧率不仅是正确计算成本的根据，也是促进设备技术发展、技术进步，有利于设备更新的政策问题。如果折旧率过低，则将人为地扩大利润，扩大积累，会使设备得不到及时更新；反之，则会人为地增加成本，影响资金的正常积累，妨碍扩大再生产。总之，折旧率选择失当，将影响企业的竞争实力与发展。

由此可见，合理的折旧制度、正确的折旧率，对提高项目的收益，加速资金周转，增强企业自我改造和发展的能力，促进技术进步等方面都有着重要的意义。此外，从宏观上看，正确合理的折旧有利于保证国家税收，促进经济发展。

5.3.2 折旧方法的选择

1. 直线折旧法

（1）资产效益的降低是时间流逝的函数，而不是使用状况的函数。

（2）利息因素可忽略不计。

（3）在资产使用年限中，修理、维修费用、操作效率均基本不变。

2. 快速折旧法

（1）修理和维修费是递增的。

（2）收入和操作效率是递减的。

（3）承认固定资产在使用中所实现的利息因素。

（4）后期收入难以预计。

3. 年金折旧法

（1）每年的现金流量或固定资产净收入固定不变。

（2）在固定资产使用年限中，修理和维修费用不变或递减。

（3）收入和操作效率是递增的。

一方面，由于固定资产到了后期，需要修理的次数通常增多，发生事故的风险增大，因而使用时间减少，收入随之减少；另一方面，由于操作效率通常将降低，导致产品产量减少，质量下降，也会使收入减少；此外，效率降低还会造成燃料、人工成本的升高，乃至原材料使用上的浪费；加上修理和维修费不断增加，以及设备陈旧、竞争乏力，均会使资产的净收入在后期少于前期。因而在多数情况下，选择快速折旧法是合理的。

5.3.3 折旧的计算

折旧计算要考虑三个因素：①固定资产原发生的全部成本 P；②固定资产的可使用年限 n；③固定资产可使用年限终了时的净残余价值 l_n。

折旧的计算方法很多，现介绍如下三种：直线折旧法、快速折旧法和年金折旧法。

5.3.3.1 直线折旧法

直线折旧法是在设备可使用年限内，平均分摊设备应计提折旧的价值。如果用 f 代表折旧率，D 代表年折旧额，则有

$$\begin{aligned} D&=(P-l_n)/n \\ &=(P-l_n)f \end{aligned} \tag{5.4}$$

直线折旧法计算简便，但折旧速度慢。如果在设备使用期内负荷、开动时间与利用强度等基本相同，设备得到的经济利益均衡，使用直线折旧是可以的。

【例 5.5】 某设备原值为 11000 元，估计可使用年限为 5 年，预计 5 年末设备净残值为 1000 元。试求：（1）年折旧额。（2）年折旧率。（3）月折旧率。

解 （1）年折旧额 D：

$$D=(P-l_n)/n=(11000-1000)/5=2000(\text{元})$$

（2）年折旧率 f：

$$f=1/n\times100\%=1/5\times100\%=20\%$$

（3）月折旧率 f'：

$$f'=f/12=20\%\div12=1.67\%$$

各年折旧、折旧基金（即折旧累计）、折旧余额 l_t（未扣除净残值）见表 5.4。

表 5.4　　直线法折旧的 D 与 l_t　　单位：元

年　份	年　折　旧	折 旧 基 金	折旧金额（未扣除净残值）
0			11000
1	2000	2000	9000
2	2000	4000	7000
3	2000	6000	5000
4	2000	8000	3000
5	2000	10000	1000
合　计	10000		

5.3.3.2　快速折旧法

常用的快速折旧法有三种，即年数总和法、余额递减法（定率法）和双倍余额递减法。

1. 年数总和法

年数总和法以折旧总额乘以一个递减的折旧系数 f_t 来确定第 t 年的折旧额。这个折旧率以固定资产可使用年数 n 的自然数之和为分母，并以 n 递减 1 作为各年折旧率的分子，即

$$f_t=\frac{n-t+1}{1+2\cdots+n}=\frac{2(n-t+1)}{n(n+1)} \tag{5.5}$$

第 t 年的折旧额 D_t 为

$$D_t=f_t(P-l_n) \tag{5.6}$$

【例 5.6】　设备原值为 11000 元，估计使用年限为 5 年，预计残值为 1000 元。试选择年数总和法计算设备各年折旧额 D_t 和折旧余额 L_t。

解　计算过程与结果如表 5.5 所示。

表 5.5　　数总和法各年折旧与折旧余额　　单位：元

有效寿命年数	$f_t(P-l_n)=D_t$	$\sum D_t$	$L_t=P-\sum D_t$
1	5/15×10000＝3333.33	3333.33	7666.67
2	4/15×10000＝2666.67	6000	5000
3	3/15×10000＝2000	8000	3000
4	2/15×10000＝1333.33	9333.33	1666.67
5	1/15×10000＝666.67	10000	1000

由表 5.5 可见，每年提取折旧按等差级数递减，至第 5 年期满折旧提足剩下净残值。

与直线法相比，当设备使用期为可使用年限的60%，即3年时，其折旧余额大为减少。

2. 余额递减法

余额递减法（又称定率法）系以固定的折旧率 f 乘以折旧余额得到各年的折旧额。

因为

$$D_1 = Pf \qquad L_1 = P - D_1 = P(1-f)$$

$$D_2 = (P - D_1)f = P(1-f)f \qquad L_2 = P - D_1 - D_2 = P(1-f)^2$$

$$\vdots \qquad \vdots$$

$$D_n = P(1-f)^{n-1}f \qquad L_n = P(1-f)^n$$

所以有

$$f = 1 - (L_n/p)^{\frac{1}{n}}；D_t = p(1-f)^{t-1}f$$

$$L_t = p(1-f)^t$$

【例5.7】 设备原值为11000元，估计使用年限为5年，预计残值为1000元。试选择余额递减法计算设备的 D_t 和 L_t。

解 计算过程如下（以第3年为例）：

$$f = 1 - (1000/11000)^{\frac{1}{5}} = 38.1\%$$

$$D_3 = 11000(1-0.381)^{3-1} \times 0.381 = 1605.83(元)$$

$$L_t = 11000(1-0.381)^3 = 2608.94(元)$$

各年的 D_t 和 L_t 计算过程见表5.6。

表5.6 余额递减法各年的 D_t 和 L_t 单位：元

有效使用年数	$D_t = p(1-f)^{t-1}f$	$L_t = p(1-f)^t$
1	4191	6809
2	2594.23	4214.77
3	1605.83	2608.94
4	994.01	1614.94
5	615.29	999.65
合计	10000.36	

注 表中 $\sum D_t = 10000.36$ 元和 $L_5 = 999.65$ 元系近似计算导致的误差，故可令 $D_5 = 614.93$ 元，则有 $\sum D_t = 10000$ 元，$L_5 = 1000$ 元。

3. 双倍余额递减法

双倍余额递减法的折旧率取直线折旧法折旧率的2倍，即

$$f = 2/n$$

$$D_t = P(1-f)^{t-1}f$$

$$L_t = P(1-f)^t$$

【例5.8】 设备原值为11000元，预计可用年限为5年，设备净残值为1000元。试选择双倍余额递减法计算各年 D_t 和 L_t。

解 $$f = 2/n = 2/5 \times 100\% = 40\%$$

各年 D_t 和 L_t 计算过程及结果见表5.7。

表 5.7　　双倍余额递减法的 D_t 和 L　　单位：元

有效使用年数	原值（L_t）	D_t	$\sum D_t$	说明
0	11000			(1) $D_t=L_{t-1}f$ (2) 最后一期折旧 $=P-L_n-\sum_{t=1}^{n-1}D_t$ 即 11000－1000－9574.4＝425.6
1	6600	4400	4400	
2	3960	2640	7040	
3	2376	1584	8624	
4	1425.6	950.4	9574.4	
5	1000	425.6	10000	

注　请注意这种算法中最后一年折旧 D_n 的处理方法。

由于双倍余额递减法和余额递减法的折旧特征与年数总和法相似，固定资产前半期折旧额都高于直线折旧法，故统称为快速折旧法。

5.3.3.3　年金折旧法

年金折旧法是考虑固定资产净值的利息费用的一种计提折旧的方法。按此法提取的年折旧由两部分构成，即固定资产利息和实际折旧。其计算公式为

$$D=Pi+\frac{(P-L_n)i}{(1+i)^n-1} \tag{5.7}$$

【例 5.9】　设备原值为 11000 元，预计可用年限为 5 年，残值为 1000 元，如果 $i=10\%$，试用年金折旧法计算各年折旧、固定资产净值利息、年末固定资产净值。

解　计算过程如下，详见表 5.8。

$$D=11000\times0.1+\frac{(11000-1000)\times0.1}{(1+0.1)^5-1}=2737.97(\text{元})$$

表 5.8　　年金折旧计算表　　单位：元

年　份 (t)	D	净值利息 $R=L_{t-1}i$	实提折旧 $(D-R)$	累计折旧 $\sum(D-R)$	$L_t=L_{t-1}-(D-R)$
					11000
1	2737.97	1100	1637.97	1637.97	9362.03
2	2737.97	936.2	1801.77	3439.74	7560.26
3	2737.97	756.03	1981.94	5421.68	5578.32
4	2737.97	557.8	2180.17	7601.85	3398.15
5	2737.97	339.8	2398.15	10000	1000
合计	13689.95	3689.83	10000		

5.4　设备更新分析方法

设备更新分析的结论取决于所采用的分析方法，而设备更新分析的假定条件和设备的研究期是选用设备更新分析方法时应考虑的重要因素。研究期是互斥方案进行现金流量计算时共同的计算期，它是消除各方案计算周期的长短不一而建立的可比条件。

5.4.1　原型设备更新分析

原型设备更新分析，就是假定企业的生产经营期较长，并且设备一旦选定，今后均采用原型设备重复更新，这相当于研究期为各设备自然寿命的最小公倍数。

原型设备更新分析主要有三个步骤。

（1）确定各方案共同的研究期。

（2）用费用年值法确定各方案设备的经济寿命。

（3）通过比较每个方案设备的经济寿命确定最佳方案，即旧设备是否更新及新设备未来的更新周期。

【例5.10】　某企业现有一台机器A，目前市场上另有与机器A相同功能的两种机器B和C，这三台机器构成了互斥方案组。现有机器A还有5年使用期，机器B和机器C的自然寿命分别为6年和7年，机器各年的现金流量见表5.9。设基准收益率为10%，试采用原型设备更新分析方法，比较三个机器方案的优劣。

解　研究期为5、6、7的最小公倍数210年。

采用费用年值法确定各台机器的经济寿命，机器A有5个更新策略；机器B和机器C分别有6个和7个更新策略，更新分析的互斥策略数为5+6+7=18个。各机器年平均费用最低的策略所对应的使用期限即该机器的经济寿命。

计算三个方案的经济寿命，见表5.9。

$$
\begin{aligned}
AC_{A_2} &= (18000-9500)(A/P,10\%,2)+9500\times10\% \\
&\quad +[3600(P/F,10\%,1)+5600(P/F,10\%,2)]\times(A/P,10\%,2) \\
&= 8500\times0.5762+9500\times10\%+(3600\times0.9091+5600\times0.8264) \\
&\quad \times0.5762=10400(元)
\end{aligned}
$$

表5.9　**各方案机器经济寿命计算表**　单位：元

r年末	机器A			机器B			机器C		
	第n年残值	n年期间的运营费	年平均费用	第n年残值	n年期间的运营费	年平均费用	第n年残值	n年期间的运营费	年平均费用
0	18000			26000			33000		
1	12000	3600	11400	0	2000	30600	0	2250	38550
2	9500	5600	10400	0	3800	17838	0	2250	21265
3	7600	7900	10505	0	6300	14352	0	2250	15519
4	5800	9900	10928	0	8600	13114	0	2250	12662
5	3400	12000	11591	0	11300	12816*	0	2250	10955
6				0	14800	13072	0	2250	9828
7							0	2250	9028

$$
\begin{aligned}
AC_{B_4} &= 26000(A/P,10\%,4)+[2000(P/F,10\%,1)+3800(P/F,10\%,2) \\
&\quad +6300(P/F,10\%,3)+8600(P/F,10\%,4)]\times(A/P,10\%,4) \\
&= 26000\times0.3155+(2000\times0.9091+3800\times0.8264+6300\times0.7513 \\
&\quad +8600\times0.683)\times0.3155
\end{aligned}
$$

$=13114$(元)

$AC_{C_7}=33000(A/P,10\%,7)+2250$

$=33000\times0.2054$

$=9028$(元)

各方案不同更新策略的年平均费用见表 5.9。其中，机器 A 的经济寿命为 2 年，机器 B 的经济寿命为 4 年，机器 C 的经济寿命为 7 年。在研究期 210 年内，以各方案机器经济寿命对应的年平均总成本为比较依据，方案 C 为最优。

因此可得出结论，采用机器 C 更新现有机器 A，机器 C 未来的可更新周期为 7 年。

5.4.2 新型设备更新分析

新型设备更新分析，就是假定企业现有设备可被其经济寿命平均年费用最低的新设备取代。

【例 5.11】 假定［例 5.10］中的现有机器 A 可采用经济寿命内年平均费用最低的新机器进行更新，试进行更新决策。

解 在能对现有机器 A 进行更新的新设备中，机器 C 在其经济寿命 7 年内的年平均费用为 9028 元，低于机器 B 在其经济寿命 4 年内的年平均费用 13114 元，故将机器 C 作为现有机器 A 的潜在更新设备，这相当于在 B、C 机器的 13 个互斥策略中选择了一个策略 C_7，这样策略数减少为 12 个。

由于 7 年后，各策略的现金流量相同，故选择新机器 C 的经济寿命 7 年为研究期，采用总成本现值法并根据表 5.9 中数据比较机器方案。

$PC_{A_1}=11400(P/A,10\%,1)+9028(P/A,10\%,6)$

$=11400\times0.9091+9028\times4.3553$

$=49683$(元)

$PC_{A_2}=10400(P/A,10\%,2)+9028(P/A,10\%,5)$

$=10400\times1.7355+9028\times3.7908$

$=52273$(元)

$PC_{A_3}=10505(P/A,10\%,3)+9028(P/A,10\%,4)$

$=10505\times2.4869+9028\times3.1699$

$=54743$(元)

$PC_{A_4}=10928(P/A,10\%,4)+9028(P/A,10\%,3)$

$=10928\times3.1699+9028\times2.4869$

$=57092$(元)

$PC_{A_5}=11591(P/A,10\%,5)+9028(P/A,10\%,2)$

$=11591\times3.7908+9028\times1.7355$

$=59607$(元)

$PC_{C_7}=9028(P/A,10\%,7)$

$=9028\times4.8684$

$=43952$(元)

策略 C_7 的总成本现值最低，故应采用新机器 C 立即更新现有机器 A。

【例 5.12】 假定[例 5.10]中经济寿命内年平均费用最低的新机器 C 缺货，难以采购，只能采用机器 B 对现有机器 A 进行更新，试进行更新决策。

解 采用机器 B 的经济寿命 4 年作为研究期，采用总成本现值比较设备方案：

$$\begin{aligned}PC_{A_1}&=11400(P/A,10\%,1)+12816(P/A,10\%,4)\\&=11400\times0.9091+12816\times3.1699\\&=50989(元)\end{aligned}$$

$$\begin{aligned}PC_{A_2}&=10400(P/A,10\%,2)+12816(P/A,10\%,3)\\&=10400\times1.7355+12816\times2.4869\\&=49921(元)\end{aligned}$$

$$\begin{aligned}PC_{A_3}&=10505(P/A,10\%,3)+12816(P/A,10\%,2)\\&=10505\times2.4869+12816\times1.7355\\&=48637(元)\end{aligned}$$

$$\begin{aligned}PC_{A_4}&=10928(P/A,10\%,2)+12816(P/A,10\%,1)\\&=10928\times3.1699+12816\times0.9091\\&=46291(元)\end{aligned}$$

$$PC_{A_5}=11591(P/A,10\%,5)=11591\times3.7908=43939(元)$$

$$PC_{B_5}=12816(P/A,10\%,5)=12816\times3.7908=48583(元)$$

策略 A_5 的总成本现值最低，由此可得出结论，现有机器 A 应保留 5 年。

由以上举例可以看出，设备更新分析结论与研究期紧密相关，同样的新旧设备，研究期的假定条件不同，可能得出各种不同的结论。

5.5 设备租赁分析

5.5.1 概念

5.5.1.1 设备租赁的定义

设备租赁是随着企业资产所有权和使用权的分离应运而生的设备使用形式，它是指设备使用者（承租人）按照合同规定向设备所有者（出租人）租借设备，并按期支付一定的租金而取得设备使用权的经济活动，它是设备投资的一种方式。

对于承租人来说，设备租赁与设备购买相比的优越性在于：①可以节省设备投资，在资金不足和借款受到限制的情况下，也能使用设备；②可加快设备更新，避免技术落后的风险；③可避免通货膨胀的冲击，减少投资风险；④可获得良好的技术服务，提高设备的利用率，从而获得更多的收益。

不足之处则在于：①在租赁期间承租人对租用设备无所有权，只有使用权，故承租人无权随意对设备进行改造，不能处置设备，也不能用于担保或抵押贷款；②设备租赁的总费用比购置设备费用高；③租赁合同规定严格毁约要赔偿损失，罚款较多等。

5.5.1.2 设备租赁的形式

设备租赁一般有融资租赁和经营租赁两种方式。

1. 融资租赁

融资租赁又称财务租赁，融资租赁是一种融资和融物相结合的方式，它是指出租方和承租方共同承担确定时期的租让和付费义务，不得任意终止和取消租赁合同。这种租赁方式，是以融资和对设备的长期使用为前提的。设备由承租方选定，设备的性能、维修保养和老化都由承租方承担。对于承租人来说，融资租入的设备属于固定资产，可以计提折旧计入企业成本，而租赁费一般不能直接计入成本，应由企业税后支付。但租赁费中的利息和手续费（按租赁合同规定，手续费可包括在租赁费中，或者一次性支付）可在支付时计入企业成本。这种租赁方式主要解决企业大型的贵重的设备和长期资产的需要。

2. 经营租赁

经营租赁是一种传统的设备租赁方式。出租者除向承租者提供租赁物外，还承担租赁设备的保养、维修、老化、贬值以及不再续租的风险。这种租赁方式带有临时性，因而租金较高。承租者一般用这种方式租赁技术更新较快、租期较短的设备，承租设备的使用期也短于设备的寿命期；并且经营性租赁设备的租赁费计入企业成本，可减少企业所得税。临时使用的设备（如车辆、计算机、仪器等设备）通常采用这种方式。

由于租赁具有把融资和融物结合起来的特点，这使得租赁能够提供及时而灵活的资金融通方式，是企业家取得设备进行生产经营的一种重要手段。

5.5.2 设备租赁经济分析

企业在决定进行设备投资之前，必须充分考虑影响设备购置与租赁方案的主要因素，才能获得最佳的经济效益。

1. 影响设备购置和租赁的主要因素

影响设备购置和租赁的主要因素包括以下几点。

（1）项目的寿命期。

（2）设备的价格。

（3）企业是需要长期占有设备，还是短期需要这种设备。

（4）设备的经济寿命。

（5）设备技术过时风险的大小。

（6）租赁期长短。

（7）设备租金额。

（8）租金的支付方式。

（9）租赁机构的信用度、经济实力以及与承租人的配合情况。

2. 设备租赁经济分析

设备租赁经济分析的步骤如下。

（1）根据企业生产经营目标和技术状况，提出设备更新的投资建议。

（2）拟定若干设备投资、更新方案，包括购买方案、租赁方案。

（3）定性分析筛选方案，包括分析企业财务能力，分析设备技术风险、使用、维修等特点。

（4）定量分析并优选方案，结合其他因素，作出租赁还是购买的投资决策。

设备租赁的经济性分析是对设备租赁和设备购置进行经济比选，也是互斥方案选优问题，其方法与设备更新方案选择无实质上的差别。故可运用费用现值法、费用年值法、NPV法等进行选优。

经营性租入设备的净现金流量为

净现金流量＝销售收入－经营成本－租赁费－销售税及附加
－(销售收入－经营成本－租赁费－销售税金及附加)×所得税税率

融资性租入设备的净现金流量为

净现金流量＝销售收入－经营成本－租赁费－销售税及附加－(销售收入－经营成本
－折旧费－租赁费中的手续费和利息－销售税金及附加)×所得税税率

在相同条件下，购置设备方案的净现金流量为

净现金流量＝销售收入－经营成本－设备购置费－销售税及附加
－(销售收入－经营成本－折旧费－利息－销售税金及附加)×所得税税率

设备寿命相同时可以采用净现值法，设备寿命不同时可以采用年值法。无论采用净现值法还是年值法，均应以收益效果较大或成本较少的方案为宜。

在假设所得到设备的收入相同的条件下，最简单的方法是将租赁成本和购买成本进行比较。根据互斥方案比选的差量原则，只需比较它们之间的差异部分。由上面两式可以看出，只需比较两者净现金流量的差异部分，亦即比较：

经营性设备租赁：所得税率×租赁费－租赁费

融资性设备租赁：所得税率×(折旧费－租赁费中的手续费和利息)－租赁费

设备购置：所得税率×(折旧＋利息)－设备购置费

【例5.13】 企业需要某种设备，其购置费为100000元。如果借款购买，则每年需按10%的借款利率等额支付本利和，借款期和设备使用期均为5年，期末设备残值为3000元。这种设备也可以采用经营租赁方式租入，每年租赁费为30000元。企业所得税税率为33%，采用直线法提取折旧，基准贴现率为10%。试分析企业应采用购置方案还是租赁方案？

解 (1) 企业采用购置方案。

1) 计算年折旧费。

年折旧费：　　(100000－3000)/5＝19400(元)

2) 计算年借款利息。各年支付的本利和按下式计算，则各年的还本付息见表5.10。

$$A=100000(A/P,10\%,5)=100000\times0.2638=26380(\text{元})$$

表5.10　　各年剩余本金和还本付息金额　　单位：元

年　份	剩余本金	还款金额	其中支付利息	年　份	剩余本金	还款金额	其中支付利息
1	100000	26380	10000	4	45782	26380	4578
2	83620	26380	8362	5	23980	26380	2398
3	65602	26380	6560				

3) 计算设备购置方案的现值。当借款购买时，企业可以将所支付的利息及折旧从成本中扣除而免税，并且可以回收残值。因此，借款购买设备的成本现值需扣除折旧和支付利息的免税金额。

$$
\begin{aligned}
P=&100000-19400\times0.33(P/A,10\%,5)-10000\times0.33(P/F,10\%,1)\\
&-8362\times0.33(P/F,10\%,2)-6560\times0.33(P/F,10\%,3)\\
&-4578\times0.33(P/F,10\%,4)-2398\times0.33(P/F,10\%,5)\\
&-3000(P/F,10\%,)=65438.7(元)
\end{aligned}
$$

（2）计算设备租赁方案的现值。当租赁设备时，承租人可以将租金计入成本而免税，故计算设备租赁方案的成本现值时需扣除租金免税金额。

$$
\begin{aligned}
P&=30000(P/A,10\%,5)-30000\times0.33(P/A,10\%,5)\\
&=30000\times3.791-9900\times3.791\\
&=76199.1(元)
\end{aligned}
$$

所以从企业角度出发，应该选择购买设备的方案。

由于每个企业要根据利润大小缴纳所得税，按财务制度规定，经营性租赁设备的租金允许计入成本；购买设备每年计提的折旧费也允许计入成本；若用借款购买设备，其每年支付的利息也可以计入成本。在其他费用保持不变的情况下，计入成本越多，则利润总额越少，企业交纳的所得税也越少。因此，在充分考虑各种方式的税收优惠影响下，应该选择税后收益更大或税后成本更小的方案。

【例 5.14】 某企业需要某种设备，可以考虑用自有资金购买，购置费为 10000 元，也可以融资租赁，年租赁费 1600 元（其中利息部分 200 元），此设备的寿命为 10 年，期末无残值。当设备投入使用后，可带来年销售收入 6000 元，销售税金及附加为 600 元，年经营成本为 1200 元，采用直线法提取折旧，所得税税率为 33%，基准收益率为 10%。要求比较购置方案和租赁方案。

解 （1）企业如果购置该设备。

年折旧额 $=10000/10=1000$(元)

年净利润 $=(6000-1200-600-1000)\times(1-33\%)=2144$(元)

年净现金流量 $=2144+1000=3144$(元)

净现值 $=10000+3144\ (P/A,\ 10\%,\ 10)\ =9329.88$ (元)

（2）企业如果租赁该设备。

年折旧额 $=10000/10=1000$(元)

年净利润 $=(6000-1200-600-1000-200)\times(1-33\%)=2010$(元)

年净现金流量 $=2010+1000-(1600-200)=1610$(元)

净现值 $=-1610(P/A,10\%,10)=9893.45$(元)

从计算结果可知，租赁方案的净现值高于购置方案的净现值，故租赁方案优于购置方案。

思考与练习题

5.1 试述设备更新的意义。

5.2 什么是折旧？

5.3 什么是设备的有形磨损、无形磨损，各有何特点？对设备的补偿方式有哪些？

5.4 什么是设备的自然寿命、技术寿命和经济寿命？

5.5 某设备购置费为60000元，年运行费用和各年年末的残值见表5.11，从考虑时间价值（$i_c=10\%$）和不考虑资金时间价值两个方面确定该设备的经济寿命。

表5.11 某设备使用过程统计数据

设备使用年限	1	2	3	4	5	6	7
年运行费用（元）	10000	12000	14000	18000	23000	28000	34000
年末残值（元）	30000	15000	7500	3700	2000	2000	2000

5.6 某厂压缩机的购置价为6000元，第1年的运营成本为1000元，以后每年以300元定额递增。压缩机使用一年后的余值为3600元，以后每年以400元递减，压缩机的最大使用年限为8年。若基准收益率为15%，试用动态方法计算压缩机的经济寿命。

5.7 某企业4年前花2500元购置了设备A，目前设备A的剩余寿命为6年，寿命终了时的残值为200元，设备A每年的运营费用为700元。目前，有一个设备制造厂出售与设备A具有相同功效的设备B，设备B售价2400元，寿命为10年，残值为300元，每年运营费用为400元。如果企业购买设备B，设备制造厂愿出价600元购买旧设备A。设基准收益率为15%，研究期为6年，试判断现在公司应保留设备A，还是用设备B更新设备A。

5.8 A酒业公司总经理最近与B装瓶公司的销售代表进行了一次谈话。向经理详细演示了一种新的标签设备，这种标签设备可以替代A公司现有的低效的设备。新设备的成本（包括安装成本在内）120000元。

A公司的生产经理在分析了新机器设备的特征，认为公司每年可因此节约30000元的人工成本和材料成本。新设备的使用年限为6年，残值为零。旧设备预计也可以继续使用6年。

公司管理层认为，新设备每年至少带来18%的投资回报才能使投资变得有利可图（注：在决策中忽略纳税的影响）。

（1）假设现有旧设备的账面价值残值均为零，A公司应否购买新设备？

（2）假设现有旧设备的原值为70000元，账面价值残值为42000元，残值为零，A公司应否购买新设备？

（3）假设现有旧设备的账面价值为42000元，现有残值为25000元，6年后的残值为零，A公司应否购买新设备？

（4）假设现有旧设备的账面价值为42000元，现有残值为25000元，6年后的残值为20000元，A公司应否购买新设备？

（分析第4项决策时应考虑贴现问题，即考虑时间价值、A公司立即出售旧设备而不是等旧设备使用期满再出售时的净现收益。）

第 6 章　项目资金来源与融资方案

学习目标和学习要点

通过本章的学习，了解资金筹措的含义及其方式，理解项目资金筹措方式、项目债务资金筹措方式；理解资金成本的含义；掌握资金成本的计算方法；了解影响融资成本的因素及降低资金成本的对策。

资金来源与融资方案是在投资估算的基础上，分析建设投资和流动资金的来源及筹措方式，并在明确项目投资主体的基础上，设定初步融资方案。通过对初步融资方案的资金结构、融资成本和融资风险的分析，结合融资后财务分析，比选、确定融资方案，为财务分析提供必需的基础数据。

6.1　融资主体及其融资方式

6.1.1　项目融资主体

分析、研究项目的融资渠道和方式，提出项目的融资方案，应首先确定项目的融资主体。项目的融资主体是指进行融资活动并承担融资责任和风险的项目法人单位。正确确定项目的融资主体，有助于顺利筹措资金和降低债务偿还风险。确定项目的融资主体应考虑项目投资的规模和行业特点，项目与既有法人资产、经营活动的联系，既有法人财务状况，项目自身的盈利能力等因素。项目融资主体有既有法人融资主体和新设法人融资主体两种。

1. 既有法人融资主体适用条件

（1）既有法人为扩大生产能力而兴建的扩建项目或原有生产线的技术改造项目。

（2）既有法人为新增生产经营所需水、电、汽等动力供应及环境保护设施而兴建的项目。

（3）项目与既有法人的资产以及经营活动联系密切。

（4）现有法人具有为项目进行融资和承担全部融资责任的经济实力。

（5）项目盈利能力较差，但项目对整个企业的持续发展具有重要作用，需要利用既有法人的整体资信获得债务资金。

2. 新设法人融资主体适用条件

（1）项目发起人希望拟建项目的生产经营活动现对独立，且拟建项目与既有法人的经营活动联系不密切。

（2）拟建项目的投资规模较大，既有法人财务状况较差，不具有为项目进行融资和承担全部融资责任的经济实力，需要新设法人募集股本金。

（3）项目自身具有较强的盈利能力，依靠项目自身未来的现金流量可以按期偿还债务。

6.1.2　既有法人融资方式

既有法人融资方式是以既有法人为融资主体的融资方式。采用既有法人融资方式的建设项目，既可以是改扩建项目，也可以是非独立法人的新建项目（图 6.1）。

其基本特点如下。

（1）由既有法人发起项目、组织融资活动并承担责任和风险。

（2）建设项目所需的资金，来源于既有法人内部融资、新增资本金和新增债务资金。

（3）新增债务资金依靠既有法人整体的盈利能力来偿还，并以既有法人整体的资产和信用承担债务担保。

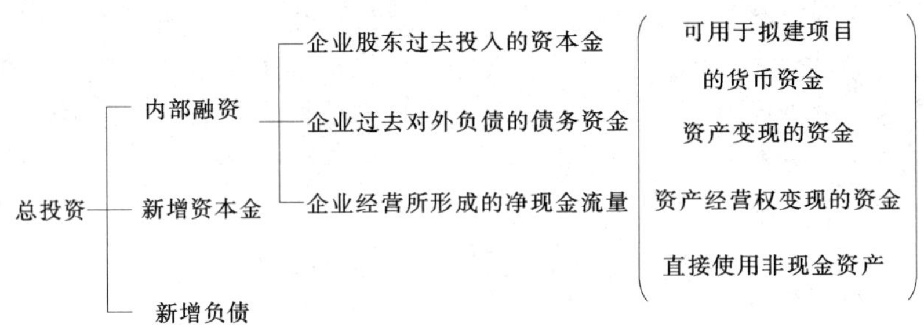

图 6.1　既有法人项目总投资构成及资金来源

6.1.3　新设法人融资方式

新设法人融资方式是以新组建的具有独立法人资格的项目公司为融资主体的融资方式。采用新设法人融资方式的建设项目，项目法人大多是企业法人。社会公益性项目和某些基础设施项目也可能组建新的事业法人实施。采用新设法人融资方式的建设项目，一般是新建项目，但也可以是将既有法人的一部分资产剥离出去后重新组建的项目法人的改扩建项目。

新设法人融资方式的基本特点如下。

（1）由项目发起人（企业或政府）发起组建新的具有独立法人资格的项目公司，由新组建的项目公司承担融资责任和风险。

（2）建设项目所需资金来源，可包括项目公司股东投入的资本金和项目公司承担的债务资金。

（3）依靠项目自身的盈利能力来偿还债务。

（4）一般以项目投资形成的资产、未来收益或权益作为融资担保的基础。

6.2　项目资本金及债务资金的融通

以项目融资方式筹建一个项目的时候，资金渠道可以有很多种，但是资金性质无非两类：一类是项目不必偿还的资金，即项目资本金（也就是权益资金）；另一类是项目必须连本带息偿还的资金，即债务资金。

6.2.1 项目资本金的来源与筹措

6.2.1.1 项目资本金的特点

项目资本金（外商投资项目为注册资本），是指在项目总投资（外商项目为投资总额）中，由投资者认缴的出资额，对建设项目来说是非债务性资金，项目法人不承担这部分资金的任何利息和债务；投资者可以按其出资的比例依法享有所有者权益，也可以转让其出资，但一般不得以任何方式抽回。

资本金是确定项目产权关系的依据，也是项目获得债务资金的信用基础。资本金没有固定的按期还本付息压力。股利是否支付和支付多少，视项目投产运营后的实际经营效果而定，因此项目法人的财务负担较小。我国除了公益性项目等部分特殊项目外，大部分投资项目都实行资本金制度。

6.2.1.2 项目资本金的出资方式

投资者可以用货币出资，也可以用实物、工业产权、非专利技术、土地使用权、资源开采等作价出资。其中以工业产权和非专利技术作价出资的比例一般不得超过项目资本金总额的20%（经特别批准，部分高新技术企业可以达到35%以上）。

6.2.1.3 资本金的来源渠道和筹措方式

1. 股东直接投资

股东直接投资包括政府授权投资机构入股资金、国内外企业入股资金、社会团体和个人入股的资金以及基金投资公司入股的资金，分别构成国家资本金、法人资本金和外商资本金。

既有法人融资项目，股东直接投资表现为扩充既有企业的资本金，包括原有股东增资扩股和吸收新股东投资。

新设法人融资项目，股东直接投资表现为项目投资者为项目提供资本金。合资经营公司的资本金由企业的股东按股权比例认缴，合作经营公司的资本金由合作投资方按预先约定的金额投入。

2. 股票融资

无论是既有法人融资项目还是新设法人融资项目，凡符合规定条件的，均可以通过发行股票在资本市场募集股本资金。股票融资可以采取公募与私募两种形式。公募又称公开发行，是在证券市场上向不特定的社会公众公开发行股票。为了保障广大投资者的利益，国家对公开发行股票有严格的要求，发行股票的企业要有较高的信用，符合证券监管部门规定的各项发行条件，并获得证券监管部门批准后方可发行。私募又称不公开发行或内部发行，是指将股票直接出售给少数特定的投资者。

股票融资具有下列特点。

(1) 股票融资所筹资金是项目的股本资金，可作为其他方式筹资的基础，可增强融资主体的举债能力。

(2) 股票融资所筹资金没有到期偿还的问题，投资者一旦购买股票便不得退股。

(3) 普通股股票的股利支付，可视融资主体的经营好坏和经营需要而定，因而融资风险较小。

(4) 股票融资的资金成本较高，因为股利需从税后利润中支付，不具有抵税作用，而且发行费用也较高。

(5) 上市公开发行股票，必须公开披露信息，接受投资者和社会公众的监督。

3. 政府投资

政府投资资金，包括各级政府的财政预算内资金、国家批准的各种专项建设基金、统借国外贷款、土地批租收入、地方政府按规定收取的各种费用及其他预算外资金等。政府投资主要用于关系国家安全、市场不能有效配置资源的经济和社会领域，包括加强公益性和公共基础设施建设，保护和改善生态环境，促进欠发达地区的经济和社会发展，推进科技进步和高新技术产业化。中央政府投资除本级政权等建设外，主要安排跨地区、跨流域以及对经济和社会发展全局有最大影响的项目（如三峡工程、青藏铁路等）。

对政府投资资金，国家根据资金来源、项目性质和调控需要，分别采取直接投资、资本金注入、投资补助、转贷和贷款贴息等方式，并按项目安排使用。

在项目评价中，对投入的政府投资资金，应根据资金投入的不同情况进行不同的处理。

（1）全部使用政府直接投资的项目，一般为非经营性项目，不需要进行融资方案分析。

（2）以资本金注入方式投入的政府投资资金，在项目评价中应视为权益资金。

（3）以投资补贴、贷款贴息等方式投入的政府投资资金，对具体项目来说，既不属于权益资金，也不属于债务资金，在项目评价中应视为一般现金流入（补贴收入）。

（4）以转贷方式投入的政府投资资金（统借国外贷款），在项目评价中应视为债务资金。

6.2.2　项目债务资金的来源渠道和筹措方式

6.2.2.1　项目债务资金的特点

债务资金是项目投资中以负债方式从金融机构、证券市场等资本市场取得的资金。债务资金具有以下特点。

（1）资金在使用上具有时间性限制，到期必须偿还。

（2）无论项目的融资主体今后经营效果好坏，均需按期还本付息，从而形成企业的财务负担。

（3）资金成本一般比权益资金低，且不会分散投资者对企业的控制权。

6.2.2.2　项目债务资金的来源渠道和筹措方式

1. 商业银行贷款

商业银行贷款是我国建设项目获得短期、中长期贷款的重要渠道。国内商业银行贷款手续简单、成本较低，适用于有偿债能力的建设项目。

2. 政策性银行贷款

政策性银行贷款一般期限较长，利率较低，是为配合国家产业政策等的实施，对有关的政策性项目提供的贷款。我国政策性银行有国家开发银行、中国进出口银行和中国农业发展银行。

3. 外国政府贷款

外国政府贷款是一国政府向另一国政府提供的具有一定的援助或部分赠予性质的低息

优惠贷款。

目前我国可利用的外国政府贷款主要有：日本国际协力银行贷款、日本能源贷款、美国国际开发署贷款、加拿大国际开发署贷款，以及德国、法国等国的政府贷款。

外国政府贷款有以下特点。

(1) 在经济上带有援助性质，期限长、利率低，有的甚至无息。一般年利率为2%～4%，还款平均期限为20～30年，最长可达50年。

(2) 贷款一般以混合贷款方式提供，即在贷款总额中，政府贷款一般占三分之一，其余三分之二为出口信贷。

(3) 贷款一般都限定用途，如用于支付从贷款国进口设备或用于某类项目建设。

我国各级财政可以为外国政府贷款提供担保，按照财政担保方式分为三类：国家财政部担保、地方财政厅（局）担保和无财政担保。

4. 国际金融组织贷款

国际金融组织贷款是国际金融组织按照章程向其成员国提供的各种贷款。目前与我国关系最为密切的国际金融组织是国际货币基金组织、世界银行和亚洲开发银行。国际金融组织一般都有自己的贷款政策，只有这些组织认为应当支持的项目才能得到贷款。使用国际金融组织的贷款需要按照这些组织的要求提供资料，并且需要按照规定的程序和方法来实施项目。

(1) 国际货币基金组织贷款。国际货币基金组织的贷款只限于成员国财政和金融当局，不与任何企业发生业务，贷款用途限于弥补国际收支逆差或用于经常项目的国际支付，期限为1～5年。

(2) 世界银行贷款。世界银行贷款具有以下特点。

1) 贷款期限较长。一般为20年左右，最长可达30年，宽限期为5年。

2) 贷款利率实行浮动利率，随金融市场利率的变化定期调整，但一般低于市场利率。对已订立贷款契约而未使用的部分，要按年征收0.75%的承诺费。

3) 世界银行通常对其资助的项目只提供货物和服务所需要的外汇部分，约占项目总额的30%～40%，个别项目可达50%。但在某些特殊情况下，世界银行也提供建设项目所需要的部分国内费用。

4) 贷款程序严密，审批时间较长。借款国从提出项目到最终同世界银行签订贷款协议获得资金，一般要一年半到两年时间。

(3) 亚洲开发银行贷款。亚洲开发银行贷款分为硬贷款、软贷款和赠款。硬贷款是由亚行普通资金提供的贷款，贷款的期限为10～30年，含2～7年的宽限期，贷款的利率为浮动利率，每年调整一次。软贷款又称优惠利率贷款，是由亚行开发基金提供的贷款，贷款的期限为40年，含10年的宽限期，不收利息，仅收1%的手续费，此种贷款只提供还款能力有限的发展中国家。赠款资金由技术援助特别基金提供。

5. 出口信贷

出口信贷是设备出口国政府为促进本国设备出口，鼓励本国银行向本国出口商或外国进口商（或进口方银行）提供的贷款。贷给本国出口商的称卖方信贷，贷给外国进口商（或进口方银行）的称“买方信贷”。贷款的使用条件是购买贷款国的设备。出口信贷利率通常要低于国际上商业银行的贷款利率，但需要支付一定的附加费用（管理费、承诺费、信贷保险费等）。

6. 银团贷款

银团贷款是指多家银行组成一个集团，由一家或几家银行牵头，采用同一贷款协议，按照共同约定的贷款计划，向借款人提供贷款的贷款方式。

银团贷款，除具有一般银行贷款的特点和要求外，由于参加银行较多，需要多方协商，贷款过程周期长。使用银团贷款，除支付利息之外，按照国际惯例，通常还要支付承诺费、管理费、代理费等。银团贷款主要适用于资金需求量大、偿债能力较强的建设项目。

7. 企业债券

企业债券是企业以自身的财务状况和信用条件为基础，依照《中华人民共和国证券法》、《中华人民共和国公司法》等法律法规规定的条件和程序发行的、约定在一定期限内还本付息的债券，如三峡债券、铁路债券等。

企业债券代表着发债企业和债券投资者之间的一种债权债务关系。债券投资者是企业的债权人，不是所有者，无权参与或干涉企业经营管理，但有权按期收回本息。

企业债券融资的特点是：筹资对象广、市场大，但发债条件严格、手续复杂；其利率虽低于银行贷款利率，但发行费用较高，需要支付承销费、发行手续费、兑付手续费及担保费等费用，适用于资金需求大，偿债能力较强的建设项目。

目前，我国企业债券的发行总量需纳入国家信贷计划，申请发行企业债券必须经过严格的审核，只有实力强、资信好的企业才有可能被批准发行企业债券，还必须有实力很强的第三方提供担保。

8. 国际债券

国际债券是一国政府、金融机构、工商企业或国际组织为筹措和融通资金，在国际金融市场上发行的、以外国货币为面值的债券。国际债券的重要特征，是债券发行者和债券投资者属于不同的国家，筹集的资金来源于国际金融市场。

按照发行债券所用货币与发行地点的不同，国际债券主要有外国债券和欧洲债券两种。

发行国际债券的优点是资金规模巨大、稳定、借款时间较长，可以获得外汇资金；缺点是发债条件严格、信用要求高、筹资成本高、手续复杂。适用于资金需求大，能吸引外资的建设项目。

因国际债券的发行涉及国际收支管理，国家对企业发行国际债券进行严格的管理。

9. 融资租赁

融资租赁是资产拥有者在一定期限内将资产租给承租人使用，由承租人分期付给一定的租赁费的融资方式。融资租赁是一种以租赁物品的所有权与使用权相分离为特征的信贷方式。

融资租赁，一般由出租人按承租人选定的设备，购置后出租给承租人长期使用。在租赁期内，出租人以收取租金的形式收回投资，并取得收益；承租人支付租金租用设备进行生产经营活动。租赁期满后，出租人一般将设备作价转让给承租人。

融资租赁的优点是企业可不必预先筹集一笔相当于资产买价的资金就可以获得需要资产的使用权，这种融资方式适用于以购买设备为主的建设项目。

6.2.3 既有法人内部融资

6.2.3.1 既有法人内部融资属性

建设项目采用既有法人融资方式，既有法人的资产也是项目建设资金的来源之一。既有法人资产在企业资产负债表中表现为企业的现金资产和非现金资产，它可能由企业的所有者权益形成，也可能由企业的负债形成。企业现有资产的形成，主要来源于三个方面：①企业股东过去投入的资本金；②企业对外负债的债务资金；③企业经营所形成的净现金流量。对于企业的某一项具体资产来说，无法确定它是由资本金形成的，还是由债务资金形成的。当企业采用既有法人融资方式，以企业的资产或资产变现获得的资金，投资于本企业的改扩建项目时，同样不能确定其属性是资本金，还是债务资金。但当A企业以现有资产投资于另一个具有独立法人资格的B项目（企业）时，对B项目（企业）来说，A企业投入的资产，应视为资本金。

6.2.3.2 既有法人内部融资的渠道和方式

1. 可用于项目建设的货币资金

可用于项目建设的货币现金包括既有法人现有的货币资金和未来经营活动中可能获得的盈余现金。

现有的货币资金是指现有的库存现金和银行存款，扣除必要的日常经营所需的货币资金额，多余的货币资金可用于项目建设。

未来经营活动中可能获得的盈余现金，是指在拟建项目的建设期内，企业在经营活动中获得的净现金结余，可以抽出一部分用于项目建设。

企业现有的库存现金及银行存款可以通过企业的资产负债表了解。企业未来经营活动可能获得的盈余现金，需要通过对企业未来现金流量的预测来估算。

2. 资产变现的资金

资产变现的资金是指既有法人将流动资产、长期投资和固定资产变现为现金的资金。企业可以通过加强财务管理，提高流动资产周转率，减少存货、应收账款等流动资产占用而取得现金，也可以出让有价证券取得现金。企业的长期投资包括长期股权投资和长期债权投资，一般都可以通过转让而变现。企业的固定资产中，有些由于产品方案改变而被闲置，有些由于技术更新而被替换，都可以出售变现。

3. 资产经营权变现的资金

资产经营权变现的资金是指既有法人可以将其所属资产经营权的一部分或全部转让，取得现金用于项目建设。如某公司将其已建成的一座大桥的45%的经营权转让给另一家公司，转让价格为未来15年这座大桥收益的45%，然后将这笔资金用于建设另一座大桥。

4. 直接使用非现金资产

既有法人的非现金资产（包括实物、工业产权、非专利技术、土地使用权等）适用于拟建项目，经资产评估可直接用于项目建设。当既有法人在改扩建项目中直接使用本单位的非现金资产时，其资产价值应计入“有项目”的项目总投资中，但不能计作新增投资。

6.2.4　准股本资金

准股本资金是一种既具有资本金性质，又具有债务资金性质的资金。准股本资金主要包括优先股股票和可转换债券。

1. 优先股股票

优先股股票是一种兼具资本金和债务资金特点的有价证券。从普通股股东的立场看，优先股可视同一种负债；但从债权人的立场看，优先股可视同为资本金。

如同债券一样，优先股股息有一个固定的数额或比率，通常大大高于银行的贷款利息，该股息不随公司业绩的好坏而波动，并且可以先于普通股股东领取股息；如果公司破产清算，优先股股东对公司剩余财产有先予普通股股东的要求权。优先股一般不参加公司的红利分配，持股人没有表决权，也不能参与公司的经营管理。

优先股股票相对于其他债务融资，通常处于较后的受偿顺序，且股息在税后利润中支付。在项目评价中优先股股票应视为项目资本金。

2. 可转换债券

可转换债券，是一种可以在特定时间、按特定条件转换为普通股股票的特殊企业债券，兼有债券和股票的特性。

可转换债券有以下三个特点。

(1) 债权性。与其他债券一样，可转换债券也有规定的利率和期限，债券持有人可以选择持有债券到期，收取本金和利息。

(2) 股权性。可转换债券在转换成股票之前是纯粹的债券，但在转换成股票之后，原债券持有人就由债权人变成了公司的股东，可参与企业的经营决策和红利分配。

(3) 可转换性。债券持有人有权按照约定的条件将债券转换成股票。转股权是投资者享有的、普通企业债券所没有的选择权。可转换债券在发行时就明确约定，债券持有人可按照发行时约定的价格将债券转换成公司的普通股股票。如果债券持有人不想转换，则可继续持有债券，直到偿还期满时收取本金和利息，或者在流通市场出售变现。

由于可转换债券附有普通企业债券所没有的转股权，因此可转换债券利率一般低于普通企业债券利率，企业发行可转换债券有助于降低资金成本。但可转换债券在一定条件下可转换为公司股票，因而可能会造成股权的分散。

在项目评价中，可转换债券应视为项目债务资金。

6.3　融资方案分析

6.3.1　资金结构分析

资金结构是指融资方案中各种资金的比例关系。融资方案分析中，资金结构分析是一项重要内容。资金结构包括项目资本金与项目债务资金的比例、项目资本金内部结构的比例和项目债务资金内部结构的比例。

1. 项目资本金与项目债务资金的比例

(1) 项目资本金与项目债务资金的比例是项目资金结构中最重要的比例关系。项目投资者希望投入较少的资本金，获得较多的债务资金，尽可能降低债权人对股东的追索。而

提供债务资金的债权人，则希望项目能够有较高的资本金比例，以降低债权的风险。当资本金比例降低到银行不能接受的水平时，银行将会拒绝贷款。资本金与债务资金的合理比例需要由各个参与方的利益平衡来决定。

资本金所占比例越高，企业的财务风险和债权人的风险越小，可能获得较低利率的债务资金。债务资金的利息是在所得税前列支的，可以起到合理减税的效果。在项目的收益不变、项目投资财务内部收益率高于负债利率的条件下，由于财务杠杆的作用，资本金所占比例越低，资本金财务内部收益率就越高，同时企业的财务风险和债权人的风险也越大。因此，一般认为，在符合国家有关资本金（注册资本）比例规定、符合金融机构信贷法规及债权人有关资产负债比例的要求的前提下，既能满足权益投资者获得期望投资回报的要求、又能较好地防范财务风险的比例是较理想的资本金与债务资金的比例。

（2）按照我国有关法规规定，从1996年开始，对各种经营性国内投资项目试行资本金制度，投资项目资本金占总投资的比例，根据不同行业和项目的经济效益等因素确定，具体规定如下。

1）交通运输、煤炭项目，资本金比例为35%及以上。

2）钢铁、邮电、化肥项目，资本金比例为25%及以上。

3）电力、机电、建材、化工、石油加工、有色、轻工、纺织、商贸及其他行业的项目，资本金比例为20%及以上。

作为计算资本金基数的总投资，是指投资项目的固定资产投资（即建设投资和建设期利息之和）与铺底流动资金之和。

根据国民经济发展的实际情况，政府有关部门可能调整建设项目的资本金比例。2004年4月国务院决定，钢铁项目资本金比例由25%及以上提高到40%及以上，水泥、电解铝、房地产开发项目（不含经济适用房项目）资本金比例由20%及以上提高到35%及以上。2005年11月国务院又决定将铜冶炼项目资本金比例由20%及以上提高到35%及以上。

（3）外商投资项目（包括外商独资、中外合资、中外合作经营项目）的注册资本与投资总额的比例，按照现行法规，具体规定如下。

1）投资总额在300万美元以下（含300万美元）的，其注册资本的比例不得低于70%。

2）投资总额在300万美元以上至1000万美元（含1000万美元）的，其注册资本的比例不得低于50%，其中投资总额在420万美元以下的，注册资本不得低于210万美元。

3）投资总额在1000万美元以上至3000万美元（含3000万美元）的，其注册资本的比例不得低于40%，其中投资总额在1250万美元以下的，注册资本不得低于500万美元。

4）投资总额在3000万美元以上的，其注册资本的比例不得低于三分之一，其中投资总额在3600万美元以下的，注册资本不得低于1200万美元。

投资总额是指建设投资、建设期利息和流动资金之和。

2. 项目资本金内部结构比例

项目资本金内部结构比例是指项目投资各方的出资比例。不同的出资比例决定各投资方对项目建设和经营的决策权和承担的责任，以及项目收益的分配。

（1）采用新设法人融资方式的项目，应根据投资各方在资金、技术和市场开发方面的优势，通过协商来确定各方的出资比例、出资形式和出资时间。

（2）采用既有法人融资方式的项目，项目的资金结构要考虑既有法人的财务状况和筹资能力，合理确定既有法人内部融资与新增资本金在项目融资总额中所占的比例，分析既有法人内部融资与新增资本金的可能性与合理性。既有法人将现金资产和非现金资产投资于拟建项目长期占用，将使企业的财务流动性降低，其投资额度受到企业自身财务资源的限制。

（3）按照我国现行规定，有些项目不允许国外资本控股，有些项目要求国有资本控股。如 2005 年 1 月 1 日起施行的《外商投资产业指导目录（2004 年修订）》中明确规定，核电站、铁路干线路网、城市地铁及轻轨等项目，必须由中方控股。

根据投资体制改革的精神，国家放宽社会资本的投资领域，允许社会资本进入法律法规未禁入的基础设施、公用事业及其他行业和领域。按照促进和引导民间投资（指个体、私营经济以及它们之间的联营、合股等经济实体的投资）的精神，除国家有特殊规定的以外，凡是鼓励和允许外商投资进入的领域，均鼓励和允许民间投资进入。因此，在进行融资方案分析时，应关注出资人出资比例的合法性。

3. 项目债务资金内部结构比例

项目债务资金内部结构比例反映债权各方为项目提供债务资金的数额比例、债务期限比例、内债和外债的比例，以及外债中各币种债务的比例等。在确定项目债务资金结构比例时，可借鉴下列经验。

（1）根据债权人提供债务资金的条件（包括利率、宽限期、偿还期及担保方式等）合理确定各类借款和债券的比例，可以降低融资成本和融资风险。

（2）合理搭配短期、中长期债务比例。适当安排一些短期负债可以降低总的融资成本，但过多采用短期负债，会产生财务风险。大型基础设施项目的负债融资应以长期债务为主。

（3）合理安排债务资金的偿还顺序。尽可能先偿还利率较高的债务，后偿还利率低的债务。对于有外债的项目，由于有汇率风险，通常应先偿还硬货币（指货币汇率比较稳定、且有上浮趋势的货币）的债务，后偿还软货币（指汇率不稳定、且有下浮趋势的货币）的债务。应使债务本息的偿还不致影响企业正常生产所需的现金量。

（4）合理确定内债和外债的比例。内债和外债的比例主要取决于项目用汇量。从项目本身的资金平衡考虑，产品内销的项目尽量不要借用外债，可以采用投资方注入外汇或者以人民币购汇。

（5）合理选择外汇币种。选择外汇币种应遵循以下原则。

1）选择可自由兑换货币。可自由兑换货币是指实行浮动汇率制且有人民币报价的货币，如美元、英镑、日元等，它有助于外汇风险的防范和外汇资金的调拨。

2）付汇用软货币，收汇用硬货币。对于建设项目的外汇贷款，在选择还款币种时，尽可能选择软货币。当然，软货币的外汇贷款利率通常较高，这就需要在汇率变化与利率差异之间作出预测和抉择。

(6) 合理确定利率结构。当资本市场利率水平相对较低，且有上升趋势时，尽量借固定利率贷款；当资本市场利率水平相对较高，且有下降趋势时，尽量借浮动利率贷款。

6.3.2 资金成本分析

6.3.2.1 资金成本的含义

资金成本是指项目为筹集和使用资金而支付的费用，包括资金占用费和资金筹集费。资金成本通常用资金成本率表示。资金成本率是指使用资金所负担的费用与筹集资金净额之比，其公式为

$$\text{资金成本率}=\frac{\text{资金占用费}}{\text{筹集资金总量}-\text{资金筹集费}}\times 100\% \tag{6.1}$$

由于资金筹集费一般与筹集资金总额成正比，所以一般用筹资费用率表示资金筹集费，因此资金成本率公式也可以表示为

$$\text{资金成本率}=\frac{\text{资金占用费}}{\text{筹集资金总量}\times(1-\text{筹资费用率})}\times 100\% \tag{6.2}$$

6.3.2.2 资金成本的性质

(1) 资金成本是商品经济条件下资金所有权和资金使用权分离的产物。

(2) 资金成本具有一般产品成本的基本属性，即同为资金耗费，但又不同于账面成本，而属于预测成本，其一部分计入成本费用，相当一部分则作为利润分配处理。

(3) 资金成本的基础是资金时间价值，但通常还包括投资风险价值和物价变动因。

6.3.2.3 不同来源资金的资金成本

投资项目所投入的资金的基本来源有债务、债券、股票和保留盈余，但并不是特定投资方案就有一种特定的资金来源与之相对应，一个投资项目资金的来源往往是多渠道的，因此，必须用总的资金成本作为方案的评价标准。

为了计算投资项目的总资本成本，有必要研究从各种渠道取得资金的资金成本。本节将研究如何计算各种筹资渠道的资金成本，并且把各种资金成本综合为项目的实际资本成本。

对于更新改造项目，总是把注意力放在企业现在和未来的资金成本，而不是放在历史的资金成本上。尽管历史上的资金成本可能影响企业筹资新资金的能力，但人们感兴趣的是公司增加的资金成本。过去的筹资成本，除了计算公司总资本成本时可能影响保留盈余的成本外，与决策是无关的。

在计算各种筹资渠道的资本成本时，应以所得税后情况为基础表示所有款项的数量，使求出的总资本成本建立在一个可比较的税后基础上。每种资本的货币支付成本确定之后，再把它们综合成为加权平均资本成本或称总资金成本，用加权平均资金成本作为有吸引力的最低收益率，也就是判断方案可否采纳的临界值。

6.3.2.4 资金成本的计算

从原则上讲，项目筹集和使用的各种来源的资金都要估算其资金成本，但短期资金来源一般资金成本很小，且占用时间有限，因而筹资决策中可不予考虑，重点是估算长期资金的资金成本。项目筹集方式多种多样，其资金成本估算的方法各异。这里仅就几种主要的资金来源说明其资金成本估算的基本方法。

1. 银行借款的资金成本

银行借款的资金成本是指借款利息和筹资费用。由于借款利息计入税前成本，可以起到抵税的作用。因此，在不考虑银行筹资费用的情况下，其资金成本的计算公式为

$$K_d=(1-T)R_d \tag{6.3}$$

式中 K_d——银行借款资金成本；

T——所得税率；

R_d——银行借款利率。

在考虑筹资费用的情况下，银行借款的资金成本可用下式计算

$$K_d=\frac{I_d(1-T)}{L(1-F_d)} \tag{6.4}$$

式中 I_d——银行借款年利息；

L——银行借款筹资额（借款本金）；

F_d——资金筹集费用率。

式（6.4）也可写成如下形式

$$K_d=\frac{R_d(1-T)}{1-F_d} \tag{6.5}$$

2. 债券资金成本

债券资金成本主要是债券利息和融资费用。计算公式为

$$K_b=\frac{I_b(1-T)}{B(1-F)} \text{ 或 } K_b=\frac{R_b(1-T)}{1-F_b} \tag{6.6}$$

式中 K_b——债券资金成本；

T——所得税率；

I_b——债券年利息；

B——债券筹资额；

R_b——债券年利率；

F_b——债券筹集费用率。

【例6.1】 某公司发行长期债券，债券年利息率为12%，每年计息一次，筹集费用率为3%，所得税率为33%，该长期债券的资金成本是多少？

解
$$K_b=\frac{12\%\times(1-33\%)}{(1-3\%)}=8.29\%$$

3. 股票资金成本

股票资金成本属权益资金成本，其资金占用费是向股东分派的股利，而股利是以所得税后净利支付的，不能抵减所得税。

（1）优先股成本。优先股的优先权是相对于普通股而言的，是指公司在融资时，对优先股认购人给以某些优惠条件的承诺。优先股的优先权利，最主要的是优先于普通股份得股利，股利通常是固定的。其资金成本计算公式为

$$K_p=\frac{D}{P_p(1-F_p)} \text{或 } K_p=\frac{R_p}{1-F_p} \tag{6.7}$$

式中 K_p——优先股资金成本；

D——优先股年股利；

P_p——优先股筹资额（票面价值）；

R_p——优先股年股息率；

F_p——优先股筹集费用率。

【例 6.2】 某公司发行优先股筹资，年股息率为 10%，筹集费用率为 7%，优先股的资金成本是多少？

解

$$K_p=\frac{10\%}{1-7\%}=10.75\%$$

(2) 普通股成本。普通股成本的确定方法与优先股成本基本相同。但是，一般是不固定的，通常逐年增长。其计算公式为

$$K_c=\frac{D_c}{P_c(1-F_c)}+G \tag{6.8}$$

式中 K_c——普通股资金成本；

D_c——普通股年股利；

P_c——普通股筹资额（票面价值）；

G——普通股利年增长率；

F_c——普通股筹集费用率。

【例 6.3】 某公司发行普通股股票 500 万元，筹集费用率为 5%，首期股利率为 11%，预计以后股息年增长率为 2%，普通股的资金成本是多少？

解

$$K_c=\frac{500\times11\%}{500\times(1-5\%)}+2\%=13.58\%$$

4. 留存盈余资金成本

留存盈余资金成本是指企业从税后利润总额中扣除股利后保留在企业的剩余盈利，包括盈余公积金和未分配利润。它是属于股东但未以股利的形式发放而保留在企业的资金，对其使用并非是无偿的，也应计算资金成本，不过是一种机会成本。其确定方法与普通股成本基本相同，只是不考虑筹资费用。其计算公式为

$$K_r=\frac{D_c}{P_c}+G \tag{6.9}$$

式中 K_r—— 留存盈余资金成本。

5. 综合资金成本

综合资金成本是为了反映整个融资方案的资金成本情况，在计算各种融资公式的个别资金成本的基础上，还要计算综合资金成本。它是企业比较各融资组合方案、进行资本结构决策的重要依据。

综合资金成本一般是以各种资金占全部资金的比重为权数，对个别资金成本进行加权平均确定的，其计算公式为

$$K_w = \sum_{j=1}^{n} K_j W_j \tag{6.10}$$

式中　K_w——综合资金成本；

K_j——第 j 种个别资金成本；

W_j——第 j 种个别资金成本占全部资金的比重；

n——筹资方式的种类。

【例 6.4】 某投资项目共需资金 5000 万元，预计长期贷款 1000 万元，发行债券 1500 万元，发行股票普通股 2000 万元，使用留存盈余资金 500 万元，其资金成本分别为 5%、7%、10%、9%，该项目的资金综合成本是多少？

解　$K_w = 5\% \times \frac{1000}{5000} + 7\% \times \frac{1500}{5000} + 10\% \times \frac{2000}{5000} + 9\% \times \frac{500}{5000} = 8.9\%$

从以上公式可以看出，在个别资本成本一定的情况下，企业加权平均资本成本的高低取决于资本结构。

6.3.3　融资风险分析

融资风险是指融资活动存在的各种风险。融资风险有可能使投资者、项目法人、债权人等各方蒙受损失。在融资方案分析中，应对各种融资方案的融资风险进行识别、比较，并对最终推荐的融资方案提出防范风险的对策。融资分析分析中应重点考虑下列风险因素。

1. 资金供应风险

资金供应风险是指在项目实施过程中由于资金不落实，导致建设工期延长，工程造价上升，使原定投资效益目标难以实现的可能性。导致资金不落实的原因很多，主要包括以下几个方面。

(1) 已承诺出资的股本投资者由于出资能力有限（或者由于拟建项目的投资效益缺乏足够的吸引力）而不能（或不再）兑现承诺。

(2) 原定发行股票、债券计划不能实现。

(3) 既有企业法人由于经营情况恶化，无力按原定计划出资。

为防范资金供应风险，必须认真做好资金来源可靠分析。在选择股本投资者时，应当选择资金实力强、既往信用好、风险承受能力强的投资者。

2. 利率风险

利率风险是指由于利率变动导致资金成本上升，给项目造成损失的可能性。利率水平随金融市场情况而变动，未来市场利率的变动会引起项目资金成本发生变动。采用浮动利率，项目的资金成本随利率的上升而上升，随利率下降而下降。采用固定利率，如果未来利率下降，项目的资金成本不能相应下降，相对资金成长将升高。因此，无论采用浮动利率还是固定利率都是存在风险的。为了防范利率风险，应对未来利率的走势进行分析，以确定采用何种利率。

3. 汇率风险

汇率风险是指由于汇率变动给项目造成损失的可能性。国际金融市场上各国货币的比

价在时刻变动，试验外汇贷款的项目，未来汇率的变动会引起项目资金成本发生变动以及未来还本付息费用支出的变动。某些硬货币贷款利率较低，但汇率风险较高；软货币则相反，汇率风险较低，但贷款利率较高为了防范汇率风险，使用外汇数额较大的项目应对人民币的汇率走势、所借外汇币种的汇率走势进行分析，以确定借用何种外汇币种以及采用何种外汇币种结算，一般情况下应尽量借用软货币。

思考与练习题

6.1 建设项目所需的资金总额由哪几部分构成？

6.2 建设项目资本金的筹措方式有哪些？

6.3 来源项目债务资金的筹措方式有哪些？

6.4 什么是资金成本？各种不同来源的资本成本如何计算？

6.5 某企业取得5年期借款2000万元，年利率为10%，筹资费用率为0.5%，所得税率为33%，求该项借款的资金成本。

6.6 某企业需筹集一笔资金，有三种筹集方式可供选择：一是贷款，年利率为10%；二是发行债券，年利率为9%，筹资费用率为2%；三是发行普通股股票，首期股利率为6%，预计股利年增长率为5%，筹资费用率为3%。若所得税率为33%，试问应采取哪种筹资方式？

第7章　流动资金管理

学习目标和学习要点

通过本章的学习，了解流动资金的概念、特点和内容，现金、应收账款和存货管理的日常管理规定；掌握应收账款信用政策的制定、存货的计价以及存货决策；重点掌握存货经济订货量、再订货点、订货提前期和保险储备的确定方法。

7.1　流动资金概述

7.1.1　流动资金的概念

流动资金是指投放在流动资产上的资金。流动资产的主要项目是现金、应收账款和存货，它们占用了绝大部分的流动资金。流动资金有一个不断投入和收回的循环过程，这一过程没有终止的日期，这就使人们难以直接评价其投资的报酬率。因此，流动资金投资评价的基本方法是以最低的成本满足生产经营周转的需要。

7.1.2　流动资金的特点

流动资金的特点可以通过流动资产的特点体现出来。流动资产又称经营性资产，有如下特点。

1. 投资回收期短，变现能力强

投资于流动资产的资金一般在一年或一个营业周期内收回，相对于固定资产来说，其回收期较短。同时，当企业急需现金时，流动资产的变现能力也比较强，其主要是指两层意思：一是流动资产很容易变卖或转让；二是在变卖或转让的过程中，流动资产的价值一般不会遭受较大的损失。

2. 获利能力较弱，投资风险较小

相对于固定资产而言，流动资产的获利能力较弱，投资风险较小。另外，企业在流动资产如现金和存货中保持大量投资，会减少由于存货不足而影响生产经营和不能按时偿债的可能性，即减少了企业的经营风险。但是，流动资产的增加会降低企业的整体投资效益，所以流动资产投资必须保持在一个恰当的水平。

3. 数量波动很大

流动资产的数量并非一个常数，随着供产销的变化，其投资的数量时高时低、起伏不定，季节性企业在这点上表现尤其突出。企业在生产经营过程中的流动资产，可以划分为固定性流动资产和波动性流动资产。固定性流动资产是维持企业正常生产经营活动所必需的流动资产，一般比较稳定；而波动性流动资产是由于临时或季节性原因而投资的流动资产，一般具有很强的波动性。对于流动资金管理来说，应该尽可能使流动资产的变动与企业的生产经营波动保持一致，满足其需要。

4. 占用形态经常变动

流动资产在循环周转的过程中，经过供、产、销三个阶段，其占用形态不断变化，即按现金→材料→在产品→产成品→应收账款→现金的顺序转化。企业营业利润主要是通过流动资产在这种不断的循环周转的过程中得以实现的。流动资金管理的重点就是要使这种周转顺利而快速地进行。而要保持流动资产周转的顺利进行就必须加强现金管理、应收账款管理和存货管理。

7.1.3 流动资金管理的内容

1. 流动资金管理综合策略的制定

流动资金管理的综合策略指流动资产与流动负债的匹配策略，即在满足企业经营需要的流动资产占用量的基础上，其流动资产与流动负债筹资的匹配情况。流动资金管理的综合策略能够体现企业管理者对风险与收益的态度。

2. 现金管理

从企业的角度来说，现金是不产生收益的资产，因此从企业价值最大化的角度讲，应尽量减少现金的持有量。但是企业由于经营的需要，又不能不持有部分现金。现金管理的主要内容就是讨论在满足企业生产经营需要的前提下，如何降低公司的现金持有量。

3. 应收账款管理

应收账款是企业赊销的结果，赊销就涉及企业的信用政策的制定。对应收账款的管理要求一方面要确定企业的信用标准和信用政策；另一方面要制定收款政策，加速应收账款的收回。

4. 存货管理

存货在企业流动资产中所占的比例最大，它涉及企业的供、产、销全过程。存货管理的目标是要确定用于存货的短期资金是多少，如何筹集这部分资金并使资金成本最小。

7.2 现 金 管 理

7.2.1 现金管理的目标

现金是指在生产过程中暂时停留在货币形态的资金，包括库存现金、银行存款、银行本票和银行汇票等。现金是变现能力最强的非盈利性资产。现金管理的过程就是在现金的流动性与收益性之间进行权衡选择的过程。通过现金管理，使现金收支不但在数量上，而且在时间上相互衔接，对于保证企业经营活动的现金需要、降低企业闲置的现金数量、提高资金收益率具有重要意义。

7.2.2 现金管理的有关规定

按照现行规定，国家有关部门对企业使用现金有如下规定。

(1) 规定了现金的使用范围。这里的现金，是指人民币现钞，即企业用现钞从事交易，只能在一定范围内进行。该范围包括：支付职工工资、津贴；支付个人劳务报酬；根据国家规定颁发给个人的科学技术、文化艺术、体育等各种奖金；支付各种劳保、福利费用以及国家规定的对个人的其他支出；向个人收购农副产品和其他物资的价款；出差人员必须随身携带的差旅费；结算起点（1000 元）以下的零星支出；中国人民银行确定需要支付现金的其他支出。

（2）规定了库存现金限额。企业库存现金，由其开户银行根据企业的实际需要核定限额，一般以3～5天的零星开支额为限。

（3）不得坐支现金。企业不得从本单位的人民币现金收入中直接支付交易款，现金收入应于当日终了时送存开户银行。

（4）不得出租、出借银行账户。

（5）不得签发空头支票和远期支票。

（6）不得套用银行信用。

（7）不得保存账外公款，包括不得将公款以个人名义存入银行和保存账外现金等各种形式的账外公款。

7.2.3 现金收支管理

1. 现金回收的管理

现金回收管理的目的是尽快收回现金，加速现金的周转。为此，企业应建立销售与收款业务控制制度，并且根据成本与收益比较原则选用适当方法加速账款的收回。

现金回收主要采用的方法有银行业务集中法和邮政信箱法两种。

（1）银行业务集中法。这是一种通过建立多个收款中心来加速现金流转的方法。在这种方法下，企业指定一个主要开户行（通常是总部所在地）为集中银行，并在收款额较集中的若干地区设立若干个收款中心；客户收到账单后直接汇款到当地收款中心，中心收款后立即存入当地银行；当地银行在进行票据交换后立即转给企业总部所在地银行。该方法缩短了现金从客户到企业的中间周转时间，但在多处设立收账中心，增加了相应的费用支出。为此，企业应在权衡利弊得失的基础上，作出是否采用银行业务集中法的决策，这需要计算分散收账收益净额。

（2）邮政信箱法。又称锁箱法，是西方企业加速现金流转的一种常用方法。企业可以在各主要城市租用专门的邮政信箱，并开立分行存款户，授权当地银行每日开启信箱，在取得客户支票后立即予以结算，并通过电汇将货款拨给企业所在地银行。该方法缩短了支票邮寄及在企业的停留时间，但成本较高。

2. 现金支出的管理

现金管理的另一个方面就是决定如何使用现金。企业应建立采购与付款业务控制制度，并且根据风险与收益权衡原则选用适当方法延期支付账款。与现金收入的管理相反，现金支出管理的主要任务是尽可能延缓现金的支出时间。

现金支出管理的方法一般有以下几种。

（1）合理利用现金“浮游量”。企业账簿上的现金数字往往并不能代表企业在银行中的可用现金。这是因为，从企业开出支票、收票人收到支票并存入银行，至银行将款项划出企业账户，中间需要一段时间。现金在这段时间的占用称为现金“浮游量”。在这段时间里，尽管企业已经开出了支票，却仍可动用在活期存款账户上的这笔资金。使用现金“浮游量”可以减少企业现金持有量，从而提高企业的现金使用效率。但是，使用现金“浮游量”也有一定的风险：一方面，可能会出现支付不及时的情况，破坏企业之间的信用关系；另一方面，可能会出现银行存款的透支现象。所以在使用现金“浮游量”时，必

须注意控制好使用的额度和使用的时间。

（2）采用汇票付款。在使用支票付款时，只要持票人将支票存入银行，付款人就要无条件地付款。但汇票不是“见票即付”的付款方式，这样就有可能合法地延期付款。当它被提交给开票方开户银行时，开户行还必须将它交给签发者以获承兑，然后，付款人将一笔相当于汇票金额的资金存入银行，这样就推迟了企业调入现金支付汇票实际所需要的时间。但是，对方可能更喜欢用支票付款，同时银行也需要更多的手续处理汇票，因而会收取更高的手续费。

（3）推迟支付应付款。企业可在不影响信誉的情况下，尽可能推迟应付款的支付期，充分运用供货方所提供的信用优惠。如遇企业急需现金，甚至可以放弃供货方的折扣优惠，在信用期的最后一天支付款项。当然，这要权衡折扣优惠与急需现金之间的利弊得失而定。

7.3 应收账款管理

7.3.1 应收账款管理的目标

发生应收账款的原因主要是因为商业竞争的存在。在社会主义市场经济条件下，存在着激烈的商业竞争。竞争机制的作用迫使企业以各种手段扩大销售。除了依靠产品质量、价格、售后服务、广告等外，赊销也是扩大销售的手段之一。对于同等的产品价格、类似的质量水平、一样的售后服务，实行赊销的产品或商品的销售额将大于现金销售的产品或商品的销售额，因为顾客可以从赊销中得到好处。出于扩大销售的竞争需要，企业不得不以赊销或其他优惠方式招揽顾客，于是就产生了应收账款。

既然企业发生应收账款的主要原因是扩大销售、增强竞争力，那么其管理的目标就是求得利润。应收账款是企业的一项资金投放，是为了扩大销售和盈利而进行的投资。而投资肯定要发生成本，这就需要在应收账款信用政策所增加的盈利和这种政策的成本之间作出权衡。只有当应收账款所增加的盈利超过所增加的成本时，才应当实施应收账款赊销；如果应收账款赊销有着良好的盈利前景，就应当放宽信用条件增加赊销量。

7.3.2 应收账款信用政策的制定

应收账款赊销的效果好坏，依赖于企业的信用政策。信用政策即应收账款的管理政策，是指企业为应收账款投资进行规划与控制而确立的基本原则与行为规范，包括信用标准、信用条件和收账政策三部分内容。

7.3.2.1 信用标准

信用标准是指顾客获得企业的交易信用所应具备的条件。如果顾客达不到信用标准，便不能享受企业的信用或只能享受较低的信用优惠。

企业在设定某一顾客的信用标准时，往往先要评估它赖账的可能性。这可以通过“5C”系统来进行。所谓“5C”系统，是评估顾客信用品质的五个方面，即品质（Character）、能力（Capacity）、资本（Capital）、抵押（Collateral）和经济状况（Conditions）。

1. 品质

品质指顾客的信誉，即履行偿债义务的可能性。企业必须设法了解顾客过去的付款记录，看其是否有按期如数付款的一贯做法，及与其他供货企业的关系是否良好。这一点经常被视为评价顾客信用的首要因素。

2. 能力

能力指顾客的偿债能力，即其流动资产的数量和质量以及与流动负债的比例。顾客的流动资产越多，其转换为现金支付款项的能力越强。同时，还应注意顾客流动资产的质量，看是否有存货过多、过时或质量下降，影响其变现能力和支付能力的情况。

3. 资本

资本指顾客的财务实力和财务状况，表明顾客可能偿还债务的背景。

4. 抵押

抵押指顾客拒付款项或无力支付款项时能被用作抵押的资产。这对于不知底细或信用状况有争议的顾客尤为重要。一旦收不到这些顾客的款项便以抵押品抵补。如果这些顾客提供足够的抵押，就可以考虑向他们提供相应的信用。

5. 经济状况

经济状况指可能影响顾客付款能力的经济环境。例如，万一出现经济不景气，会对顾客的付款产生什么影响，顾客会如何做等，这需要了解顾客在过去困难时期的付款历史。

7.3.2.2　信用条件

信用标准是企业评价客户等级，决定给予或拒绝客户信用的依据。一旦企业决定给予客户信用优惠时，就需要考虑具体的信用条件。所谓信用条件，是指企业接受客户信用订单时所提出的付款要求，主要包括信用期限、折扣期限及现金折扣等。信用条件的基本表现方式如“2/10，n/45”，意思是：若客户能够在发票开出后的10日内付款，可以享受2%的现金折扣；如果放弃折扣优惠，则全部款项必须在45日内付清。在此，45天为信用期限，10天为折扣期限，2%为现金折扣。

1. 信用期限

信用期限是指企业允许客户从购货到支付货款的时间间隔。企业产品销售量与信用期限之间存在着一定的依存关系。通常，延长信用期限，可以在一定程度上扩大销售量，从而增加毛利。但不适当地延长信用期限，会给企业带来不良后果：一是使平均收款期延长，占用在应收账款上的资金相应增加；二是引起坏账损失和收账费用的增加。因此，企业是否给客户延长信用期限，应视延长信用期限增加的边际收入是否大于增加的边际成本而定。

2. 折扣期限

折扣期限是指为客户规定的可享受现金折扣的付款时间。折扣期限一般为10～20天。

3. 现金折扣

现金折扣是指在规定的时间内，客户提前偿付货款可按销售收入的一定比率享受的折扣。延长信用期限会增加应收账款占用的时间和金额。许多企业为了加速资金周转，及时收回货款，减少坏账损失，往往在延长信用期限的同时，采用一定的优惠措施，即在规定的时间内提前偿付货款的客户，可按销售收入的一定比率享受折扣。现金折扣实际上是对现金收入的扣减，企业决定是否提供以及提供多大程度的现金折扣，着重考虑的是提供折扣后所得的收益是否大于现金折扣的成本。

【例 7.1】 一笔 50000 元的赊销账款，规定的信用条件为“3/10，2/20，n/45”。假定客户在 10 天内付款，扣除 3%的折扣后，应付款数额为 48500 元；若客户在超过 10 天但在 20 天内付款，扣除 2%的折扣后，应付款数额为 49000 元；若客户在超过 20 天但在 45 天内付款，则须按全额付款，应付款数额为 50000 元。

7.3.2.3 收账政策

收账政策又称催收政策，是指当客户违反信用条件、拖欠甚至拒付账款时，企业所采取的收账策略与措施，主要包括收账程序、收账方式等。例如，对过期较短的顾客，不应过多地打扰，以免将来失去这一市场；对过期稍长的顾客，可措辞婉转地写信催款；对过期较长的顾客，可频繁地信件催款并电话催询；对过期很长的顾客，可在催款时措辞严厉，必要时提请有关部门仲裁或提起诉讼等。

催收账款要发生费用，某些催款方式的费用还会很高（如诉讼费）。一般说来，收账的花费越大，收账措施越有力，可收回的账款也越多，坏账损失也就越小。因此，制定收账政策时，又要在收账费用和所减少坏账损失之间作出权衡。制定有效、得当的收账政策很大程度上靠有关人员的经验。从财务管理的角度讲，也有一些数量化的方法可以参照。收账政策的优劣在于应收账款总成本最小化，因此可以通过比较各收账方案成本的大小对其加以选择。

7.3.3 应收账款日常管理

对于已经发生的应收账款，企业还应进一步强化日常管理工作，采取有力的措施进行分析、控制，及时发现问题，提前采取对策。

7.3.3.1 应收账款追踪分析

一般来说，企业对客户赊销了产品，客户能否按期偿还货款，主要取决于以下三个因素：其一，客户的信用品质；其二，客户的财务状况；其三，客户是否可以实现该产品的价值转换或增值。其中，客户信用品质和财务状况是企业在赊销之前就必须注意分析的问题，但是在赊销之后，仍然应进行追踪分析，因为这两个因素是有可能随时发生变化的。当发现客户的这两个因素有发生变化的可能性时，企业应采取果断的措施，尽快地收回应收账款，哪怕是暂时收回部分应收账款，并且应该对客户的信用记录进行相应的调整。第三个因素对客户能否及时支付应收账款也具有重大的影响。如果客户可以实现该产品的价值转换，尤其是可以实现该产品的价值增值，那么客户就会愿意及时付款。其原因是，一方面他此时有付款的能力；另一方面是由于他希望建立良好的信誉，为以后的交易打下基础。从这个意义上说，应收账款问题并不仅仅是交易双方的问题，常常会涉及第三方。在商品的流通过程中，有一个环节出了问题，将可能会导致一系列的信用危机。所以，应收账款的追踪分析还应时刻关注客户及其交易伙伴以上三个因素的变化，以便及时作出决策。

当然，企业不可能也没有必要对所有的应收账款都进行追踪分析。企业应该将主要精力集中在那些交易金额大、交易次数频繁或信用品质有疑问的客户身上。

7.3.3.2 应收账款账龄分析

应收账款账龄分析就是考察研究应收账款的账龄结构。所谓应收账款的账龄结构，是指各账龄应收账款的余额占应收账款总计余额的比重。企业已发生的应收账款时间有长有短，有的尚未超过信用期，有的则超过了信用期。一般来讲，拖欠时间越长，款项收回的可能性越小，形成坏账的可能性越大。对此，企业应实施严密的监督，随时掌握回收情况。实施对应收账款回收情况的监督，可以通过编制账龄分析表来进行。

账龄分析表是一张能显示应收账款在外天数（账龄）长短的报告，其格式见表7.1。

表7.1 应收账款账龄分析表

2008年12月31日

应收账款账龄	账户数量	金额（万元）	百分率（%）
信用期内	200	80	40
超过信用期1～30天	100	40	20
超过信用期31～90天	50	20	10
超过信用期91～180天	30	20	10
超过信用期181～365天	20	20	10
超过信用期1～2年	15	10	5
超过信用期2年以上	5	10	5
合计	420	200	100

利用上述账龄分析表，企业可以了解到以下情况。

（1）有多少欠款尚在信用期内。表7.1显示，有价值80万元的应收账款处在信用期内，占全部应收账款的40%。这些款项未到偿付期，欠款是正常的，但到期后能否收回还要待时再定，故及时的监督仍是必要的。

（2）有多少欠款超过了信用期。表7.1显示，有价值120万元的应收账款已超过了信用期，占全部应收账款的60%。不过，其中拖欠时间较短的（30天内）有40万元，占全部应收账款的20%，这部分欠款收回的可能性很大；拖欠时间较长的（31～365天）有60万元，占全部应收账款的30%，这部分欠款的回收有一定难度；拖欠时间很长的（1年以上）有20万元，占全部应收账款的10%，这部分欠款有可能成为坏账。对不同拖欠时间的欠款，企业应采取不同的收账方法，制定出经济可行的收账政策。对可能发生的坏账损失，则应提前做好准备，充分估计这一因素对企业利润的影响。

7.3.3.3 应收账款坏账准备金制度

只要有应收账款就有发生坏账的可能性。按照权责发生制和谨慎性原则的要求，必须对坏账发生的可能性预先进行估计，并计提相应的坏账准备金。坏账准备金的计提比例与应收账款的账龄存在着密切的关系。应收账款坏账准备金的具体计提比例可以由企业根据自己的实际情况和以往的经验加以确定。不过，我国现行的会计制度对股份有限公司计提坏账准备金做了一些详细的规定。例如，当公司计提的比例高于40%或低于50%时，应该在会计报表附注中说明计提的比例及理由。

【例7.2】 根据表7.1的资料，若该企业已制定如下的应收账款坏账准备金计提比例。

（1）信用期内，按其金额的5%计提。

（2）超过信用期1～30天，按其金额的10%计提。

(3) 超过信用期 31～90 天，按其金额的 15%计提。

(4) 超过信用期 91～180 天，按其金额的 20%计提。

(5) 超过信用期 181～365 天，按其金额的 30%计提。

(6) 超过信用期 1～2 年，按其金额的 40%计提。

(7) 超过信用期 2 年以上，按其金额的 50%计提。

则该企业应该计提的坏账准备金为：

$$80\times5\%+40\times10\%+20\times15\%+20\times20\%+20\times30\%+10\times40\%+10\times50\%=30(\text{万元})$$

应收账款计提坏账准备金以后，坏账不一定会发生。一般来讲，企业的应收账款符合下列条件之一的，应确认为坏账。

(1) 债务人死亡，以其遗产清偿后仍然无法收回的部分。

(2) 债务人破产，以其破产财产清偿后仍然无法收回的部分。

(3) 债务人较长时间内未履行其偿债义务，并且有足够的证据表明无法收回或收回的可能性极小。但是，对已经确认为坏账的应收账款，并不意味着企业已经放弃了对它的追索权。一旦情况发生变化，债务人具有了偿债能力，企业就应该积极追偿。

7.3.3.4 评价应收账款的管理效率

应收账款管理效率的评价指标主要有两个。

1. 应收账款周转率

应收账款周转率反映了期内应收账款转变为现金的周转次数。它从一个侧面反映了应收账款的流动程度和变现能力。周转率越高，周转速度越快，表明应收账款回收的效率越高，变现能力越强。其计算公式为

$$\text{应收账款周转率}=\frac{\text{期内赊销净额}}{\text{应收账款平均余额}} \tag{7.1}$$

$$\text{期内赊销净额}=\text{销售收入}-\text{现销收入}-\text{销售退回、折让、折扣} \tag{7.2}$$

$$\text{应收账款平均余额}=(\text{应收账款期初余额}+\text{应收账款期末余额})/2 \tag{7.3}$$

【例 7.3】 某工程公司 2008 年应收工程款净额（不包括现收）为 500 万元，应收账款平均余额为 80 万元，则应收账款周转率计算如下：

$$\text{应收账款周转率}=\frac{500}{80}=6.25$$

即表示年内应收账款周转 6.25 次。

2. 平均收款期

平均收款期反映了收账一次所需的天数。平均收款期越短，应收账款运用效率越高。这个指标是周转率的逆运算，其计算公式为

$$\text{平均收款期}=\frac{365}{\text{应收账款周转率}} \tag{7.4}$$

【例 7.4】 根据［例 7.3］的数据，平均收款期计算如下：

$$\text{平均收款期}=\frac{364}{6.25}=58.4(\text{元})$$

即表示年内应收账款平均收款期为 58.4 天。

评价上述指标的标准是企业在信用政策中规定的信用期。如果实际收回账款的天数超

过规定的偿还期，说明可能是客户拖欠或是企业催收不力。若超过偿还期时间较长，不仅会造成企业过多的流动资金滞留在应收账款上，而且发生坏账的可能性会增大。

7.4 存货管理

7.4.1 存货管理的目标

存货是指企业在生产经营过程中为销售或者耗用而储备的物资，包括材料、燃料、低值易耗品、在产品、半成品、产成品、协作件、商品等。如果企业能在生产投料时随时购入所需的原材料，就不需要存货。但实际上，企业总有储存存货的需要，并因此占用或多或少的资金。这种存货的需要出自以下原因。

（1）保证生产或销售的经营需要。实际上，企业很少能做到随时购入生产或销售所需的各种物资，即使是市场供应量充足的物资也如此。这不仅因为不时会出现某种材料的市场断档，还因为企业距供货点较远而需要必要的途中运输及可能出现运输故障。一旦生产或销售所需物资短缺，生产经营活动将被迫停顿，造成损失。为了避免或减少出现停工待料、停业待货等事故，企业需要储存存货。

（2）出自价格的考虑。零购物资的价格往往较高，而整批购买在价格上常有优惠。但是，过多的存货要占用较多的资金，并且会增加包括仓储费、保险费、维护费、管理人员工资在内的各项开支。存货占用资金是有成本的，占用过多会使利息支出增加并导致利润的损失，各项开支的增加更直接使成本上升。

因此，进行存货管理，就要在充分发挥存货作用的前提下，不断降低存货成本，以最低的存货成本保障企业生产经营的顺利进行，这也就是存货管理的目标。

7.4.2 存货的分类与功能

7.4.2.1 存货的分类

（1）按照存货的经济内容，存货可分为商品、产成品、自制半成品、在产品、材料、包装物、低值易耗品等。

（2）按照存货的存放地点，存货可分为库存存货、在途存货、在制存货、寄存存货、委托外单位代销存货。

（3）按照存货的取得来源，存货可分为外购的存货、自制的存货、委托加工的存货、投资者投入的存货、接受捐赠的存货、接受抵债取得的存货、非货币性交易换入的存货和盘盈的存货等。

7.4.2.2 存货的功能

存货的功能是指存货在企业生产经营过程中所具有的作用，具体来说，主要包括以下方面。

1. 防止停工待料

企业主要是通过产品或商品的不断流转而获得利润的，如果这种流转过程不顺畅，就会给企业造成经济损失。对于生产企业来说，如果原材料存货不足，必然会造成生产中断、停工待料。而对于生产或销售具有季节性的企业，一定数量的存货就具有更加重要的意义。虽然随着自动化程度的提高，有些企业正在推行适时制，提出了“零存货”的口

号，但从目前的情况看，要真正做到这一点并非易事，有些行业根本不可能做到“零存货”。

2. 适应市场变化

企业面对的市场是千变万化的，市场对本企业生产产品的需求量一般来说是不稳定的。一定数量的存货储备能够增加企业在生产和销售方面的机动性和适应市场变化的能力。企业有了足够的库存，当市场的需求量突然增加时，就能及时地满足市场的变化。另外，当发生通货膨胀时，适当地储备一定数量的存货，能使企业获得物价上涨的好处。

3. 降低进货成本

一般来说，企业采购时，进货的总成本与采购物资的单位售价及采购的次数有密切的关系。企业采购物资达到一定数量的时候往往可以享受折扣，从而降低单位物资的买价。同时，由于采购总量一定，采购批量较大时，采购次数就会减少，从而可以降低采购费用的支出。

4. 维持均衡生产

许多产品的市场需求具有季节性，企业的生产安排一般可以随着市场的变化而做相应的调整。但是，这些产品的生产并不能完全按市场需求的季节性来安排，否则，就会造成生产的不均衡，忙时超负荷运转，闲时生产能力得不到充分利用。这样不仅会导致生产成本的提高，而且对企业的生产设备、生产人员也是十分不利的。因此，对这些产品的生产既要考虑到季节性的变动，又要考虑到生产的均衡性，在销售淡季适当增加产品库存。

7.4.3 存货计价

7.4.3.1 存货的入账价值

存货的入账价值，应以取得时的实际成本计算确定。由于企业取得存货的渠道不同，存货的实际成本构成也不同。根据不同情况，存货的实际成本分别由以下项目所组成。

1. 外购的存货

存货价值＝买价＋运杂费＋采购保管费

2. 企业自制的存货

存货价值＝制造成本

3. 委托外单位加工的存货

存货价值＝耗用的加工材料实际成本＋加工费用＋加工存货的往返运杂费

4. 发包建设单位供应的存货

存货价值＝工程合同确定的存货价值＋企业负担的运杂费

5. 投资者投入的存货

存货价值应按照合同或协议约定的价值确定，若合同或协议约定的价值不公允的，应按照存货的公允价值确定。

6. 盘盈的存货

存货价值＝存货重置价值

7. 接受捐赠的存货

存货价值应按对方提供的发票账单所列金额加上应由企业负担的运杂费、保险费、税金等计算；若对方无发票账单的，可按该项物品的公允价值确定。

7.4.3.2 存货发出的计价

企业应当根据各类存货的实物流转方式、企业管理的要求、存货的性质等实际情况，合理地选择发出存货成本的计算方法。以合理确定当期发出存货的实际成本。对于性质和用途相似的存货，应当采用相同的成本计算方法确定发出存货的实际成本。企业在确定发出存货的成本时，可以采用先进先出法、月末一次加权平均法和移动加权平均法三种方法。企业不得采用后进先出法确定发出存货的成本。

1. 先进先出法

先进先出法是以先购入的存货应先发出（销售或耗用）这样一种存货实物流转假设为前提，对发出存货进行计价。采用这种方法，先购入的存货成本在后购入存货成本之前转出，据此确定发出存货和期末存货的成本。

【例 7.5】 某建筑公司 2008 年 11 月水泥收发结存明细账资料见表 7.2。

表 7.2　　原材料明细账——水泥（1）

2008 年 11 月 30 日　　数量单位：吨；金额单位：元

2008 年		收入			发出			结存		
月	日	数量	单价	金额	数量	单价	金额	数量	单价	金额
11	1							100	300	30000
	8	200	320	64000				100 200	300 320	30000 64000
	15				100 100	300 320	30000 32000	100	320	32000
	20	300	340	102000				100	320	32000
	24				100 200	320 340	32000 68000	100	340	34000
	28	200	360	72000				100 200	340 360	34000 72000
	30				100	340	34000	200	360	72000
本月合计		700		238000	600		196000	200	360	72000

这种方法的优点是期末存货价值接近于物价趋势，因为月末存货价值是根据最近期的进货成本计价的，能反映出月末实际财务状况。其缺点是工作量比较繁琐，特别是对于存货进出量频繁的企业更是如此，而且当物价上涨时，会低估企业当期营业成本，从而高估企业当期利润。

2. 月末一次加权平均法

月末一次加权平均法是指以当月全部进货成本加上月初存货成本，除以当月全部进货数量加上月初存货数量，计算出存货的加权平均单位成本，以此为基础计算当月发出存货的成本和期末存货的成本的一种方法。其计算公式如下

$$\text{某项存货平均单位成本}=\frac{\text{月初存货金额}+\text{本月进货成本}}{\text{月初存货数量}+\text{本月进货数量}} \tag{7.5}$$

【例 7.6】 根据［例 7.5］，该公司 2008 年 11 月水泥收发结存明细账资料见表 7.3。

表 7.3 原材料明细账——水泥（2）

2008 年 11 月 30 日 数量单位：吨；金额单位：元

2008 年		收 入			发 出			结 存		
月	日	数量	单价	金额	数量	单价	金额	数量	单价	金额
11	1							100	300	30000
	8	200	320	64000				300		
	15				200			100		
	20	300	340	102000				400		
	24				300			100		
	28	200	360	72000				300		
	30				100			200		
本月合计		700		238000	600	335	201000	200	335	67000

$$\text{某项项存货平均单位成本}=\frac{30000+64000+102000+72000}{100+200+300+200}=335(\text{元})$$

$$\text{本月发出水泥成本}=600\times335=201000(\text{元})$$

$$\text{月末结存水泥成本}=200\times335=67000(\text{元})$$

这种方法的优点在于使发出存货成本和月末存货成本的负担均匀。其缺点在于月末存货成本与现行成本（市价）有一定的差距，当物价波动（涨落）较大时，将会加大平均成本与现行成本的差距。

3. *移动加权平均法*

移动加权平均法是指以每次进货的成本加上原有库存存货的成本，除以每次进货数量加上原有库存存货的数量，据以计算加权平均单位成本，作为在下次进货前计算各次发出存货成本的依据。其计算公式如下

$$\text{某项项存货平均单位成本}=\frac{\text{结存存货成本}+\text{本次进货成本}}{\text{结存存货数量}+\text{本次进货数量}} \tag{7.6}$$

【例 7.7】 根据［例 7.5］，该公司 2008 年 11 月水泥收发结存明细账资料见表 7.4。

表 7.4 原材料明细账——水泥（3）

2008 年 11 月 30 日 数量单位：吨；金额单位：元

2008 年		收 入			发 出			结 存		
月	日	数量	单价	金额	数量	单价	金额	数量	单价	金额
11	1							100	300	30000
	8	200	320	64000				300	313.33	94000
	15				200	313.33	62666	100	313.33	31334
	20	300	340	102000				400	333.33	133334
	24				300	333.33	100000	100	333.33	33334
	28	200	360	72000				300	351.11	105334
	30				100	351.11	35111	200	351.11	70223
本月合计		700		238000	600		197777	200	351.11	70223

$$\text{第一次进货后的平均单位成本}=\frac{30000+64000}{100+200}=313.33\text{（元）}$$

第一次发出水泥成本＝200×313.33＝62666（元）

$$\text{第二次进货后的平均单位成本}=\frac{31334+102000}{100+200}=333.33\text{（元）}$$

第二次发出水泥成本＝300×333.33＝100000（元）

$$\text{第三次进货后的平均单位成本}=\frac{33334+72000}{100+200}=351.11\text{（元）}$$

第三次发出水泥成本＝100×351.11＝35111（元）

月末水泥成本＝30000＋238000－197777＝70223（元）

这种方法在每次发出存货时，可以立即计算发出存货成本，计算工作及时。但每进一批货就要重新计算一次平均单价，计算工作量较大。

7.4.4　存货成本

虽然企业持有存货必不可少，但是并不是说存货越多越好，因为持有存货必然会发生一定的成本支出。存货成本主要包括以下几个方面。

7.4.4.1　取得成本

取得成本指为取得某种存货而支出的成本，它又可分为订货成本和购置成本。

1. 订货成本

订货成本指取得订单的成本，如办公费、差旅费、邮资、电话费等支出。订货成本中有一部分与订货次数无关，如常设采购机构的基本开支等，称为订货的固定成本，属于决策的无关成本；另一部分与订货次数有关，如差旅费、邮资等，称为订货的变动成本，属于决策的相关成本。

2. 购置成本

购置成本指存货本身的价值，经常用数量与单价的乘积来确定。在一定时期进货总量既定的条件下，无论企业采购次数如何变动，存货的进价通常是保持相对稳定的（假设物价不变且无采购数量折扣），因而属于决策无关成本。订货成本加上购置成本，就等于存货的取得成本。

7.4.4.2　储存成本

储存成本指为保持存货而发生的成本，包括存货占用资金所应计的利息（若企业用现有现金购买存货，便失去了现金存放银行或投资于证券本应取得的利息，是为“放弃利息”；若企业借款购买存货，便要支付利息费用，是为“付出利息”）、仓库费用、保险费用、存货破损和变质损失等。储存成本也分为固定成本和变动成本。固定成本与存货数量的多少无关，如仓库折旧、仓库职工的固定月工资等，属于决策的无关成本。变动成本与存货的数量有关，如存货资金的应计利息、存货的破损和变质损失、存货的保险费用等，属于决策的相关成本。

7.4.4.3　缺货成本

缺货成本指由于存货供应中断而造成的损失，包括材料供应中断造成的停工损失、产成品库存缺货造成的拖欠发货损失和丧失销售机会的损失，还有需要主观估计的商誉损失；如果生产企业以紧急采购代用材料来解决库存材料中断之急，那么缺货成本表现为紧

急额外购入成本。紧急额外购入的开支往往会大于正常采购的开支。缺货成本因其计量十分困难常常不予考虑，但如果缺货成本能够准确计量的话，也可以在存货决策中考虑缺货成本。

7.4.5 存货决策

存货决策涉及四项内容，即决定进货项目、选择供应单位、决定进货时间和决定进货批量。决定进货项目和选择供应单位是销售部门、采购部门和生产部门的职责，财务部门要做的是决定进货时间和决定进货批量。按照存货管理的目的，需要通过合理的进货批量和进货时间，使存货的总成本最低，这个批量叫做经济订货量或经济批量。有了经济订货量，可以很容易地找出最适宜的进货时间。

7.4.5.1 经济订货量的基本模型

影响存货总成本的因素很多，为了解决比较复杂的问题，有必要简化或舍弃一些变量，先研究解决简单的问题，然后再扩展到复杂的问题。这需要设立一些假设，在此基础上建立经济订货量的基本模型。经济订货量基本模型需要设立的假设条件如下。

（1）企业能够及时补充存货，即需要订货时便可立即取得存货。

（2）能集中到货，而不是陆续入库。

（3）不允许缺货，即无缺货成本，因为良好的存货管理本来就不应该出现缺货。

（4）需求量稳定，并且能预测。

（5）存货单价不变，且不考虑商业折扣。

（6）企业现金充足，不会因现金短缺而影响进货。

（7）所需存货市场供应充足，不会因买不到需要的存货受影响。

在满足以上假设的前提下，存货的买价和缺货成本都不是决策相关成本，此时，经济订货量决策考虑的仅仅是变动性的订货成本与变动性的储存成本之和最低。则有

$$\begin{aligned}\text{存货相关总成本}&=\text{变动订货成本}+\text{变动储存成本}\\&=\frac{\text{存货全年计划订货总量}}{\text{每次订货量}}\times\text{每次订货费用}\\&\quad+\frac{\text{每次订货量}}{2}\times\text{单位存货年存储成本}\end{aligned}\tag{7.7}$$

存货相关总成本与变动订货成本和变动储存成本的关系如图 7.1 所示。

设 Q 为存货的经济订货量，S 为某种存货年度计划订货总量，F 为平均每次订货费用，K 为单位存货年度单位储存成本，TC 为存货相关总成本。则有：

$$TC=\frac{S}{Q}F+\frac{Q}{2}K \tag{7.8}$$

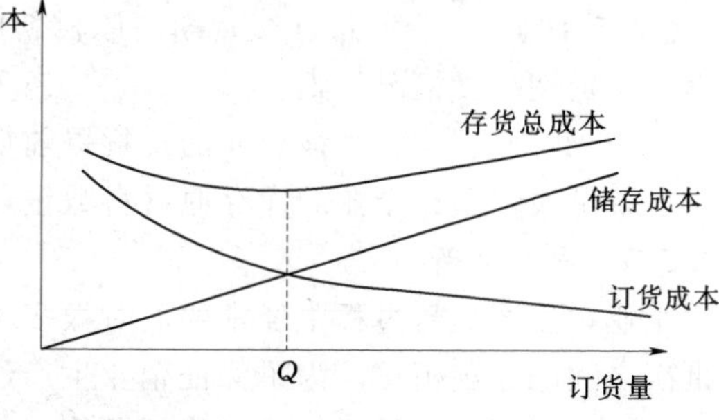

图 7.1 存货成本关系图

经济订货量

$$Q=\sqrt{\frac{2FS}{K}} \tag{7.9}$$

经济订货量的存货相关总成本

$$TC=\sqrt{2FSK} \tag{7.10}$$

全年最佳订货次数

$$N=\frac{S}{Q} \tag{7.11}$$

【例 7.8】 某安装工程公司每年耗用进水管 4000 米，一次订货成本为 100 元，年度保管成本为 20 元每米，则：

$$Q=\sqrt{\frac{2FS}{K}}=\sqrt{\frac{2\times100\times4000}{20}}=200(\text{米})$$

$$\text{变动订货成本}=\frac{S}{Q}F=\frac{4000}{200}\times100=2000(\text{元})$$

$$\text{变动存储成本}=\frac{Q}{2}K=\frac{200}{2}\times20=2000(\text{元})$$

$$TC=\sqrt{2FSK}=\sqrt{2\times100\times40000\times20}=4000(\text{元})$$

$$N=\frac{S}{Q}=\frac{4000}{200}=20(\text{次})$$

上述计算表明，当进货批量为 200 米时，订货费用与储存成本总额最低。

7.4.5.2 再订货点和订货提前期

为了保证生产和销售正常进行，企业必须在材料用完之前订货，这就是再订货点的控制和订货提前期的确定问题。再订货点是指发出订货指令时尚存的原材料数量，再订货点的计算公式为

$$\text{再订货点}=\text{原材料每天耗用量}\times\text{原材料在途时间} \tag{7.12}$$

【例 7.9】 某企业生产周期为一年，原材料年需要量为 50 万千克，企业订购原材料的在途时间为 2 天，则：

原材料每天耗用量＝500000/365＝1370(千克)

再订货点＝1370×2＝2470(千克)

也就是说，当该企业的库存原材料数量降低到 2740 千克时，就需要发出订购指令。

订货提前期是指从发出订单到货物验收完毕所用的时间。订货提前期的计算公式为

$$\text{订货提前期}=\frac{\text{预计交货期内原材料的使用量}}{\text{原材料每天耗用量}} \tag{7.13}$$

【例 7.10】 某企业预计交货期内原材料的用量为 100 千克，原材料每天耗用量为 10 千克，无延期交货情况。则：

该企业的订货提前期＝100/10＝10(天)

也就是说，当该企业的库存原材料数量还差 10 天用完时，就需要发出订购指令。

7.4.5.3 保险储备

企业在生产经营过程中经常要面对很多不确定的情况，很难做到均匀使用原料和各订货批次之间的完美衔接。为了保证企业生产经营活动正常进行，企业需要安排一个保险储备，以应对耗用量突然增加或交货延期等意外情况。保险储备是指为防止耗用量突然增加或交货延期等意外情况而进行的储备。

保险储备量＝预计每天的最大耗用量×预计最长订货提前期

$$-平均每天的正常耗用量\times订货提前期 \quad (7.14)$$

保险储备的存在不会影响经济订货批量的计算，但会影响再订货点的确定。考虑保险储备情况下的再订货点计算公式为：

$$再订货点=原材料每天耗用量\times原材料的在途时间+保险储备量 \quad (7.15)$$

保险储备的存在虽然可以减少缺货成本，但增加了储存成本，最优的存货政策就要在这些成本之间权衡，选择使总成本最低的再订货点和保险储备量。

7.4.6 存货的日常管理

7.4.6.1 考核存货周转效率

存货周转效率是反映存货流动速度的指标，从而也反映了存货使用的有效性。计算、运用存货周转效率指标，对考核存货周转情况、促进存货合理流动、提高存货的周转效率是十分重要的。存货周转效率指标的计算公式如下。

1. 货周转率（反映期内周转次数）

$$存货周期率=\frac{期内销货成本}{存货平均余额} \quad (7.16)$$

$$存货平均余额=\frac{存货初期余额+存货期末余额}{2} \quad (7.17)$$

2. 货周转期(反映周转一次所需时间)

$$存货周转期=\frac{365}{存货周转率} \quad (7.18)$$

7.4.6.2 存货 ABC 分类管理

ABC 分类管理就是按照一定的标准，将企业的存货划分为 A、B、C 三类，分别实行分品种重点管理、分类别一般控制和按总额灵活掌握的存货管理方法。首先，要确定存货分类的标准。分类的标准主要有两个：一是金额标准；二是品种数量标准。其中金额标准是最基本的，品种数量标准仅作为参考。A 类存货的特点是金额巨大，但品种数量较少；B 类存货金额一般，品种数量相对较多；C 类存货品种数量繁多，但价值金额却很小。其次，根据上述标准对 A、B、C 三类存货进行具体划分。第三，在对存货进行 ABC 分类的基础上，企业应分清主次，采取相应的对策进行有效的管理、控制。

企业在组织经济进货批量、储存期分析时，对 A、B 两类存货可以分别按品种、类别进行；对 C 类存货只需要加以灵活掌握即可，一般不必进行上述各方面的测算与分析。此外，企业还可以运用 ABC 分类法区分 A、B、C 三类消费者，通过研究各类消费者的消费倾向、档次等，对各档次存货的需要量（额）加以估算，并购进相应数量的存货。这样，能够使存货的购进与销售工作有效地建立在市场调查的基础上，从而收到良好的控制效果。

7.4.6.3 及时生产的存货系统

及时生产系统（JIT，Just-in-time System)，是指通过合理规划企业的产供销过程，使从原材料采购到产成品销售在内的每个环节都能紧密衔接，减少制造过程中不增加价值的作业，减少库存，消除浪费，从而降低成本，提高产品质量，最终实现企业的效益最大化。

及时生产的存货系统的基本原理是：只有在使用之前才从供应商处进货，从而将原材料或配件的库存数量减少到最小；只有在出现需求或接到订单时才开始生产，从而避免产成品的库存。及时生产的存货系统要求企业在生产经营的需要与材料物资的供应之间实现同步，使物资传送与作业加工速度处于同一节拍，最终将存货降低到最小限度，甚至零库存。

及时生产的存货系统的优点是降低库存成本；减少从订货到交货的加工等待时间，提高生产效率；降低废品率、再加工和担保成本。但及时生产的存货系统要求企业内外部全面协调与配合，一旦供应链破坏或企业不能在很短的时间内根据客户需求调整生产，企业生产经营的稳定性将会受到影响，经营风险加大。此外，为了保证能够按合同约定频繁小量配送，供应商可能要求额外加价，企业因此丧失了从其他供应商那里获得更低价格的机会收益。

思考与练习题

7.1 流动资金具有哪些特点？

7.2 现金回收管理中的邮政信箱法与银行业务集中法有什么区别？

7.3 企业应如何制定收账政策？

7.4 存货成本包括什么？哪些是与存货决策相关的成本？

7.5 你认为“零存货”在实际工作中可行吗？为什么？

7.6 什么是存货的ABC分类管理法？

7.7 企业采用的“5C评估法”中，“5C”具体指什么？

7.8 某企业规定的信用条件是“3/10，1/20，n/30”。一客户从该企业购入原价为20万元的原材料，并于第19日付款，则该客户实际支付的货款为多少？

7.9 某施工企业年存货需要量为10万吨，每次进货量为2万吨，每次订货时发生相关费用如差旅费等变动成本为0.1万元，发生订货的固定成本为0.3万元。该企业的订货成本是多少万元？

7.10 某施工企业生产所需甲种材料，年度采购总量为45000千克，材料单价为500元每千克，一次订货成本为120元，每千克材料的年平均储备成本为1.20元。请问该批材料的经济采购批量是多少千克？

7.11 某建筑公司2008年3月应收某项工程款160000元，与发包单位协议的延期付款条件为“2/10，n/30”。

问题：

(1) 发包单位在折扣期限内付款，承包企业可回收工程款及支付现金折扣各是多少？

(2) 发包单位在折扣期限内付款3/4，信用期限内支付其余工程款，承包企业可回收工程款及支付现金折扣各是多少？

7.12 某建筑公司2008年12月31日应收账款、账龄情况及预计坏账损失率见表7.5，请计算该公司2008年估计的坏账损失。

7.13 某建筑公司2008年全年需用钢材6000吨，平均每吨买价3000元，一次订货成本600元，每吨保管成本60元。请问该年度最佳经济订货量和订货总成本分别是多少？

表 7.5 **应收账款账龄分析表**

2008 年 12 月 31 日

项　目	应收账款账龄	金额（元）	坏账损失率（%）
A	信用期内	40000	0
B	超过信用期 1～30 天	35000	0.5
C	超过信用期 31～60 天	10000	1
D	超过信用期 61～90 天	9000	2
E	超过信用期 90 天以上	4000	5
F	破产或追诉中	2000	75

7.14　某公司 2008 年有关指标如下：营业收入净额（赊销）1050 万元；营业成本 1600 万元；应收账款平均余额 150 万元；存货平均余额 200 万元。

问题：

(1) 计算应收账款周转率和平均收款期。

(2) 计算存货周转率和存货周转期。

7.15　某建筑安装公司存货计价采用加权平均法。2008 年 8 月 1 日账面结存 A 材料数量 100 件，单位成本 3 元；8 月 10 日购入 A 材料 150 件，单位成本 4 元，8 月 15 日领用 A 材料 120 件。请问该公司 8 月 31 日库存 A 材料的实际成本为多少元？

7.16　某施工企业存货计价采用先进先出法。2008 年 5 月 1 日账面结存 C 型配件 100 件，单位成本 50 元；5 月 8 日购入该配件 200 件，单位成本 55 元，5 月 15 日领用该配件 150 件；5 月 21 日，又购入该配件 100 件，单位成本 60 元。则该企业 5 月 31 日库存 C 型配件的实际成本为多少元？

第8章　工程项目成本管理

学习目标和学习要点

通过本章学习，了解工程成本的概念、工程成本预测的含义及作用、工程成本计划的概念和成本责任制度；熟悉成本费用构成、工程成本控制的要求及程序；掌握工程成本预测的方法、工程成本计划的编制方法以及工程成本差异分析。

8.1　工程项目成本管理概述

8.1.1　工程成本概念

成本是企业生产经营过程中所耗费的生产资料转移的价值和劳动者劳动所创造的价值的货币表现。成本具体表现为企业在生产经营过程中所耗费的资金的总和。

工程成本是建筑工程成本和安装工程成本的简称，它是考核建筑施工企业经济效益的一个重要指标。建筑工程成本主要指各种房屋以及设备基础、支柱、操作平台、烟囱、凉水塔等建筑工程成本；矿山开凿、井巷掘进延伸、露天矿剥离、石油和天然气钻井工程和铁路、公路、港口、桥梁等工程成本；水利工程和防空地下建筑等特殊工程成本等。安装工程成本则是指因生产、动力、起重、运输、传动和医疗、试验等需要安装设备的装配和安装工程成本。

8.1.2　成本费用的构成

成本费用的构成是指根据成本管理制度及成本计算方法规范的成本项目内容。我国在很长一段时间内曾实行完全成本法，而根据现行成本管理制度的规定，成本核算从传统的完全成本法改为制造成本法。两者的区别在于对期间费用的处理不同。在完全成本法下，将企业在生产经营中所发生的全部费用（包括企业管理费用）都计入产品成本，形成产品完全成本，也称全部成本。制造成本法是国际上通用的计算产品生产成本的方法，其基本特点是：将企业在生产经营活动中所发生的费用分为制造成本和期间费用两部分，制造成本作为产品成本进行归集，而期间费用则在发生的会计期间直接计入当期损益的减项。采用制造成本法，简化了成本的归集和分配，能更好地贯彻权责发生制，符合收入与费用配比原则的要求。

根据制造成本法，建筑施工企业成本费用构成如下。

8.1.2.1　工程成本

工程成本按其是否直接耗用于工程的施工过程，分为直接成本和间接成本。

1. 直接成本

直接成本又称直接费用，是指施工过程中耗费的构成工程实体或有助于工程实体形成的各项支出，由以下项目组成。

（1）材料费。指在施工过程中所耗用的、构成工程实体或有助于工程实体形成的各种

主要材料、外购结构件成本以及周转材料的摊销和租赁费。

(2) 人工费用。指直接从事工程施工的工人的工资和职工福利费，包括施工现场制作构件工人、施工现场水平、垂直运输等辅助工人，但不包括机械施工人员。

(3) 机械使用费。指建筑安装工程施工过程中使用施工机械所发生的费用和按规定支付的施工机械进出场费等，包括机上作业人员工资、福利费，燃料、动力费，机械折旧、修理费，替换工具及部件非润滑剂擦拭材料费，安装、拆卸及辅助设施费、养路费、牌照税、使用外单位施工机械的租赁费以及保管机械而发生的保管费等。

(4) 其他直接费。指现场施工用水、电、气费，冬季、雨季施工增加费，夜间施工增加费，工程定位复测费，工程点交、场地清理费用等。

2. 间接成本

间接成本又称间接费用，是指企业所属各施工单位如分公司、项目部为组织和管理施工生产活动所发生的各项费用，包括临时设施摊销费、施工单位管理人员工资、职工福利费、折旧费、修理费、工具用具使用费、办公费、差旅交通费、劳动保护费等。

直接成本加上分配的间接成本，构成工程总成本。工程成本不是工程完全成本，它不包括企业管理费用、财务费用等期间费用。因为按照现行会计制度的规定，期间费用直接计入当期损益，不分配计入工程成本。

8.1.2.2 期间费用

期间费用是指企业当期发生的必须从当期收入中得到补偿的费用。它与企业的全部施工生产经营活动相联系，容易确定其发生的期间，但一般难以辨别其应归属的具体工程或产品，因而不构成工程或产品成本，而应在发生时直接计入当期损益。期间费用主要由以下三项费用构成。

1. 管理费用

管理费用是指企业行政管理部门为管理和组织生产经营活动所发生的各项费用，包括公司经费、工会经费、职工教育经费、劳动保险费、董事会费、咨询费、审计费、诉讼费、排污费、绿化费、房产税、车船使用税、土地使用税、印花税、土地损失补偿费、技术转让费、技术开发费、无形资产摊销、开办费摊销、业务招待费、坏账损失、存货盘亏、损毁和报废（减盘盈）损失以及其他管理费用。

2. 财务费用

财务费用是指企业为筹集资金而发生的各项费用，包括企业生产经营期间发生的利息支出、汇兑净损失、调剂外汇手续费、金融机构手续费以及企业筹资所发生的其他财务费用等。

3. 销售费用

销售费用是指企业在销售过程中发生的费用，包括运输费、装卸费、包装费、保险费、展览费和广告费以及为销售本企业产品而专设的销售机构（含销售网点、售后服务网点等）的职工工资及福利费、类似工资性质的费用、业务费等经营费用。建筑施工企业一般不设置“销售费用”账户，如发生有关销售费用，可在“管理费用”账户中核算。

划分成本费用既能明确工程成本与期间费用的界限，又能划清生产成本与经营管理成本的界限，可以正确地反映工程成本的构成，便于检查各项定额或计划的执行情况，分析和考核各项施工费用的支出是否节约、合理，有利于促使企业更加有效地节约费用开支，降低工程成本。

8.2　建筑工程成本的预测与计划

8.2.1　建筑工程成本预测

建筑工程成本预测是指通过取得的历史数字资料，采用经验总结、统计分析及数学模型的方法进行判断和推测。通过项目成本预测，可以为建筑施工企业经营决策和项目管理部门编制成本计划等提供数据。它是实行工程项目科学管理的一项重要工具，越来越被人们所重视，并日益发挥其作用。

成本预测在实际工作中虽然不常提到，但实际上人们往往在不知不觉中用到，例如建筑施工企业在工程投标时或中标施工时都往往根据过去的经验对工程成本进行估计，这种估计实际上是一种预测，其发挥的作用是不能低估的。但是如何能更加准确、更加有效地预测工程项目成本，仅依靠经验的估计很难做到，这需要掌握科学的系统的预测方法，以使其在工程经营和管理中发挥更大的作用。

8.2.1.1　工程项目成本预测的作用

1. 投标决策的依据

建筑施工企业在选择投标项目过程中，往往需要根据项目是否盈利、利润大小等诸因素确定是否对工程投标。这样，在投标决策时就要估计项目施工成本的情况，通过与施工图预算的比较，才能分析出项目是否盈利、利润大小等。

2. 编制成本计划的基础

计划是管理的关键的第一步。因此，编制可靠的计划具有十分重要的意义。但要编制出正确可靠的工程项目计划，必须遵循客观经济规律，从实际出发，对工程项目未来实施作出科学的预测。在编制成本计划之前，要在收集、整理和分析有关工程项目成本、市场行情和施工消耗等资料基础上，对项目进展过程中的物价变动等情况和工程项目成本作出符合实际的预测。这样才能保证工程项目成本计划不脱离实际，切实起到控制工程项目成本的作用。

3. 成本管理的重要环节

成本预测是在分析项目施工过程中各种经济与技术要素对成本升降影响的基础上，推算其成本水平变化的趋势及其规律性，预测工程项目的实际成本。它是预测和分析的有机结合，是事后反馈与事前控制的结合。通过成本预测，有利于及时发现问题，找出工程项目成本管理中的薄弱环节，通过采取措施控制成本。

8.2.1.2　成本预测的程序

1. 环境调查

环境调查包括市场需求量、成本水平及技术发展情况的调查。目的是了解工程项目的外界环境对项目成本的影响。

2. 收集资料

收集资料主要包括：企业下达的有关成本指标、历史上同类项目的成本资料、项目所

在地成本水平、工程项目中与成本有关的其他预测资料，如计划、材料、机械台班等。

3. 选择预测方法，建立预测模型

选择预测方法时，应考虑到时间、精度上的要求，如定性预测多用于10年以上的长期预测，而定量预测则多用于10年以下的中期和短期预测。另外，还应根据已有数据的特点，选择相应的模型。

4. 成本预测

成本预测是根据选定的预测方法和有关的历史数据和资料，推测施工项目的成本情况。

5. 预测结果分析

通常利用模型进行预测的结果只是反映历史的一般发展情况，并不能反映可能出现的突发性事件对成本变化趋势的影响，况且预测模型本身也有一定的误差。因此，必须对预测结果进行分析。

6. 确定预测结果，提出预测报告

根据预测分析的结论，最终确定预测结果，并在此基础上提出预测报告，确定目标成本，作为编制成本计划和进行成本控制的依据。

8.2.1.3 工程成本预测的方法

1. 定性预测方法

定性预测方法主要是利用已掌握的数据资料，根据个人的经验和知识进行综合分析和判断，从而对未来成本作出预测。常用的定性预测方法是德尔菲法。

首先是挑选专家，具体人数视预测课题的大小而定，一般的问题需20人左右，专家选定后，即开始函询工作。在进行的整个过程中，自始至终不让专家彼此发生联系，直接由预测单位函询或派专人与专家联系。

第一轮函询，一方面向专家寄去预测目标的背景材料；另一方面提出所需预测的具体项目。这轮调查，任凭专家回答，完全没有框框，专家可以各种形式回答有关问题，也可向预测单位索取更详细的统计材料，预测单位对专家的各种回答进行综合整理，把相同的事件、结论统一起来，剔除次要的、分散的事件，用准确的术语进行统一的描述。然后，反馈给各位专家，进行第二轮的函询。

第二轮函询，要求专家对与所预测目标有关的各种事件发生的时间、空间、规模大小等提出具体的预测，并说明理由，预测单对专家的意见进行处理，统计出每一件事可能发生日期的中位数，再次反馈给有关专家。

第三轮函询，是各位专家再次得到函询综合统计报告后，对预测位提出的综合意见和论据进行评价，重新修正各自的预测值，对预测目标重新进行预测。

上述步骤，一般通过四轮，预测的主持者应要求各位专家根据提供的全部预测资料提出最后的预测意见，若这些意见基本一致，即可以此为根据进行预测。

以上所述是德尔菲法的基本过程。它是在专家会议基础上发展起来的一种预测方法，其主要优点是简明直观，预测结果可供用户参考，受到用户的欢迎，避免了专家会议的许多弊病。

【例 8.1】 某建筑公司（简称B公司）承建位于某市的商住楼的主体结构工程（框剪

结构）的施工（以下简称A工程），建筑面积为15000平方米，有20层，工期由2004年1月至2005年2月。公司在施工之前将进行A工程的成本预测工作。试采用德尔菲法对未来建材价格的变化作出预测。

解 建筑材料价格受到通货膨胀的影响，尤其对基建规模的变化很敏感，实际上很难用一个简单方便的数学模型来描述它。对于施工企业来说，预测材料价格变化的最好方法是采用德尔菲法。具体的做法是以每年初或年末，采用德尔菲法预测以后1～2年内的价格变动情况（通常是以上涨或下降的百分率表示）。由于单位工程的工期往往在2年内，选择预测期为1年和2年可以满足实际需要。

B公司指定由经营科组织和领导进行专家调查，对未来一年内建材价格变化进行预测。选择的专家分布在该市的建筑行业的主管部门、建材业的主管部门及建材企业等，共10人。给专家发送的“征询函”的内容如下。

（1）征询的目的和要求，即要求专家预测2004年建材价格平均变化率。

（2）向专家提供一些必要的资料供预测时参考，主要有1998～2003年的建材价格行情、基建规模、物价指数和建材供求情况。经过四轮征询，专家的意见集中在8%（1人）、9%（2人）、9.5%（2人）、10.5%（2人）、11%（2人）和12%（1人）。

采用平均法求得预测值：

$$r=(8\%+9\%\times2+9.5\%\times2+10.5\%\times2+11\%\times2+12\%)/10=10\%$$

2. 定量预测方法

定量预测法包括回归分析法、高低点法、量本利分析法等。

（1）回归分析法。回归分析法是利用事物内部因素间发展的因果关系来预测其发展变化的趋势，就是按照影响成本的诸因素变化来预测成本的变化。这种方法计算的数值准确，但计算过程较复杂，如果可能，借助计算机计算会更好。

回归分析有一元线性回归、多元线性回归和非线性回归等。下面简单介绍一元线性回归在成本预测中的应用。

根据成本和产值之间的依存关系，以产值为自变量，用X表示；以成本为因变量，用Y表示，于是有

$$Y=a+bX \tag{8.1}$$

式中 a、b——待辨识参数。

应用最小二乘法原理，a、b可用下式分别求得

$$b=\frac{\sum XY-\overline{X}\sum Y}{\sum X^2-\overline{X}\sum X} \tag{8.2}$$

$$a=\overline{Y}-b\overline{X} \tag{8.3}$$

其中，$\overline{Y}=\frac{1}{n}\sum Y$，$\overline{X}=\frac{1}{n}\sum X$，这里的$n$为样本个数，也即历史数据的个数。

【例8.2】 某项目的产值与成本的历史资料见表8.1，要求依据资料应用回归分析法进行成本预测。

表 8.1 产值与成本的历史资料

样本期（季度资料）	1	2	3	4	5
施工产值（万元）	54	56	59	64	68
总成本（万元）	50.6	51.6	53.8	58.8	61.6

由于项目为临时组织，所以在进行成本预测时，或是使用本项目的成本数据（如用季、月资料来进行季、月预测），或是使用类似项目的历史资料，因而，在求得预测值后还要根据实际情况做必要的修正。

解 根据表 8.1 的资料，得出表 8.2 的结论。

$$\overline{X}=\frac{1}{5}\times(54+56+59+64+68)=60.2(\text{万元})$$

$$\overline{Y}=\frac{1}{5}\times(50.6+51.6+53.6+58.8+61.6)=55.24(\text{万元})$$

表 8.2 结 论 单位：万元

样本期	施工产值 X	总成本 Y	XY	X^2
1	54	50.6	27324	29160
2	56	51.6	28896	31360
3	59	53.6	31624	34810
4	64	58.8	37632	40960
5	68	61.6	41888	46240
合计	301	276.2	167364	182530

于是

$$b=\frac{\sum XY-\overline{X}\sum Y}{\sum X^2-\overline{X}\sum X}=\frac{167364-60.2\times276.2}{182530-60.2\times301}=\frac{1091.6}{1328}=0.822$$

$$a=\overline{Y}-b\overline{X}=55.24-0.822\times60.2=5.756$$

从而，该项目的总成本公式为

$$Y=5.756+0.822X$$

（2）高低点法。高低点法是成本预测的一种常用方法，它是以统计资料中业务量（产量或产值）最高和最低两个时期的成本数据，通过计算总成本中的固定成本、变动成本和变动成本率来预测成本的。高低点法依据式（8.4）、式（8.5）和式（8.6）所示

$$b=\frac{Y_1-Y_2}{X_1-X_2} \tag{8.4}$$

$$a=Y_1-bX_1 \text{ 或 } a=Y_2-bX_2 \tag{8.5}$$

式中 Y_1——最高点总成本；

Y_2——最低点总成本；

X_1——最高点产值；

X_2——最低点产值。

总成本＝固定成本＋变动成本，即

$$Y=n+bX \tag{8.6}$$

【例 8.3】 某项目根据本企业同类项目的产值和历史成本,见表 8.3。做出项目的成本预测。该项目的合同价为 1950 万元。

表 8.3 **同类项目的产值和历史成本**

期　数	1	2	3	4	5
施工产值(万元)	1700	1720	1750	1820	2000
总成本(万元)	1650	1670	1700	1750	1850

解

$$b=\frac{1850-1650}{2000-1700}=0.6667$$

$$a=1850-0.6667\times 2000=516.6$$

从而，总成本公式为：

$$Y=516.6+0.6667X$$

该项目的预测成本为：

$$Y=516.6+0.6667\times 1950=1816.67\ (\text{万元})$$

(3) 量本利分析法。量本利分析法通过揭示产量、成本、利润之间的内在联系来确定企业的保本点、保利点，以此来挖掘企业的内在潜力，寻求扩大生产、降低成本、增加盈利、提高效益的新途径。它既是一种重要的预测方法，也是一种科学的决策方法。量本利分析方法也有其局限性。它必须在价格、销量无显著变化的基本假定下进行，否则，这种方法将无从解释和应用。在市场经济条件下，由于企业的生产经营是在风险和不确定情况下进行的，商品的销量往往是不确定的随机变量，在这种情况下，量本利分析的基本假定得不到满足，所以，无法进行简单的量本利分析。下面将以数理统计为工具，在需求符合正态分布条件下探讨量本利分析方法。

1) 量本利分析的基本原理。

a. 量本利分析的基本数学模型。设某企业生产甲产品，本期固定成本总额为 C_1，单位售价为 P，单位变动成本为 C_2，销售量为 Q 单位，销售收入为 Y，总成本为 C，利润为 TP。

则成本、收入、利润之间存在以下的关系

$$C=C_1+C_2Q$$

$$Y=PQ$$

$$TP=Y-C=(P-C_2)Q-C_1$$

b. 盈亏平衡点。在盈亏平衡图中，收入线与成本线的交点称之为盈亏平衡点。在该点上，企业该产品收入与成本正好相等，即处于不亏不盈或损益平衡状态，也称为保本状态。

c. 保本销售量和保本销售收入。也就是对应盈亏平衡点，销售量 Q 和销售收入 Y 的值，分别以 Q_0 和 Y_0 表示。由于在保本状态下，销售收入与生产成本相等，即

$$Y_0=C_1+C_2Q_0$$

因此，
$$PQ_0 = C_1 + C_2 Q_0$$
$$Y_0 = PC_1/(P-C_2) = \frac{C_1}{(P-C_2)/P}$$

式中 $P-C_2$——边际利润；

$(P-C_2)/P$——边际利润率。

保本销售量＝固定成本/（单位产品销售价－单位产品变动成本）

保本销售收入＝单位产品销售价×固定成本/（单位产品销售价－单位产品变动成本）

2）量本利分析法的因素特征。

a. 量。施工项目成本管理中，量本利分析的量不是一般意义上单件工业产品的生产数量或销售数量，而是指一个施工项目的建筑面积或建筑体积（以 S 表示）。对于特定的施工项目，由于建筑产品具有“期货交易”特征，所以其生产量即是销售量，且固定不变。

b. 成本。量本利分析是在成本划分为固定成本和变动成本的基础上发展起来的，所以进行量本利分析首先应从成本性态入手，即把成本按其与产销量的关系分解为固定成本和变动成本。在施工项目管理中，就是把成本按是否随工程规模大小而变化划分为固定成本（以 C_1）的关系和变动成本（以 C_2 表示，这里指单位面积变动成本）。问题是确定 C_1 和 C_2 往往很困难，这是由于变动成本变化幅度较大，而且历史资料的计算口径不同。一个简便而适用的方法是建立以 S 为自变量，C（总成本）为因变量的回归方程（C_1+C_2S），通过历史工程成本数据资料（以计算期价格指数为基础）用最小二乘法计算回归系数 C_1 和 C_2。

c. 价格。不同的工程项目其单位平方米价格是不相同的，但在相同的施工期间，同结构类型的项目的单位平方米价格则是基本接近的。因此，施工项目成本管理量本利分析中可以按工程结构类型建立相应的盈亏分析图和量本利分析模型。某种结构类型项目的单位平方米价格可按实际历史数据资料计算，并按物价上涨指数修正，或者和计算成本一样建立回归方程求解。

3）量本利分析法的方法特征。与一般量本利分析方法不同，施工企业在建立了自己的各种结构类型工程的量本利盈亏分析图之后，对于特定的施工项目来说，其量（建筑面积）是固定不变的，从成本预测和定价方面考虑，变化的是成本（包括固定成本和变动成本）以及投标价。其作用在于为项目投标报价决策和制订项目施工成本计划提供依据。

4）量本利盈亏分析图。假设项目的建设面积（或体积）为 S，合同单位平方米造价为 P，施工项目的固定成本为 C_1，单位平方变动成本为 C_2，项目合同总价为 Y 元，项目总成本为 C 元，则量本利盈亏分析如图 8.1 所示。项目保本规模 $S_0=C_1/(P-C_2)$，项目保本合同 $Y=PC_1/(P-C_2)$。

【例 8.4】 A 公司施工的砖混结构工程的量本利分析模型：$C_1=138266$ 元，$C_2=211$ 元每平方米，当年的砖混结构工程的合同价为 410 元每平方米。据此建立 A 公司施工的砖混结构工程的量本利盈亏分析图，如图 8.2 所示。

解 项目保本规模：

$$S_0 = C_1/(P-C_2) = 138266/(410-211) = 695(\text{平方米})$$

项目保本合同价：

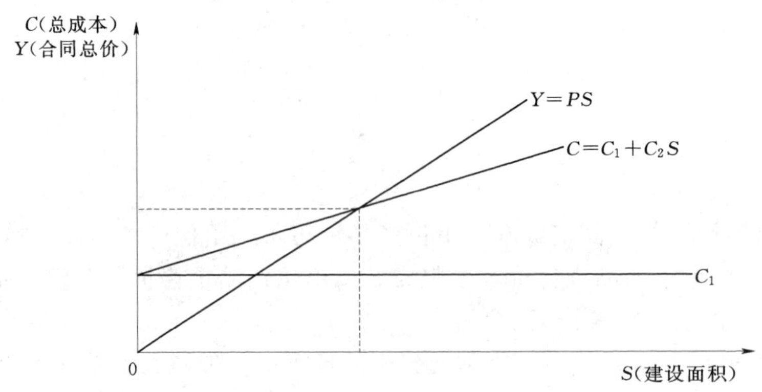

图 8.1 项目保本规模分析图

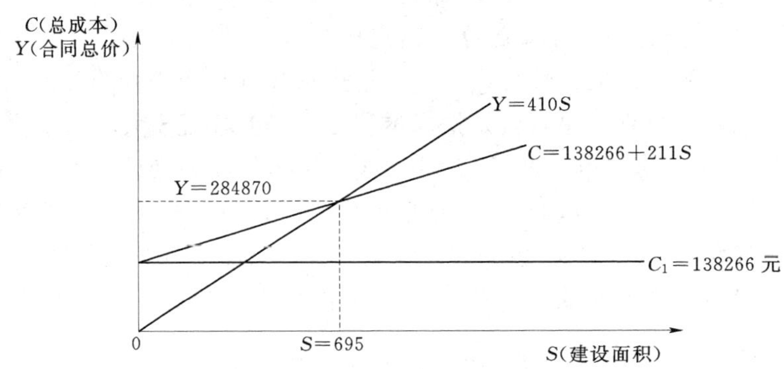

图 8.2 A公司施工的砖混结构工程量本利盈亏分析

$$Y_0 = PC_1/(P-C_2) = 410 \times 138266/(410-211) = 284870(\text{元})$$

由图 8.2 中可以看出，A 公司承建的砖混结构工程项目的建筑面积不能低于 695 平方米，或者合同价不能低于 284870 元，否则不宜承建施工。如果承担施工，则会亏本。对于现承建 K 施工项目（面积 1000 平方米），通过量本利分析模型，可估算总成本。

$$\text{总成本 } C = 138266 + 211 \times 1000 = 349266(\text{元})$$

$$\text{可达到投标总价 } Y = 410 \times 1000 = 410000(\text{元})$$

$$\text{可达到的利润 } TP = 410000 - 349266 = 60734(\text{元})$$

8.2.2 工程成本计划

8.2.2.1 工程成本计划的概念

成本计划是在多种成本预测的基础上，经过分析、比较、论证、判断之后，以货币形式预先规定计划期内项目施工的耗费和成本所要达到的水平，并且确定各个成本项目比预计要达到的降低额和降低率，提出保证成本计划实施所需要的主要措施方案。

工程成本计划是项目全面计划管理的核心。其内容涉及项目范围内的人、财、物和项目管理职能部门等方面，是受企业成本计划制约而又相对独立的计划体系，并且工程项目成本计划的实现，又依赖于项目组织对生产要素的有效控制。项目作为基本的成本核算单位，就更加有利于项目成本计划管理体制的改革和完善，更有利于解决传统体制下施工预算与计划成本、施工组织设计与项目成本计划相互脱节的问题，为改革施工组织设计，创

立新的成本计划体系，创造有利条件和环境。改革、创新的主要措施，就是将编制项目质量手册、施工组织设计、施工预算或项目计划成本、项目成本计划有机结合，形成新的项目计划体系，将工期、质量、安全和成本目标高度统一，形成以项目质量管理为核心，以施工网络计划和成本计划为主体，以人工、材料、机械设备和施工准备工作计划为支持的项目计划体系。

8.2.2.2 工程成本计划的特点

1. 具有积极主动性

成本计划不再仅仅是被动地按照已确定的技术设计、工期、实施方案和施工环境来预算工程的成本，更注重进行技术经济分析，从总体上考虑项目工期、成本、质量和实施方案之间的相互影响和平衡，以寻求最优的解决途径。

2. 动态控制的过程

项目不仅在计划阶段进行周密的成本计划，而且要在实施过程中将成本计划和成本控制合为一体，不断根据新情况，如工程设计的变更、施工环境的变化等，随时调整和修改计划，预测项目施工结束时的成本状况以及项目的经济效益，形成一个动态控制过程。

3. 采用全寿命周期理论

成本计划不仅针对建设成本，还要考虑运营成本的高低。在通常情况下，对施工项目的功能要求高、建筑标准高，则施工过程中的工程成本增加，但今后使用期内的运营费用会降低；反之，如果工程成本低，则运营费用会提高。这就在确定成本计划时产生了争执，于是通常通过对项目全寿命期作总经济性比较和费用优化来确定项目的成本计划。

4. 成本目标的最小化与项目盈利的最大化相统一

盈利的最大化经常是从整个项目的角度分析的。如经过对项目的工期和成本的优化选择一个最佳的工期，以降低成本，但是如果通过加班加点适当压缩工期，使得项目提前竣工投产，根据合同获得的奖金高于工程成本的增加额，这时成本的最小化与盈利的最大化并不一致，从项目的整体经济效益出发，提前完工是值得的。

8.2.2.3 工程成本计划的组成

1. 直接成本计划

直接成本计划的具体内容如下。

（1）编制说明。指对工程的范围、投标竞争过程及合同条件、承包人对项目经理提出的责任成本目标、项目成本计划编制的指导思想和依据等的具体说明。

（2）项目成本计划的指标。项目成本计划的指标应经过科学的分析预测确定，可以采用对比法、因素分析法等进行测定。

（3）按工程量清单列出的单位工程计划成本汇总表，内容见表8.4。

表8.4　　单位工程计划成本汇总表

项　目	清单项目编码	清单项目名称	合同价格	计划成本
1				
2				
⋮				

按成本性质划分的单位工程成本汇总表，根据清单项目的造价分析，分别对人工费、材料费、机械费、措施费、企业管理费和税费进行汇总，形成单位工程成本计划表。

项目计划成本应在项目实施方案确定和不断优化的前提下进行编制，因为不同的实施方案将导致直接工程费、措施费和企业管理费的差异。成本计划的编制是项目成本预控的重要手段。因此，应在工程开前编制完成，以便将计划成本目标分解落实，为各项成本的执行提供明确的目标、控制手段和管理措施。

2. *间接成本计划*

间接成本计划主要反映施工现场管理费用的计划数、预算收入数及降低额。间接成本计划应根据工程项目的核算期，以项目总收入费的管理费为基础，制订各部门费用的收支计划，汇总后作为工程项目的管理费用的计划。在间接成本计划中，收入应与取费口径一致，支出应与会计核算中管理费用的二级科目一致。间接成本的计划的收支总额，应与项目成本计划中管理费一栏的数额相符。各部门应按照节约开支、压缩费用的原则，制订“管理费用归口包干指标落实办法”，以保证该计划的实施。

8.2.2.4　工程成本计划编制的方法

1. *施工预算法*

施工预算法，是指以施工图中的工程实物量，套用施工工料消耗定额，计算工料消耗量，并进行工料汇总，然后统一以货币形式反映其施工生产耗费水平。以施工工料消耗定额所计算的施工生产耗费水平，基本是一个不变的常数。一个工程项目要实现较高的经济效益（即较大降低成本水平），就必须在这个常数基础上采取技术节约措施，以降低单位消耗量和降低价格等措施，来达到成本计划的成本目标水平。因此，采用施工预算法编制成本计划时，必须考虑结合技术节约措施计划，以进一步降低施工生产耗费水平。用公式表示为

施工预算法的计划成本＝施工预算施工生产耗费水平（工料消耗费用）
－技术节约措施计划节约额

【例 8.5】 某工程项目按照施工预算的工程量，套用施工工料消耗定额，所计算消耗费用为 580.98 万元，技术节约措施计划节约额为 20.64 万元。计算计划成本。

解　　工程项目计划成本＝580.98－20.64＝560.34（万元）

2. *技术节约措施法*

技术节约措施法是指以工程项目计划采取的技术组织措施和节约措施所能取得的经济效果为项目成本降低额，然后求工程项目的计划成本的方法。用公式表示为

工程项目计划成本＝工程项目预算成本－技术节约措施计划节约额（成本降低额）

【例 8.6】 某工程项目造价为 571.38 万元，扣除计划利润和税金以及企业管理独立费，经计算其预算成本为 465.78 万元，该工程项目的技术节约措施节约额为 31.23 万元。计算计划成本。

解　　工程项目计划成本＝465.78－31.23＝434.55（万元）

3. 成本习性法

成本习性法是固定成本和变动成本在编制成本计划中的应用，主要按照成本习性，将成本分成固定成本和变动成本两类，以此计算计划成本。划分可采用按费用分解的方法，具体费用如下。

(1) 材料费。与产量有直接联系，属于变动成本。

(2) 人工费。在计时工资形式下，生产工人工资属于固定成本，因为不管生产任务完成与否，工资照发，与产量增减无直接联系。如果采用计件超额工资形式，其计件工资部分属于变动成本，奖金、效益工资和浮动工资部分，亦应计入变动成本。

(3) 机械使用费。其中有些费用随产量增减而变动，如燃料费、动力费等，属变动成本。有些费用不随产量变动，如机械折旧费、大修理费、机修工和操作工的工资等，属于固定成本。此外，还有机械的场外运输费和机械组装拆卸、替换配件、润滑擦拭等经常修理费，由于不直接用于生产，也不随产量增减成正比变动，而是在生产能力得到充分利用，产量增长时，所分摊的费用就少些；在产量下降时，所分摊的费用就要大一些，所以这部分费用为介于固定成本和变动成本之间的半变动成本，可按一定比例划为固定成本和变动成本。

(4) 措施费。水、电、风、气等费用以及现场发生的其他费用，多数与产量发生联系，属于变动成本。

(5) 施工管理费。施工管理费中大部分在一定产量范围内与产量的增减没有直接联系，如工作人员工资、生产工人辅助工资、工资附加费、办公费、差旅交通费、固定资产使用费、职工教育经费、上级管理费等，基本上属于固定成本。检验试验费、外单位管理费等与产量增减有直接联系，则属于变动成本范围。此外，劳动保护费中的劳保服装费、防暑降温费、防寒用品费，劳动部门都有规定的领用标准和使用年限，基本上属于固定成本范围。技术安全措施费、保健费，大部分与产量有关，属于变动成本。工具用具使用费中，行政部门使用的家具费属固定成本。工人领用工具，随管理制度不同而不同，有些企业对机修工、电工、钢筋工、车工、钳工、刨工的工具按定额配备，规定使用年限，定期以旧换新，属于固定成本；而对木工、抹灰工、油漆工的工具采取定额人工数、定价包干，属于变动成本。在成本按习性划分为固定成本和变动成本后，可用下列公式计算

工程项目计划成本＝工程项目变动成本总额＋工程项目固定成本总额

【例 8.7】 某工程项目经过分部分项测算，测得其变动成本总额为 512.71 万元，固定成本总额为 60.11 万元。计算计划成本。

解 工程项目计划成本＝512.71＋60.11＝572.82（万元）

4. 按实计算法

按实计算法就是工程项目经理部有关职能部门（人员）以该项目施工图预算的工料分析资料作为控制计划成本的依据，根据工程项目经理部执行施工定额的实际水平和要求，由各职能部门归口计算各项计划成本。

(1) 人工费的计划成本，由项目管理班子的劳资部门（人员）计算。具体公式为

$$人工费的计划成本=计划用工量\times实际水平的工资率$$

其中，计划用工量＝Σ（分项工程量×工日定额）。工日定额可根据实际水平，根据先进性，适当提高定额。

（2）材料费的计划成本，由项目管理班子的材料部门（人员）计算。具体公式为

$$\begin{aligned}材料费的计划成本 &= \sum(主要材料的计划用量\times实际价格)+\sum(装饰材料的计划用量\\&\quad\times实际价格)+\sum(周转材料的使用量\times使用期\times租赁价格)\\&\quad+\sum(构配件的计划用量\times实际价格)+工程用水的水费\end{aligned}$$

（3）机械使用费的计划成本，由项目管理班子的机管部门（人员）计算。具体公式为

$$\begin{aligned}机械使用的计划成本 &= \sum(施工机械的计划台班数\times规定的台班单价)\\&= \sum\left(\begin{matrix}施工机械计划\\使用台班数\end{matrix}\times\begin{matrix}机械\\租赁费\end{matrix}\right)+机械施工用电的电费\end{aligned}$$

（4）措施费的计划成本，由项目管理班子的施工生产部门和材料部门（人员）共同计算。计算的内容包括现场二次搬运费、临时设施摊销费、生产工具用具使用费、工程定位复测费、工程交点费以及场地清理费等项费用的测算。

（5）间接费用的计划成本，由工程项目经理部的财务成本人员计算。一般根据工程项目管理部内的计划职工平均人数，按历史成本的间接费用以及压缩费用的人均支出数进行测算。

8.2.2.5　项目成本计划表

1. 项目成本计划任务表

项目成本计划任务表主要是反映项目预算成本、计划成本、计划成本降低额、计划成本降低率的文件，见表 8.5。

表 8.5　　项目成本计划任务表

工程名称：　　工程项目：　　项目经理：　　日期：　　单位：元

项目	预算成本	计划成本	计划成本降低率	计划成本降低率
1. 直接费用				
人工费				
材料费				
机械使用费				
措施费				
2. 间接费用				
施工管理费				
合计				

2. 项目间接成本计划表

项目间接成本计划表主要指施工现场管理费计划表，如表 8.6 所示。

表 8.6　　施工现场管理费计划表　　单位：元

项　　目	预　算　收　入	计　　划　　数	降　　低　　额
1. 工作人员工资			
2. 生产工人辅助工资			
3. 工资附加费			
4. 办公费			
5. 差旅交通费			
6. 固定资产使用费			
7. 工具用具使用费			
8. 劳动保护费			
9. 检验试验费			
10. 工程保养费			
11. 财产保险费			
12. 取暖、水电费			
13. 排污费			
14. 其他			
15. 合计			

3. 项目技术组织措施表

项目技术组织措施表由项目经理部有关人员分别就应采取的技术组织措施预测它的经济效益，最后汇总编制而成。编制技术组织措施表的目的，是为了在不断采用新工艺、新技术的基础上提高施工技术水平，改善施工工艺过程，推广工业化和机械化施工方法，以及通过采纳合理化建议达到降低成本的目的，见表 8.7。

表 8.7　　项目技术组织措施表

工程名称：　　项目经理：　　日期：　　单位：元

措施项目	措施内容	涉及对象			降低成本来源			成本降低额			
		实务名称	单价	数量	预算收入	计划开支	合计	人工费	材料费	机械费	措施费

4. 项目降低成本计划表

根据企业下达给该项目的降低成本任务和该项目经理部自己确定的降低成本指标而制订出项目成本降低计划。它是编制成本计划任务表的重要依据，是由项目经理部有关业务和技术人员编制的。其依据是项目的总包和分包的分工，项目中的各有关部门提供的降低成本资料及技术组织措施计划。在编制降低成本计划表时还应参照企业内外以往同类项目成本计划的实际执行情况，见表 8.8。

表8.8　　降低成本计划表

工程名称：　　项目经理：　　日期：　　单位：元

分项工程名称	成本降低额					
	总计	直接成本				间接成本
		人工费	材料费	机械费	措施费	

8.3 建筑工程成本的控制与分析考核

8.3.1 建筑工程成本控制

8.3.1.1 工程成本控制的定义

工程成本控制是建筑施工企业成本管理体系中的决定性环节。预测阶段和计划阶段规定了成本目标，但目标能不能实现，关键在于工程成本的日常控制。工程成本控制的要求是：在成本形成过程中及时发现偏差，采取纠正措施，使各项生产耗费被控制在规定的范围之内，杜绝一切超支浪费。

工程成本控制一般包括以下几个基本程序。

(1) 根据施工定额制订工程成本标准，并据之制订各项降低成本的技术组织措施。工程成本标准是对各项费用开支和资源消耗规定的数量界限，是成本控制和成本考核的依据。工程成本标准可以根据成本形成的不同阶段和成本控制的不同对象确定，主要有目标成本、计划指标、消耗定额和费用预算等几种。

(2) 执行标准。即对工程成本的形成过程进行具体的计算和监督。根据工程成本指标，审核各项费用开支和各种资源的消耗，实施降低成本的技术组织措施，保证工程成本计划的实现。

(3) 确定差异。核算实际消耗脱离工程成本指标的差异，分析工程成本发生差异的程度和性质，确定制造差异的原因和责任归属。

(4) 消除差异。组织挖掘增产节约的潜力，提出降低工程成本的新措施或修订工程成本标准的建议。

(5) 考核奖惩。考核工程成本指标执行的结果，把工程成本指标的考核纳入经济责任制，实行物质奖励。

8.3.1.2 工程成本控制内容和方法

1. 建立责任成本制度

责任成本是成本管理的一个重要方法，其主要内容是计量企业内部责任部门的工作绩效，即将已完成的降低成本指标与成本的实际耗费相比较，从而进行评价和考核。

责任成本制度的内容，主要包括以下四个方面。

(1) 确定责任成本单位。根据施工生产经营管理组织形式，划分工程成本责任归属层次，按照分层责任制的原则，明确各层责任划分，组成一个上下左右纵横连锁的责任成本体系。实际上就是根据分权原理和授权办法，确定责任成本的目标层次和层次间联系的内

容。要分层负责，必须分层授权。责任是权限运用的结果，权限是履行责任的保证。责任必须是可控的，不可控的就不承担责任，因而权责必须相当。

（2）确定责任成本的内容。在经营决策和计划成本的总目标下，按照责任单位的权责范围和施工生产经营活动的内容，确定可以衡量的责任目标和考核范围，从成本管理的角度形成以成本指标为标志的各种责任成本中心。所有责任成本中心，都要对自己单位在经济活动中所发生的成本负责，并分清各责任成本中心的责任。责任成本对责任者来说，应是可控成本。可控成本必须同时具备以下四个条件：可以预计、可以计量、可以施加影响、可以落实责任。所有可控成本加在一起，就是责任成本。

如对项目经理部一级的责任成本来说，可包括以下内容：工程人工费，按劳动定额、人工结算价格和工程量计算；工程材料费，按材料消耗定额、材料结算价格和工程量计算；工程机械使用费，按机械台班定额、机械台班结算价格和工程量计算；工程其他直接费，按工程人工费、材料费、机械使用费和其他直接费定额计算；间接费用、管理费用和财务费用中的可控部分。

（3）确定责任成本的控制信息。在确定责任成本单位和责任成本内容的同时，还要按责任归属原则形成一套完整的计算、记录和报告的责任成本账务处理原则和程序，提供及时、准确、可靠的责任成本信息，借以反映和衡量责任单位的行动是否与预期成本目标一致，以便考核各有关责任层次在一定期间成本管理中的成绩和问题。这样，不仅使上一级了解情况，可以决定奖惩，而且可使责任单位本身也明确自己的功过，从而达到按责任成本控制的目的。

（4）确定责任功过的原因。对实际成本和责任成本的差异，要分析责任成本发生差异的原因，如对施工生产单位耗用的材料，应分清用量差异和价格差异，确定材料供应部门和施工生产单位的责任。

2. 进行成本差异分析

在掌握有关成本核算数据的基础上，应作成本差异分析，以揭示成本节约或超支的内在原因。成本差异分析通常应用因素分析法分析实际成本脱离预算成本或计划成本的偏差，以便进一步查找差异的原因。通过成本差异分析，及时揭示有利差异（节约）和不利差异（超支），以便分清成本责任，进而采取相应对策，扩大有利差异，消除不利差异。

成本差异分析的形式有：成本项目差异分析，耗用各种工料、机械费用等具体内容的成本差异分析，以及成本效益指标的差异分析等。总之，只要产生成本差异，就应该进行成本差异分析，找出成本差异形成的原因，以便更有效地发挥成本控制的作用。

（1）材料费差异分析。材料费差异包含用量差异和价格差异两部分。用量差异是指材料实际耗用量和定额耗用量的差异；价格差异是指材料实际价格和计划价格的差异。计算公式为

用量差异＝（实际耗用量－计划耗用量）×计划价格

价格差异＝实际耗用量×（实际价格－计划价格）

【例 8.8】 元和建筑工程公司某工程队完成 200 立方米混凝土工程，耗用水泥、砂子成本见表 8.9。

表 8.9　　某工程队混凝土工程耗用水泥、砂子用量

名　称	计划成本			实际成本		
	计划单价	计划用量	金额（元）	实际单价	实际用量	金额（元）
水泥	350 元每吨	36 吨	12600	400 元每吨	40 吨	16000
砂子	40 元每平方米	100 平方米	4000	45 元每平方米	96 平方米	4320
合计			16600			20320

计算该公司该项工程材料费差异。

解　材料费差异＝20320－16600＝3720(元)

水泥用量差异＝(40－36)×350＝1400(元)

水泥价格差异＝40×(400－350)＝2000(元)

砂子用量差异＝(96－100)×40＝－160(元)

砂子价格差异＝96×(45－40)＝480(元)

在本例中，200 立方米混凝土工程量材料费共超支 3720 元。其中，水泥消耗超支使材料费增加 1400 元，水泥价格提高使材料费增加 2000 元，砂子消耗节约使材料费减少 160 元，砂子价格提高使材料费增加 480 元。

用量差异为施工可控成本差异，价格差异为材料部门可控差异，分别由责任部门查找原因并采取相应纠偏措施。

材料耗用方面的差异主要有以下一些原因：没有贯彻好降低成本措施；技术管理不善，工程发生返工事故；没有按照图样施工，如基础挖深、垫层加厚、任意提高混凝土标号或混凝土捣厚而多用材料；没有按照规定堆放材料、构件，多次驳运时发生损耗断裂；供应部门没有及时供应合格和配套的材料，因而大材小用，优才劣用，以及在耗用、管理方面的浪费、短缺现象等。

材料价格方面的超支主要由于：原价变动；没有充分利用当地材料或就近采购，发生远距运输增加费用；没有经济合理地组织材料运输，发生多次中转费用等。

（2）人工费差异分析。人工费差异包含用工数的差异和人工单价的差异两部分。用工数的差异是指实际用工数与计划用工数的差异；人工单价的差异是指实际人工单价与计划人工单价的差异。计算公式为

用工数的差异＝（实际用工数－计划用工数）×计划人工单价

人工单价的差异＝实际用工数×（实际人工单价－计划人工单价）

【例 8.9】 元和建筑工程公司某工程队完成 200 立方米混凝土工程，耗用人工及人工单价见表 8.10。计算该企业人工费差异。

表 8.10　　混凝土工程相关数据

工种	计划成本			实际成本		
	计划单价（元每工日）	计划用量（工日）	金额（元）	实际单价（元每工日）	实际用量（工日）	金额（元）
钢筋工	25	800	28000	38	750	28500
混凝土工	30	1000	30000	30	1100	33000
合计			58000			61500

解 人工费差异＝61500－58000＝3500（元）

钢筋工用工数的差异＝(750－800)×35＝－1750(元)

钢筋工人工单价的差异＝750×(38－35)＝2250(元)

混凝土工用工数的差异＝(1100－1000)×30＝3000(元)

混凝土工人工单价的差异＝1100×(30－30)＝0(元)

在本例中，200 立方米混凝土工程量人工费共超支 3500 元。其中，钢筋工用工数减少使人工费减少 1750 元，钢筋工人工单价提高使人工费增加 2250 元，混凝土工用工数增加使人工费增加 3000 元。

实际用工数超过预算的主要原因有：没有搞好班组建设，劳动纪律松弛，工时利用不足；没有根据机械装备情况和施工工艺的变化，及时调整劳动组织，发生窝工浪费；没有搞好现场布置，增加了材料、构件的两次驳运用工；学徒工太多，工人操作不熟练；没有正确处理各工种工人之间的关系，没有搞好前后工序之间的协作；没有实行定额管理，没有开展劳动竞赛，没有实行合理奖励制度等。

(3) 机械使用费差异分析。机械使用费差异包含台班数量差异和台班价格差异两部分。台班数量差异是指实际台班数与计划台班数的差异；台班价格差异是指实际台班成本与计划台班成本的差异。计算公式为

台班数量差异＝（实际台班数－计划台班数）×计划台班成本

台班价格差异＝实际台班数×（实际台班成本－计划台班成本）

【例 8.10】 元和建筑工程公司土方机械作业班组，2004 年 7 月挖土机作业数据见表 8.11。计算该公司土方机械作业班组机械使用费差异。

表 8.11 **土方机械作业班组数据**

工程	计划成本			实际成本		
	台班数量	台班成本（元每台班）	金额（元）	台班数量	台班成本（元每台班）	金额（元）
挖土	120	280	33600	110	300	33000

解 机械使用费差异＝33000－33600＝－600(元)

台班数量差异＝(110－120)×280＝－2800(元)

台班价格差异＝110×(300－280)＝2200(元)

在本例中，土方机械作业班组机械使用费共节约 600 元。其中，实际台班数量减少使机械使用费节约 2800 元，台班成本增加使机械使用费超支 2200 元。

机械台班数增减的分析，应从机械是否配套，工作线准备是否及时，机械维修、保养制度是否健全，机械操作人员技术是否熟练，是否严格遵守操作规程，以及是否实行定额管理、开展淡季竞赛、实行合理奖励等方面进行。

机械台班成本增减的分析，应分别从变动费用和固定费用进行，每一台班成本负担的固定费用如折旧修理费、替换设备工具费，取决于这些支出的绝对数和机械的运转时间，每一台班成本负担的变动费用，取决于燃料、动力等消耗定额的遵守情况和价格的变动。因此，提高机械利用率，充分利用施工机械，便会相对地减少台班成本中的固定费用；降低动力、燃料等消耗定额，会减少变动费用。

(4) 其他直接费差异分析。由于其他直接费用项目较多，且零星细小，其差异分析应从以下几方面入手。其他直接费用中的水、电、气费用产生差异的原因应从工程耗用水、电、气的管理和辅助生产单位成本等方面进行分析；材料二次搬运费、土方运输费产生差异的原因应从现场平面布置、材料构件堆放、运输工具的完好率和利用率等方面进行分析；冬季、雨季施工增加费产生差异的原因应从是否根据节约原则搭建保温、防雨设施等方面进行分析。

(5) 间接费用差异分析。间接费用差异包含万元工作量定额标准差异和每人支用间接费用差异两部分。计算公式为

万元工作量定额标准差异＝（实际定额标准－计划定额标准）×每人支用间接费用标准

每人支用间接费用差异＝实际万元工作量定额标准×（实际支用标准－计划支用标准）

【例 8.11】 元和建筑工程公司某项目部，2004 年度与间接费用有关的数据见表 8.12。计算该公司该项目部 2004 年度间接费用差异。

表 8.12 **某项目部与间接费用有关的数据**

项目	计划数	实际数	差异数
工程收入（万元）	650	650	0
万元工作量定员标准（人每万元）	1.2	1.24	0.04
每人支用间接费用标准（元每人）	850	840	－10
间接费用（元）	663000	677040	14040

解 万元工作量定额标准差异＝(650×1.24－650×1.2)×850＝22100(元)

每人支用间接费用差异＝650×1.24×(840－850)＝－8060(元)

在本例中，该项目部 2004 年度间接费用共超支 14040 元。其中，由于万元工作量定额标准超支使间接费用超支 22100 元，每人支用间接费用标准减少使间接费用节约 8060 元。

工程成本的间接费用，它的预算成本是按照规定取费标准和直接费（或人工费）预算成本计算的。当超额完成施工计划时，间接费用预算成本也就增大；反之，就减少。但间接费用的实际成本，由于间接费用中大部分费用，都属于固定费用，并不随着工作量的增减而增减，因而当超额完成施工计划时，工程成本中分摊的间接费用就会相对减少；反之，就会增加。因此，工程成本中间接费用的实际成本和预算成本进行比较，并不能说明施工单位在间接费用的开支上的节约或浪费。如超额完成了施工计划，在间接费用项目就会出现相对的节约，但在这种节约下，也可能掩盖着间接费用本身的浪费。所以在考核间接费用支出情况时，还必须将本期实际发生的间接费用与间接费用计划数逐一进行比较。同时，还要对其中差异较大的项目的超支原因进行分析，并分清责任，以便进一步采取节约间接费用的措施。

由于间接费用的发生，大都与职工人数直接或间接有关，职工人数越多，发生的间接费用越多。因此，每一职工支用间接费用的多少，能够说明施工单位间接费用开支的水平。

8.3.2 建筑工程成本的分析与考核

8.3.2.1 成本分析的意义及任务

1. 成本分析的意义

成本分析是根据有关成本资料对成本指标所进行的分析。分析的目的不同，所需的资料不一样，采取的分析方法也不相同。成本分析包括事前、事中和事后分析三个方面。

成本事前分析是指在成本未形成之前所进行的成本预测。进行成本事前分析，主要是为了在各种生产方案中，选择成本较低的方案，并确定目标成本，据此编制成本计划。进行事前成本分析，可使企业的成本控制有可靠的目标。

成本事中分析是指对正在执行的结果所进行的分析。事中分析主要是为了随时检查各项定额和成本计划的执行情况，控制生产过程中各种消耗和费用的支出，使实际成本数额控制在确定的目标成本范围之内。成本事中分析主要是为了进行成本控制，防止实际成本超过目标成本核算的范围。

成本事后分析是指对成本实际执行的结果所做的分析。事后分析是在实际成本核算资料形成之后，根据实际资料及其他的有关资料，对成本执行的结果进行评价，分析产生问题的原因，总结成本降低的经验，以利于下一期成本核算控制活动的开展。

成本分析的三个阶段是相辅相成的，各自发挥着作用。成本的事前分析可使企业在成本计划的执行过程中有成本控制的目标；事中分析则可以使成本控制目标得以实现；事后分析可以总结经验教训，以便开展下一个循环的成本控制。但这三者之间也有主次之分。在一般情况下，事前分析和事中分析的作用大于事后分析，但事后成本分析对于检查成本计划的执行情况，评价工作业绩等方面都有着事前成本分析和事中成本分析不可替代的作用。事前的成本分析包括在成本预测的内容当中，事中的成本分析包括在成本控制的内容当中。这里所要介绍的成本分析主要是事后的成本分析。

成本分析是成本管理的一项重要工作，它主要是以成本核算提供的资料为基础，并结合其他的有关资料，如计划、定额、统计、技术等资料，按照一定的原则，采用一定的方法，对影响成本的各种因素进行计算分析，找出成本升降的主要原因，并根据企业目前的实际情况和各种条件，制订出切实可行的降低成本的方案，以便以较少的劳动消耗取得较大的经济效益。

2. 成本核算分析的任务

企业进行成本核算分析的任务包括如下几个方面。

(1) 正确计算成本计划的执行结果，计算产生的差异。在进行成本分析时，首要的任务是要对成本计划的执行结果进行计算。在计算时，应先计算出实际成本资料，将其与计划指标进行对比。这是进行成本分析的基础。在计算时，要收集实际成本资料、计划资料及其他有关的资料，按规定的方法进行计算。将各种差异通过一定的方式反映出来，以便于进行分析，如可采取编制“成本差异计算表”等形式。

(2) 找出产生差异的原因。实际成本与计划成本产生差异的原因很多，应根据具体情况，找出其中影响成本高低的主要因素。在一般情况下，影响成本计划结果的因素有客观因素、主观因素、技术因素、经济因素等。在进行分析时，应采用科学的分析方法，计算出各种不同的因素对成本升降的影响数额，并分析产生差异的具体原因。对于影响成本升降的每个因素，都应计算出具体的数据。根据数据变化的情况，找出成本核算升降的规律，从而提出进一步改进的措施。

（3）正确对成本计划的执行情况进行评价。在计算成本差异及找出产生差异原因的基础上，应对成本计划的执行结果进行实事求是的评价。对于执行过程中的成绩，应总结出经验，在下一个成本计划执行时予以巩固，并对取得较好成绩的单位和个人予以奖励，以调动各单位和个人降低成本的积极性。同时，对于出现的问题，也应找出具体承担责任的单位和个人，并进行必要的处罚。在进行评价时应注意各种因素的影响，得出正确的结论，以免由于评价不准确而得出错误的结论。

（4）提出进一步降低成本的措施和方案。成本事后分析的目的就是为了提出进一步降低成本的措施和方案。成本分析不是目的，目的是要降低成本。因此，应结合每个车间、部门的具体情况，找出产生差异的具体原因，提出切实可行的降低成本的措施方案，以提高企业的经济效益。

3．工程项目成本分析的主要内容

项目成本分析的内容就是对项目成本变动因素的分析。影响项目成本变动的因素有两个方面：一是外部的属于市场经济的因素；二是内部的属于企业经营管理的因素。这两方面的因素在一定条件下，是相互制约和相互促进的。影响项目成本变动的市场经济因素主要包括施工企业的规模和技术装备水平、施工企业专业化和协作的水平以及企业员工的技术水平和操作的熟练程度等几个方面，这些因素不是在短期内所能改变的。因此，应将项目成本分析的重点放在影响项目成本升降的内部因素上。一般来说，项目成本分析的内容主要包括以下几个方面。

（1）人工费用水平的合理性。在实行管理层和作业层两层分离的情况下，项目施工需要的工人数量和人工费，由项目经理部与施工队签订劳务承包合同，明确承包范围、承包金额和双方的权利、义务。对项目经理部来说，除了按合同规定支付劳务费以外，还可能发生一些其他人工费支出，这些费用支出如下。

1）因实物工程量增减而调整的人工所发生的人工费。

2）定额人工以外的估点工工资（已按定额人工的一定比例由施工队包干，并已列入承包合同的，不再另行支付）。

3）对在进度、质量、节约、文明施工等方面作出贡献的班组和个人进行奖励的费用。

项目经理部应分析上述人工费的合理性。人工费用合理性是指人工费既不过高，也不过低。如果人工费过高，就会增加工程项目的成本，而人工费过低，工人的积极性不高，工程项目的质量就有可能得不到保证。

（2）材料、能源利用效果。在其他条件不变的情况下，材料、能源消耗定额的高低，直接影响材料、燃料成本的升降。材料、燃料价格的变动，也直接影响产品成本的升降。可见，材料、能源利用的效果及其价格水平是影响产品成本升降的重要因素。

（3）机械设备的利用效果。施工企业的机械设备有自有和租用两种。在机械设备的租用过程中，存在着两种情况：一是按产量进行承包，并按完成产量计算费用的，如土方工程，项目经理部只要按实际挖掘的土方工程量结算挖土费用，而不必过问挖土机械的完好程度和利用程度。另一种是按使用时间（台班）计算机械费用的，如塔吊、搅拌机、砂浆

机等，如果机械完好率差或在使用中调度不当，必然会影响机械的利用率，从而延长使用时间，增加使用费用。自有机械也要提高机械完好率和利用率，因为自有机械停用，仍要负担固定费用。因此，项目经理部应该给予一定的重视。

由于建筑施工的特点，在流水作业和工序搭接上往往会出现某些必然或偶然的施工间隙，影响机械的连续作业。有时，又因为加快施工进度和工种配合，需要机械日夜不停地运转。这样，难免会有一些机械利用率很高，也会有一些机械利用不足，甚至租而不用。利用不足，台班费需要照付；租而不用，则要支付停班费。总之，都将增加机械使用费支出。因此，在机械设备的使用过程中，必须以满足施工需要为前提，加强机械设备的平衡调度，充分发挥机械的效用。同时，还要加强平时的机械设备的维修保养工作，提高机械的完好率，保证机械的正常运转。

(4) 施工质量水平的高低。对施工企业来说，提高工程项目质量水平就可以降低施工中的故障成本，减少未达到质量标准而发生的一切损失费用，但这也意味着为保证和提高项目质量支出的费用就会增加。可见，施工质量水平的高低也是影响项目成本的主要因素之一。

(5) 其他影响项目成本变动的因素。其他影响项目成本变动的因素，包括除上述四项以外的措施费用以及为施工准备、组织施工和管理所需要的费用。

8.3.2.2 工程项目成本分析的方法

在工程项目成本分析活动中，常用的基本方法包括：比较法、因素分析法、差额计算法、比率法、“两算对比”法等。

1. 比较法

比较法又称指标对比分析法，是通过技术经济指标的对比，检查目标的完成情况，分析产生差异的原因，进而挖掘内部潜力的方法。这种方法具有通俗易懂、简单易行、便于掌握的特点，因而得到了广泛的应用，但在应用时必须注意各项技术经济指标的可比性。比较法的应用通常有下列形式。

(1) 将实际指标与目标指标对比，以此检查目标的完成情况，分析完成目标的积极因素和影响目标完成的原因，以便及时采取措施，保证成本目标的实现。在进行实际指标与目标指标对比时，还应注意目标本身的质量。如果目标本身出现质量问题，则应调整目标，重新正确评价实际工作的成绩，以免挫伤人的积极性。

(2) 本期实际指标与上期实际指标对比。通过这种对比，可以看出各项技术经济指标的动态情况，反映施工项目管理水平的提高程度。在一般情况下，一个技术经济指标只能代表施工项目管理的一个侧面，只有成本指标才是施工项目管理水平的综合反映，因此，成本指标的对比分析尤为重要，一定要真实可靠，而且要有深度。

(3) 与本行业平均水平、先进水平对比。通过这种对比，可以反映本项目的技术管理和经济管理水平与其他项目管理的平均水平和先进水平的差距，进而采取措施赶超先进水平。

以上三种对比可以在一张表上同时反映出来。例如，某项目本年节约“三材”的目标为 100 万元，实际节约 120 万元，上年节约 95 万元，本企业先进水平节约 130 万元。根据上述资料编制分析表，见表 8.13 所示。

表 8.13 工程项目成本分析表 单位：万元

指标	本年计划数	上年实际数	企业先进水平	本年实际数	差异数		
					与计划比	与上年比	与先进比
"三材"节约额	100	95	130	120	20	25	−10

2. 因素分析法

因素分析法又称连锁置换法或连环替代法。可用这种方法分析各种因素对成本形成的影响程度。在进行分析时，首先要假定从多因素中的一个因素发生了变化，而其他因素则不变，然后逐个替换，并分别比较其计算结果，以确定各个因素变化对成本的影响程度。

因素分析法的计算步骤如下。

（1）确定分析对象（即所分析的技术经济指标），并计算出实际值与目标（或预算）值的差异。

（2）确定该指标是由哪几个因素组成的，并按其相互关系进行排序。

（3）以目标（或预算）值为基础，将各因素的目标（或预算）值进行计算，作为分析替代的基数。

（4）将各个因素的实际值按照上面的排列顺序进行替换计算，并将替换后的实际值保留下来。

（5）将每次替换计算所得的结果与前一次的计算结果相比较，两者的差异即为该因素成本的影响程度。

（6）各个因素的影响程度之和应与分析对象的总差异相等。

【例 8.12】 某工程浇筑一层结构商品混凝土，目标成本为 364000 元，实际成本 383760 元，比目标成本增加 19760 元。根据表 8.14 资料，用因素分析法分析其成本增加的原因。

表 8.14 商品混凝土成本目标与实际成本对比表

项目	计划	实际	差额	项目	计划	实际	差额
产量（立方米）	500	520	20	损耗率（%）	4	2.5	−1.5
单价（元）	700	720	20	成本（元）	364000	383760	19760

解 分析对象是浇筑一层结构商品混凝土的成本，实际成本与目标成本的差额为 19760 元。

该指标是由产量、单价、损耗率三个因素组成的，其排序见表 8.14。

以目标数 364000（500×700×1.04）元为分析替代的基础。

替换：

第一次替换　产量因素：以 520 元替代 500 元，得 520×700×1.04＝378560（元）。

第二次替换　单价因素：以 720 元替代 700 元，并保留上次替换后的值，得 389376 元，即 520×720×1.04＝389376（元）。

第三次替换　损耗率因素：以 1.025 替代 1.04，并保留上两次替换后的值，得 383760 元。

计算差额：

第一次替换与目标数的差额＝378560－364000＝14560（元）。

第二次替换与第一次替换的差额＝389376－378560＝10816（元）。

第三次替换与第二次替换的差额＝383760－389376＝－5616（元）。

产量增加使成本增加了14560元，单价提高使成本增加了10816元，而损耗率下降使成本减少了5616元。

各因素的影响程度之和＝14560＋10816－5616＝19760（元），与实际成本和目标成本的总差额相等。

为了使用方便，企业也可以通过运用因素分析表来求出各因素的变动对实际成本的影响程度，其具体形式见表8.15。

必须说明，在应用因素分析法时，各个因素的排列顺序应该固定不变。否则，就会得出不同的计算结果，产生不同的结论。

表8.15　商品混凝土成本变动因素分析　单位：元

顺序	循环替换计算	差异	因素分析
计划数	500×700×1.04＝364000		
第一次替代	520×700×1.04＝378560	14560	由于产量增加20立方米，成本增加14560元
第二次替代	520×720×1.04＝389376	10816	由于单价提高20元，成本增加10816元
第三次替代	520×720×1.025＝383760	－5616	由于损耗下降1.5%，成本减少5616元
合计	14560＋10816－5616＝19760	19760	

3. 差额计算法

差额计算法是因素分析法的一种简化形式，它是利用各个因素的目标值与实际值的差额来计算其对成本的影响程度。

【例8.13】 某施工项目某月的实际成本降低额比目标值提高了2.40万元，具体数据见表8.16。

表8.16　降低成本目标与实际对比表

项目	目标	实际	差异
预算成本（万元）	310.0	320.0	＋10.0
成本降低率（%）	4.0	4.5	＋0.5
成本降低额（万元）	12.4	14.4	＋2.0

根据表8.16的资料，应用差额计算法分析预算成本和成本降低率对成本降低额的影响程度。

解　预算成本增加对成本降低额的影响程度：

（320－300）×4%＝0.80（万元）

成本降低率提高对成本降低额的影响程度：

(4.5%－4%)×320＝1.60(万元)

以上两项合计：0.80＋1.60＝2.40(万元)

4. 比率法

比率法是用两个以上指标的比例进行分析的方法。它的基本特点是：先把对比分析的数值变成相对数，再观察其相互之间的关系。常用的比率法有以下几种。

(1) 相关比率。由于项目经济活动的各个方面是互相联系、互相依存又互相影响的，因而将两个性质不同又有部分关系的指标加以对比，求出比率，并以此来考察经营成果的好坏。例如，产值和工资是两个不同的概念，但它们的关系又是投入与产出的关系，在一般情况下，都希望以最少的人工费支出完成最大的产值。因此，用产值工资率指标来考核人工费的支出水平就很能说明问题。

(2) 构成比率。通过构成比率，可以考察成本总量的构成情况以及各成本项目占成本总量的比例，同时也可看出量、本、利的比例关系(即预算成本、实际成本和降低成本的比例关系)，从而为寻求降低成本的途径指明方向，见表8.17。

表8.17　　成本构成比例分析表

成本项目	预算成本		实际成本		降低成本		
	金额(万元)	比重(%)	金额(万元)	比重(%)	金额	占本项比率(%)	占总量比率(%)
一、直接成本	1263.79	93.20	1200.31	92.38	63.48	5.02	4.68
1. 人工费	113.36	8.36	119.28	9.18	－5.92	－1.09	－0.44
2. 材料费	1006.56	74.23	939.67	72.32	66.89	6.65	4.93
3. 机械使用费	87.60	6.46	89.65	6.90	－2.05	－2.34	－0.15
4. 措施费	56.27	4.15	51.71	3.98	4.56	8.10	0.34
二、间接成本	92.21	6.80	99.01	7.62	－6.80	－7.37	0.50
成本总量	1356.00	100.00	1299.32	100.00	56.68	4.18	4.18
量本利比例(%)	100.00		95.82		4.18		

(3) 动态比率。动态比率法就是将同类指标不同时期的数值进行对比，求出比率，用以分析该项指标的发展方向和发展速度。动态比率的计算通常采用基期指数(或稳定比指数)和环比指数两种方法，见表8.18。

表8.18　　指标动态比较表

项　目	第一季度	第二季度	第三季度	第四季度
降低成本(万元)	45.60	47.80	52.50	64.30
基期指数(%)(一季度＝100)		104.82	115.13	141.01
环比指数(%)(上一季度＝100)		104.82	109.83	122.48

5. “两算对比”法

(1)“两算对比”的概念。“两算对比”，即施工预算和施工图预算进行对比。施工图预算确定的是工程预算成本，施工预算确定的是工程计划成本，它们是从不同角度计算的两本经济账。“两算”的核心是工程量对比。尽管“两算”采用的定额不同、工序不同、工程量有一定区别，但两者的主要工程量应当是一致的。如果“两算”的工程量不一致，必定有一部分出现了问题，应当认真检查并解决问题。

“两算对比”是建筑施工企业加强经营管理的手段。通过施工预算和施工图预算的对比，可预先找出节约或超支的原因，研究解决措施，实现对人工、材料和机械的事先控制，避免发生计划成本亏损。

(2)“两算对比”方法。“两算对比”以施工预算所包括的项目为准，对比内容包括主要项目工程量、用工数及主要材料消耗量，但具体内容应结合各项目的实际情况而定。“两算对比”可采用实物量对比法和实物金额对比法。

1）实物量对比法。实物量是指分项工程中所消耗的人工、材料和机械台班消耗的实物数量。对比是将“两算”中相同项目所需要的人工、材料和机械台班消耗量进行比较，或以分部工程及单位工程为对象，将“两算”的人工、材料汇总量相比较。因“两算”各自的项目划分不完全一致，为使两者具有可比性，常常需要经过项目合并、换算之后才能进行对比。由于预算定额项目的综合性较施工定额项目大，故一般是合并施工预算项目的实物量与预算定额项目相对应，然后再进行对比。表 8.19 提供了砌筑砖墙分项工程的“两算”对比情况。

表 8.19　　砌筑砖墙工程的“两算对比”表

项目名称	数量（立方米）	内容	人工材料种类		
			人工（工日）	砂浆（立方米）	砖（千块）
一砖墙	245.8	施工预算	322.00	54.80	128.10
		施工图预算	410.60	55.10	128.60
1/2 砖墙	6.4	施工预算	10.30	1.24	3.56
		施工图预算	11.50	1.39	4.05
合计	252.2	施工预算	332.30	56.04	131.66
		施工图预算	422.10	56.49	132.65
		“两算”对比差额率（%）	+89.8	+0.45	+0.99
		“两算”对比差额	+21.27	+0.80	+0.75

2）实物金额对比法。实物金额是指分项工程所消耗的人工、材料和机械台班的金额费用。由于施工预算只能反映完成项目所消耗的实物量，并不反映其价值，为使施工预算与施工图预算进行金额对比，就需要将施工预算中的人工、材料和机械台班的数量乘以各自的单价，汇总成人工费、材料费和机械台班使用费，然后与施工图预算的人工费、材料费和机械台班使用费相比较。表 8.20 提供了某项目若干分部工程实物金额对比的“两算对比”表。

表 8.20 实物金额对比的“两算对比”表

序号	项目	施工图预算			施工预算			数量差			金额差		
		数量	单价	合计	数量	单价	合计	节约	超支	百分比（%）	节约	超支	百分比（%）
一	直接费（元）			10456.7			9451.86				1004.8		9.61
1	人工费（元）			971.92			882.58				89.34		9.19
2	材料费（元）	131.62	68	8950.12	127.9	63	8057.54	3.72		2.83	892.58		6.2
3	机械费（元）	5.75	93	534.64	5.69	90	511.74	0.06		1.09	22.9		4.28
二	分部工程												
1	土方工程（元）	2.54	90	228.55	2.19	96	210.29	0.35		13.74	18.26		8
2	砖石工程（元）	15.2	180	2735.36	14.8	176	2605.1	0.39		2.6	130.26		4.76
3	钢筋混凝土工程（元）	8.78	255	2239.52	8.65	246	2126.84	0.13		1.56	112.68		9.49
4	其他												
三	材料												
1	板方料（立方米）	2.132	154	328.33	2.09	154	322.01	0.04		1.97	6.32		1.92
2	钢筋（吨）	1.075	595	639.63	1.044	595	621.18	0.03		2.88	18.45		2.88
3	其他												

（3）“两算对比”的有关说明。

1）人工数量。一般施工预算应低于施工图预算工日数的10%～15%，这是因为施工定额与预算定额水平不一样。在预算定额编制时，考虑到在正常施工组织的情况下工序搭接及土建与水电安装之间的交叉配合所需停歇时间，工程质量检查及隐蔽工程验收而影响的时间和施工中不可避免的少量零星用工等因素，留有10%～15%定额人工幅度差。

2）材料消耗。一般施工预算应低于施工图预算的消耗量。由于定额水平不一致，有的项目会出现施工预算消耗量大于施工图预算消耗量的情况，这时，需要调查分析，根据实际情况调整施工预算用量后再分析对比。

3）机械台班数量及机械费的“两算对比”。由于施工预算是根据施工组织设计或施工方案规定的实际进场施工机械种类、型号、数量和工作时间编制计算机械台班，而施工图预算的定额的机械台班是根据一般配置，综合考虑，大多以金额表示。所以，一般以“两算”的机械费用相对比，且只能核算搅拌机、卷扬机、塔吊、汽车吊和履带吊等大中型机械台班费是否超过施工图预算机械费。如果机械费大量超支，在没有特殊情况下，应改变施工采用的机械方案，尽量做到不亏本，略有盈余。

4）脚手架工程无法按实物量进行“两算”对比，只能用金额对比。施工预算是根据施工组织设计或施工方案规定的搭设脚手架内容计算工程量和费用的，而施工图预算按定额综合考虑，按建筑面积计算脚手架的摊销费用。

8.3.2.3 工程项目成本考核

1. 工程项目成本考核的概念

工程项目成本考核，是指对项目成本目标（降低成本目标）完成情况和成本管理工作业绩两方面的考核。这两方面的考核，都属于企业对项目经理部成本监督的范畴。应该说，成本降低水平与成本管理工作之间有着必然的联系，又同受偶然因素的影响，但都是对项目成本评价的一个方面，都是企业对项目成本进行考核和奖罚的依据。

项目的成本考核，特别要强调施工过程中的中间考核，这对具有一次性特点的施工项目来说尤为重要。因为通过中间考核发现问题，还能及时弥补；而竣工后的成本考核虽然也很重要，但对成本管理的不足和由此造成的损失，已经无法弥补。

2. 项目成本考核的意义

项目成本考核的目的，在于贯彻落实责权利相结合的原则，促进成本管理工作的健康发展，更好地完成工程项目的成本目标。在工程项目的成本管理中，项目经理和所属部门、施工队直到生产班组，都有明确的成本管理责任，而且有定量的责任成本目标。通过定期和不定期的成本考核，既可对他们加强督促，又可调动他们对成本管理的积极性。

3. 项目成本考核的要求

项目成本考核是项目落实成本控制目标的关键。是将项目施工成本总计划支出，在结合项目施工方案、施工手段和施工工艺、讲究技术进步和成本控制的基础上提出的，针对项目不同的管理岗位人员，而作出的成本耗费目标要求。具体要求如下。

（1）组织应建立和健全项目成本考核制度，对考核的目的、时间、范围、对象、方式、依据、指标、组织领导、评价与奖惩原则等作出规定。

（2）组织应以项目成本降低额和项目成本降低率作为成本考核主要指标。项目经理部应设置成本降低额和成本降低率等考核指标。发现偏离目标时，应及时采取改进措施。

（3）组织应对项目经理部的成本和效益进行全面审核、审计、评价、考核和奖惩。

4. 成本考核的内容

成本考核，可以分为两个层次：一是企业对项目经理的考核；二是项目经理对所属部门、施工队和班组的考核。通过层层考核，督促项目经理、责任部门和责任者更好地完成自己的责任成本，从而形成实现项目成本目标的层层保证体系。

（1）企业对项目经理考核的内容。

1）项目成本目标和阶段成本目标的完成情况。

2）建立以项目经理为核心的成本管理责任制的落实情况。

3）成本计划的编制和落实情况。

4）对各部门、各作业队和班组责任成本的检查和考核情况。

5）在成本管理中贯彻责权利相结合原则的执行情况。

（2）项目经理对所属各部门、各作业队和班组考核的内容。

1）对各部门的考核内容包括：本部门、本岗位责任成本的完成情况；本部门、本岗位成本管理责任的执行情况。

2）对各作业队的考核内容如下包括：对劳务合同规定的承包范围和承包内容的执行情况；劳务合同以外的补充收费情况；对班组施工任务单的管理情况，以及班组完成施工任务后的考核情况。

3）对生产班组的考核内容（平时由作业队考核）。以分部分项工程成本作为班组的责任成本，以施工任务单和限额领料单的结算资料为依据，与施工预算进行对比，考核班组责任成本的完成情况。

5．项目成本考核的实施

（1）项目成本考核采取评分制。项目成本考核是工程项目根据责任成本完成情况和成本管理工作业绩确定权重后，按考核的内容评分。

具体方法为：先按考核内容评分，然后按7：3的比例加权平均，即责任成本完成情况的评分为7，成本管理工作业绩的评分为3。这是一个假设的比例，工程项目可以根据自己的具体情况进行调整。

（2）项目的成本考核要与相关指标的完成情况相结合。项目成本的考核评分要考虑相关指标的完成情况，予以嘉奖或扣罚。与成本考核相结合的相关指标，一般有进度、质量、安全和现场标准化管理。

（3）强调项目成本的中间考核。项目成本的中间考核，一般有月度成本考核和阶段成本考核。成本的中间考核，能更好地带动今后成本的管理工作，保证项目成本目标的实现。

1）月度成本考核。一般是在月度成本报表编制以后，根据月度成本报表的内容进行考核。在进行月度成本考核的时候，不能单凭报表数据，还要结合成本分析资料和施工生产、成本管理的实际情况，然后才能作出正确的评价，带动今后的成本管理工作，保证项目成本目标的实现。

2）阶段成本考核。项目的施工阶段，一般可分为：基础、结构、装饰、总体四个阶段。如果是高层建筑，可对结构阶段的成本进行分层考核。

阶段成本考核能对施工告一段落后的成本进行考核，可与施工阶段其他指标（如进度、质量等）的考核结合得更好，也更能反映工程项目的管理水平。

（4）正确考核项目的竣工成本。项目的竣工成本，是在工程竣工和工程款结算的基础上编制的，它是竣工成本考核的依据，也是项目成本管理水平和项目经济效益的最终反映，也是考核承包经营情况、实施奖罚的依据，必须做到核算无误，考核正确。

（5）项目成本的奖罚。工程项目的成本考核，可分为月度考核、阶段考核和竣工考核三种。为贯彻责权利相结合原则，应在项目成本考核的基础上，确定成本奖罚标准，并通过合同的形式明确规定，及时兑现。

由于月度成本考核和阶段成本考核属假设性的，因而，实施奖罚应留有余地，待项目竣工成本考核后再进行调整。

项目成本奖罚的标准，应通过合同的形式明确规定。因为，合同规定的奖罚标准具有法律效力，任何人都无权中途变更，或者拒不执行。另外，通过合同明确奖罚标准以后，职工群众就有了奋斗目标，因而也会在实现项目成本目标中发挥更积极的作用。

在确定项目成本奖罚标准的时候，必须从本项目的客观情况出发，既要考虑职工的利益，又要考虑项目成本的承受能力。在一般情况下，造价低的项目，奖金水平要定得低一些；造价高的项目，奖金水平可以适当提高。具体的奖罚标准，应该经过认真测算再行

确定。

除此之外，企业领导和项目经理还可对完成项目成本目标有突出贡献的部门、作业队、班组和个人进行随机奖励。这是项目成本奖励的另一种形式，显然不属于上述成本奖罚的范围，但往往能起到很好的效果。

思 考 与 练 习 题

8.1 什么是工程成本？建筑施工企业成本费用由哪些方面构成？

8.2 工程成本预测的方法都有哪些？分别具有什么样的特点？

8.3 工程成本控制的基本程序是什么？

8.4 工程项目成本分析的方法都有哪些？分别具有什么样的特点？

8.5 计算分析题

某施工企业承包一工程，计划砌砖工程量 1200 立方米，按预算定额规定，每立方米耗用空心砖 510 块，每块空心砖计划价格为 0.12 元；而实际砌砖工程量却达 1500 立方米，每立方米实耗空心砖 500 块，每块空心砖实际购入价为 0.18 元。试用连环代替法进行成本分析。

第9章 建设项目可行性研究与后评价

学习目标和学习要点

通过本章的学习，了解可行性研究的概念与作用；理解可行性研究的阶段和工作程序及可行性研究报告的编制依据；掌握可行性研究的内容；了解建设项目后评价的概念及作用，掌握建设项目后评价的内容和方法。

9.1 可行性研究概述

9.1.1 可行性研究的含义

可行性研究是运用现代科学技术成果，对拟建项目在建设投资决策前进行技术经济论证的一门综合性学科。它是保证建设项目以最少的投资耗费取得最佳的经济效果的科学手段，也是实现建设项目在技术上先进、经济上合理和建设上可行的科学方法。

具体地说，建设项目可行性研究是在投资决策前，对项目有关的社会、经济和技术等方面进行细致的调查研究、分析、计算和方案比较、论证，并对项目建成后可能取得的经济效果进行预测和评价，从而提出该项目是否投资建设和如何投资的意见，为投资决策提供依据的一种科学方法。

一般来讲，通过可行性研究要解答以下几个问题。

（1）建设项目在技术上是否可行。

（2）建设项目在经济上的合理性？在财务上的盈利有多大。

（3）建设项目需要的投资是多少。

（4）筹集资金的渠道有哪些。

（5）建设和维持该项目的生存和发展，需要多少人力、物力资源。

（6）项目所需的建设时间有多长。

概括起来，上述6个问题有三个方面的研究内容，即工艺技术方面的研究、市场需求和资源条件的研究、财务经济状况的分析研究。这三个方面的研究内容有着密切的联系，其中，市场和资源是前提，技术是手段，财务经济状况是核心，全部可行性研究都必须围绕这个核心进行。

9.1.2 可行性研究的地位

可行性研究一般都是针对一个特定的建设项目或技术方案而进行的，最广泛的用途是对工程项目进行技术经济论证。所谓建设项目，一般是指技术上、经济上相对独立的生产经营企业、交通运输与建筑工程以及其他服务性企业或生活用固定资产的新建、扩建、改建和修复工程。一个建设项目可视为一个投资单位，从技术、财务和经济上将区别于其他各项投资，以便于对它进行技术经济论证。在各类建设项目中，比较典型的是生产性建设项目。这种项目，从筹建到建成投产，直至报废，其发展过程大体可以分成三个阶段，即

建设准备时期、建设时期和生产时期。

9.1.2.1 建设准备时期（或称投资前期）

建设准备时期的任务是对要建设的项目通过调查研究、技术经济分析，为该项目工程的方案优选做准备；进行可行性研究，为投资决策提供科学依据。这一时期内的工作分为投资机会研究、初步可行性研究、最终可行性研究、评价与决策五个阶段。在完成初步可行性研究并获得通过之后，一般就可以成立筹备机构，开始资金筹集活动。在我国，在最终可行性研究通过以后，就可提出计划任务书（或称设计任务书）。

9.1.2.2 建设时期（或称投资时期）

建设时期的工作可分为谈判与签订合同、建设项目设计、建筑施工与设备安装、验收投产试运转四个阶段。

9.1.2.3 生产时期

生产时期的主要任务是，使项目投入生产运行，创造出新的价值和利润。要使生产顺利进行，生产初期要注意掌握生产技术和完善生产管理，保证生产设备的正常运转，提高工人的操作水平，尽早达到设计生产能力。

从建设项目整个发展周期来看，主要问题反映在财务和经济上，这时，对企业的产品销售收入、生产成本、投资偿还时间、税金和利润等应给予极大的注意。从工程建设项目发展的三个阶段来看，各个阶段的各项工作虽各自独立，但也不是截然分开的，而是互有联系、相互交错。可行性研究的重要意义，突出地表现在各阶段需要解决的各种问题上。可行性研究既是决定项目建设与否的关键步骤，也是对项目建设与投产后的质量、效率起决定性作用的阶段。只有高质量地完成可行性研究工作，才能使建设项目在建设过程和生产时期避免出现大的问题和缺陷。

9.1.3 可行性研究的作用

（1）可行性研究是项目建设投资决策的依据。主管部门在审查建设项目时，很大程度上取决于可行性研究报告的论证结果。因此，可行性研究是投资者对项目进行决策的重要依据。

（2）可行性研究是筹集工程项目建设资金的依据。银行要对建设项目实行贷款，首先要严格审查项目的可行性研究报告，在项目的经济效益、盈利状况进行分析的基础上，判断项目建成后的偿还能力。银行只有在确认项目有能力按时归还贷款，不至于承担较大风险时，才会给予贷款。

（3）可行性研究是建设项目有关部门或单位之间签订各种合同的依据。根据可行性研究报告内容的要求，有关部门或单位签订为完成项目建设所需要的各种原材料、燃料、水电、运输以及其他各方面相互间的合同，以保证项目的顺利进行。

（4）可行性研究是向当地政府及规划部门申请建设执照的依据。项目可行性研究在经评审后，还需地方规划部门和环保部门审查，审查内容符合要求或有治理措施时，才发建设执照。

（5）可行性研究是项目建设基础资料的依据。在可行性研究报告中，对工厂厂址、工艺技术方案、生产规模、交通运输、设备选型等方面的问题都进行了方案比较，并经反复分析论证，寻找出最佳的解决办法，提出了推荐方案。所以，可行性研究中的内容、数据可以作为项目基础资料的依据，并据此进行工程项目设计、设备加工订货以及建设前期的其他各项准备工作。

(6) 可行性研究是科研试验、制作项目拟采用的新技术、新工艺、新设备的依据。

(7) 可行性研究是企业机构设置、招收人员、职工培训等工作的依据。

(8) 可行性研究是组织施工、安排项目建设进度以及对工程质量进行检验的重要依据。

(9) 可行性研究是审查项目是否符合环保要求的依据。项目建设与环境和生态有着密切的联系，因此项目建设必须得到当地环保部门的认可。

9.2　可行性研究的程序和主要内容

9.2.1　可行性研究的分类

可行性研究是投资前期的主要工作内容，一般包括机会研究、初步可行性研究和最终可行性研究三个阶段。有时，将投资评价报告从可行性研究中独立出来，或在必要时增加辅助研究，这样，可行性研究工作就分为四个阶段。

9.2.1.1　投资机会研究

投资机会研究的主要任务是建设项目投资方提出建议，即在一定的地区和部门内，根据自然资源、市场需求、国家产业政策及国际贸易情况等，通过调查、预测和分析研究，选择建设项目，寻求最有利的投资机会。投资机会研究分为一般机会研究和特定项目机会研究两种。究竟进行一般机会研究，还是进行特定项目机会研究，或者是两种机会研究同时开展，要根据建设项目的特点和具体情况确定。

1. 一般机会研究

进行一般机会研究的目的是为投资者提出具体的投资建议。这类研究又分为地区研究、分部门研究及以资源为基础的研究。

2. 特定项目机会研究

特定项目机会研究一般是在一般机会研究完成并得到通过之后进行，这样可以避免不必要的损失和浪费。特定项目机会研究应在已选定投资机会的基础上，形成具体的投资项目建议，并提出若干项目设想的技术方案。为了激励投资者参与投资可行性论证的积极性，特定项目机会研究必须包括一些基本资料和数据。

投资机会研究阶段的工作是比较粗略的，主要依靠以往类似的建设项目的数据，如性质相同、规模类似的建设项目的投资、成本等的扩大指标和数据进行估计，而不是详细的分析计算。该阶段投资估算的精度为±30%，所需费用占投资总额的0.2%～1.0%。通过这一阶段的工作，要确定进行初步可行性研究的必要性，并提出有投资可能性的明确论据。

9.2.1.2　初步可行性研究

初步可行性研究是在投资机会研究的基础上，进一步对项目建设的可能性与潜在的效益进行论证分析。

通过初步可行性研究主要解决以下问题。

（1）分析机会研究的结论，在详细资料的基础上作出是否投资的决定。

（2）是否应该进行最终可行性研究。

（3）有哪些关键性问题需要做辅助研究。

在初步可行性研究阶段需对以下内容进行粗略的审查：市场和生产能力、材料供应状况、建厂地区和厂址、项目设计、管理费、人力、项目进度、项目财务分析等。

初步可行性研究阶段投资估算的精确度可达±20％，所需费用占总投资额的0.25％～1.5％。

9.2.1.3 辅助研究

辅助研究是对某些特殊或大规模投资项目的一个或几个重要方面进行的单独研究，是进行初步可行性研究和可行性研究的先决条件，或用于支持这两项研究，所以也称为功能研究或专门研究。其目的是减轻详细可行性研究阶段的工作量。

辅助研究通常围绕以下几个方面进行。

1. 产品市场研究

通过市场研究，预测拟产产品的需求情况及产品对市场的渗透能力；对于涉外项目，还应对国际市场情况加以调查分析。

2. 原材料和其他投入物的研究

主要是对项目所需的基本原材料及燃料、动力等投入要素的来源、价格情况及其变化趋势进行调查研究。

3. 建厂地区研究

研究建厂地区，分析厂址选择是否合理，特别是运输量大的建设项目，如钢铁厂、石化厂、建材厂等，更需要选择合适的厂址，尽可能节省运输费用。

4. 实验室和中间试验

通过实验室和中间实验，对所选定的原材料进行化验分析，检验其是否符合项目生产工艺的要求，并需调查这些原材料是否有稳定的供应渠道。

5. 设备选择研究

当建设项目的生产工艺复杂，需要的设备种类很多，项目构成和项目经济性在很大程度上又取决于设备的类型，甚至项目的生产效率也直接受所选设备影响时，就必须对各种不同设备的来源、技术性能、价格、日常操作费用等进行研究；当所选设备涉及许多供应来源而且价格相差悬殊时，也必须进行设备选择研究，以便为可行性研究提供依据。

6. 规模经济性研究

规模经济分析应结合项目所选择的技术路线进行，分析时仅限于规模的经济性，不必涉及复杂的生产工艺。规模经济分析的主要目的是结合可供选择的生产工艺、市场趋势、投资费用、生产成本和产品价格等因素计算项目的生产能力，选择经济效益最好的、适当的生产规模，为制定和选择技术方案打好基础。

与初步可行性研究或可行性研究同时进行的辅助研究，可以确保可行性研究的结果更加稳妥可靠。

9.2.1.4 最终可行性研究

最终可行性研究也称为详细可行性研究或可行性研究技术上、经济上、财务上的可行性后作出投资与否的关键步骤，在此阶段，要求对建设项目进行深入的技术经济论证。

详细可行性研究阶段对投资估算的精确程度为±10%。详细可行性研究所需费用，小型项目占总投资的1%～3%，大型工程或复杂工程占总投资的0.2%～1%。

以上各类可行性研究工作都是相互关联、相互交叉的，每一研究阶段都起着承上启下的作用，后一阶段的研究工作是在前一阶段研究工作的基础上进行的，并且前一阶段的研究工作为后一研究阶段提出了深入研究的问题和方向。实际上，各阶段的研究工作是一个整体，其研究过程是由粗到细、由浅到深，对于方案和目标不断筛选，因此，可供选择方案的范围越来越小，目标逐渐明确并最终形成最佳方案，为投资决策提供依据。

9.2.2 可行性研究的程序

项目的可行性研究，一般由项目业主根据工程需要，委托有资格的设计院或咨询公司进行可行性研究，编制可行性研究报告。

1. 委托与签订合同

项目的可行性研究，可以由项目主管部门直接给工程设计单位下达任务进行，也可以由项目业主自行委托有资格的工程设计单位承担。

项目业主和受委托单位签订的合同中一般应包括：进行该项目可行性研究工作的依据，研究的范围和内容，研究工作的进度和质量，研究费用的支付办法、合同双方的责任、协作和关于违约处理的方法等主要内容。

2. 组织人员和制定计划

受委托单位接受委托后，应根据工作内容组织项目小组，并确定项目负责人和各专业负责人。项目组根据任务要求，研究和制定工作计划和安排实施进度。在安排实施进度时，要充分考虑各专业的工作特点和任务交叉情况，协调技术专业与经济专业的关系，为各专业工作留有充分时间，根据研究工作进度和内容要求，如果需要向外分包时，应落实外包单位，办理分包手续。

3. 调查研究与收集资料

项目组在了解清楚委托单位项目建设的意图和要求的基础上，查阅项目建设地区的经济、社会和自然环境等情况的资料。拟定调查研究提纲和计划，由项目负责人组织有关专业人员赴现场进行实地调查和专题抽样调查，收集与整理所得的初步基础资料和技术经济资料。调查的内容包括：市场和原材料、燃料、厂址和环境；生产技术、财务资料及其他。各专题调查可视项目的特点和要求分别拟定调查细目、对象和计划。

4. 方案设计与优选

接受委托的工程设计单位，根据建设项目建议书，结合市场和资源环境的调查，在收集整理了一定的设计基础资料和技术经济基本数据的基础上，提出若干种可供选择的建设方案和技术方案，进行比较和评价，从中选择或推荐最佳建设方案。

技术方案一般应包括：生产方法、工艺流程、主要设备选型、主要消耗定额和技术经济指标、建设标准、环境保护设施、定员等。

项目的建设方案一般应包括：市场分析、产品供销预测、生产规模、产品方案的选择、产品价格预测；核算原材料和燃料的需要量、规格，评述资源供应情况和供应条件，预测原材料、燃料的进厂价格；估算工厂全年总运输量，选择运输方案；确定外协工作和

协作单位；厂址选择及其论证；项目筹资方案，如有贷款，应说明贷款来源、利息、偿还条件；项目的建设工期安排等。

5. 经济分析和评价

按照建设项目经济评价方法的要求，对推荐的建设方案进行详细的财务分析和国民经济分析，计算相应的评价指标，评价项目的财务生存能力和从国家角度看的经济合理性。

在经济分析和评价中，需对各种不确定因素进行敏感性分析和风险分析，并提出风险转移规避等防范措施。当项目的经济评价结构不能达到有关要求时，可对建设方案进行调整或重新设计，或对几个可行性建设方案同时进行经济分析，选出技术、经济综合考虑较优者。

6. 编制可行性研究报告

在对建设方案和技术方案进行技术经济论证和评价后，项目负责人组织可行性研究项目组成员，分别编写详尽的可行性研究报告，在报告中可推荐一个或几个项目建设方案，也可提出项目不可行的结论意见和项目改进的建议。

9.2.3 可行性研究的内容

建设项目种类繁多，要求和条件各不相同，各有重点，其可行性研究通常包括的内容有：项目的背景和历史，市场研究和生产规模的确定，原材料和技术路线的选择，建厂地区与厂址的选择，项目的财务规划，项目的资金筹措和债务偿还，项目的财务评价，项目的国民经济评价，比较和结论等。

9.2.3.1 项目的背景和历史

主要介绍建设项目与其他经济部门的关系，对工业发展的影响，说明项目成立的必要性。

1. 项目背景

介绍建设项目的设想；列出与项目有关的各项主要参数，作为编制可行性研究报告时的指导原则，如：产品和产品组合，工厂生产能力和厂区，产品的市场情况和原料来源，建设进度等；概述社会、经济、工业、财政及其他有关政策，说明该项目的地位；说明本项目对国民经济部门及有关经济方面的影响等。

2. 项目历史

要列出在该项目历史中发生过的重大事件、发生日期及当时情况；概述已经进行过哪些调查研究，写明调查题目、作者和完成日期，以及从调查研究中得出的、拟在可行性研究中采用的某些结论和决定。

3. 项目主办人或发起人

说明项目主办人或发起人的姓名、住址，他们能为项目提供资金及其在项目中所起的作用等。

9.2.3.2 市场研究与生产规模的确定

市场需求状况和生产规模是可行性研究中首先需要进行调查研究的问题。只有对当前市场进行详细调查，掌握需求状况，才能估算出某种特定产品进入市场的可能性和占有程度。在此基础上考虑本项目的生产规模、所采用的工艺、生产规划和推销策略，并对销售收入作出规划。这一阶段的主要包括以下内容。

1. 市场需求情况调查与预测

市场需求情况调查与预测的目的是了解产品在当前和今后市场上的需求情况，为确定拟建工厂的生产规模提供依据。通过调查，提出当前市场对该产品的需求情况和结构；在该项目经济寿命期内市场需求变化的预测，并说明该产品在市场上的竞争能力。

2. 产品销售预测和推销规划

在对市场需求分析的基础上进行销售和销售收入的预测，是可行性研究的又一项重要内容。因为判断工程项目是否可行，在很大程度上取决于产品的销售情况及销售收入。对于销售额和销售收入的估算，仅仅依靠对市场和需求数据的详细分析是不够的，还需要考虑生产规模、生产工艺、技术水平、生产计划和销售策略等一系列因素，这是一个反复计算的过程。销售收入的最终确定，只有在确定了生产工艺和生产规模之后才有可能进行。

对于一些短线产品的建设项目，当产品实际需求超过了生产能力时，虽然也要进行某些推销活动，但毕竟阻力很小，其销售量与工厂的产品产量基本相等，这时对于生产企业来说，产品定价处于有利的地位。相反，对于某些长线产品或有代用品的产品，市场竞争激烈，需求弹性较大，情况就比较复杂，这时，就必须很好地研究市场，制订适当的销售策略，主要包括：产品定价、推销策略和措施、销售组织和必须的销售费用等。

确定和预测产品的销售价格，对产品的销售量和销售收入有较大影响。在市场经济的条件下，市场价格处于经常变化状态，正确确定和预测价格的变化对于企业建成后的经营状况至关重要。对于由企业自行定价的产品，任何价格政策都应以该产品的生产成本和市场结构为基础。需要指出的是，处于不同状态下的企业，其产品价格的制定策略也不会完全相同。对于产品垄断的企业，它将以能够售出的最高价作为其产品价格；而对于处于激烈竞争状态的企业来说，必须在可能达到的高价与产品成本之间不断调整其产品价格，使之既能将产品销售出去又能获得相当的利润。

确定了合理的产品价格之后，产品要进入市场，还必须注意产品的推销工作。在产品推销工作中，设计和成立推销、分销系统对于有效地进行产品推销工作十分重要，应给予足够的重视。

3. 确定生产规模和制定生产规划

在对不同阶段的销售情况进行预测之后，就应着手制定详细的生产计划，也就是对一定时期内所要达到的产量水平加以确定。产量水平的高低，主要取决于生产规模的大小。一般情况下，大多数项目在生产初期都不可能达到设计能力，而是在项目投产后逐年增加，在 3～5 年后达到规定的设计能力。

9.2.3.3　原材料和技术路线的选择

工业项目的产品都是以一定的原材料投入，按照一定的工艺技术进行生产的。项目的原材料和技术路线决定项目产品生产的形式与过程，从而基本上决定了项目产品的内在特征、外部形态、质量、生产成本等方面及项目的基本框架，因而对项目的成败十分关键。

1. 原材料的选择

原材料费用是产品成本的重要组成部分，原材料的选择关系着工艺技术路线及设备选择、厂址方案选择等项目的决策。一种产品可能用不同的原材料或原材料组合来生产，每种原材料一般具有多种用途，因此有一个合理选择的问题。项目原材料路线的选择原则

如下。

（1）可用性，即用所选原材料生产的产品符合项目的预定要求。

（2）可供性，即用所选原材料有稳定可靠的供应来源。

（3）经济性，即用所选原材料生产产品时的投资与成本在经济上应该合算。

（4）合理性，即从国民经济角度对资源的利用是充分的，配置是合理的。

2. 工艺技术路线的选择

工艺技术路线指产品生产的工艺技术方案或方法，是项目成败的关键所在。项目工艺技术路线的选择应从可靠性、先进性、适用性和经济性等方面进行考察，同时还应评价其环境影响，包括地区环境质量的目标性、可处理性及经济性三个方面的评价。此外，广义的工艺技术路线选择还应包括设备的选择。设备选择除遵照工艺技术路线选择的一般原则外，还应考虑设备的成套性及灵活性。

9.2.3.4 建厂地区和厂址的选择

基于对市场需求、项目的生产规模、生产规划和投入需要等作出的预测结论，确定适于该项目建设的厂址，也就是通过对建设项目经营与厂址周围环境的相互影响的研究，进行厂址选择。厂址选择包括选择项目的坐落地点和确定具体厂址两项内容。选择地点是指在相当广阔的范围内，在一个地区、省或某段河岸等范围内选择适宜的区域，然后在选定的区域内考虑几个可供选择的厂址。

在确定工业项目地点时，应该考虑以下几个方面的因素。

1. 国家的方针政策

在选择建厂地区时，应考虑力求合理地配置工业，减少在工业城市建设大型工业企业的必要性；考虑国防要求，考虑禁止在风景区建设工厂的政策要求；还应考虑鼓励和帮助少数民族地区和边远落后地区发展工业等政策。

2. 与产、供、销的关系

建厂地区应选择在靠近原料、燃料产地，靠近产品消费地区，有水源、电源方便条件及交通便利的地区。当然，对于不同产品、不同特点的原料及不同的生产方法，厂区的选择标准也不完全相同。总之，在选择建厂地区时，应结合项目的具体情况进行。

3. 当地的基础结构状况

建厂地区必须考虑到地区的能源、运输、水源、通信及工业结构的状况，因为这些基础结构状况对项目选址的影响很大。如果某一项目在生产过程中需要耗费大量的电力，那么就不能把该项目建设在供电不足或单位电费很高的地区。

9.2.3.5 项目的财务规划

项目的财务规划，即估计和测算反映项目建设及生产经营过程中费用与效益的基础经济数据，为项目经济评价准备数据。

9.2.3.6 项目资金筹措与债务偿还

1. 项目资金筹措

筹措到项目所需资金是项目建设的基本条件之一。资金成本是项目成本的一个重要组成部分。

项目的资金来源有国内资金和国外资金，其中每类资金来源都包含若干不同的渠道。

项目的总资金成本是项目实际使用的各种资金成本的加权平均值。总资金成本最低的方案为最佳筹资方案。

2. 债务的偿还

债务的偿还应在履行借贷合同的条件下，先偿还资金成本高的债务，后偿还资金成本低的债务，能否如期偿还债务取决于项目的偿还能力。

9.2.3.7　项目的财务评价

项目的取舍最终取决于项目投资的预期效益。项目的财务评价是从项目承办企业的角度对项目财务效益进行的评价，其评价结论是项目决策的重要依据。

财务评价中，项目的财务效益通过财务评价指标值来反映。按是否考虑资金的时间价值，财务评价指标分静态评价指标和动态评价指标两类。静态评价指标有静态投资回收期、投资利润率、借款偿还期等；动态评价指标有财务净现值、财务内部收益率、财务外汇净现值等。

为计算上述指标，需编制财务现金流量表、利润表、财务平衡表、外汇平衡表等基本财务报表及相应的基础财务报表。

9.2.3.8　项目的国民经济评价

项目建设的最终目的是实现国民经济的增长。国民经济评价就是从国民经济增长目标出发评价项目的经济合理性。在项目的国民经济评价中，常用影子价格代替财务价格，以反映资源对国民经济的真实价值。项目的国民经济评价的主要指标是经济内部收益率和经济净现值，它们是在编制经济现金流量表的基础上计算得出的。

以上介绍了可行性研究的基本内容，但对每一个具体项目，其内容有所增减或侧重。例如，对于轻纺工业项目，首先应考虑产品的销售条件；对于宾馆饭店的建设，重点应考虑客源，分析其数量和特点，以确定建设项目的规模、等级等。总之，在进行可行性研究论证工作时，必须根据建设项目的特点，采取认真、客观的态度，实事求是地进行分析。

9.3　项目后评价

可行性研究和项目前评价是在项目建设前进行的，其判断、预测是否正确，项目的实际效益如何，需要在项目竣工投产后根据实际数据资料进行再评估来检验，这种再评估就是项目后评价。项目后评价可以全面总结项目投资管理中的经验教训，为以后改进项目管理和制定科学的投资计划提供现实依据。

9.3.1　建设项目后评价的概念和特点

9.3.1.1　后评价的概念

建设项目后评价是指：在项目建成投产并达到设计生产能力后，通过对项目前期工作、项目实施、项目运营情况的综合研究，衡量和分析项目的实际情况及其与预测（计划）情况的差距，确定有关项目预测和判断是否准确并分析其原因，从项目完成过程中吸取经验教训，为今后提高投资项目的决策水平创造条件，为提高项目投资效益提出切实可行的对策措施。

9.3.1.2 建设项目后评价的特点

与前评价相比，项目后评价有如下特点。

1. 现实性

项目后评价分析研究的是项目实际情况，所依据的数据资料是现实发生的真实数据或根据实际情况重新预测的数据，而项目可行性研究和项目前评价分析研究的是项目未来的状况，所用的数据都是预测数据。

2. 全面性

在进行项目后评价时，既要分析其投资过程，又要分析其经营过程；不仅要分析项目投资的经济效益，而且要分析项目经营管理的状况和发展潜力。

3. 探索性

项目后评价要分析企业状况，发现问题并探索未来的发展方向，因而要求项目后评价人员具有较高的素质和创造性，把握影响项目效益的主要因素，并提出切实可行的改进措施。

4. 反馈性

项目后评价的目的在于为有关部门反馈信息，为今后项目管理、投资计划的制定和投资决策积累经验，并用来检测项目投资决策的正确与否。

5. 合作性

项目后评价需要多方面的合作，如专职技术经济人员、项目经理、企业经营管理人员、投资项目主管部门等多方融洽合作，项目后评价工作才能顺利进行。

9.3.1.3 项目后评价与项目前评价的区别

项目后评价与项目前评价有较大的区别，主要表现在如下方面。

1. 评价的阶段不同

项目前评价属于项目前期工作，它决定项目是否可以上马。项目后评价是项目竣工投产并达到设计生产能力后对项目进行的再评价，是项目管理的延伸。

2. 评价的依据不同

项目前评价根据国家、部门颁布的定额、标准、参数等来衡量建设项目的必要性、合理性和可行性。项目后评价虽然也参照有关规定、标准和参数，但它主要是直接与项目前评价的预测情况或国内外其他同类项目的有关情况进行对比，检测项目的实际情况与预测情况的差距并分析其原因，提出改进措施。

3. 评价的作用不同

项目前评价直接作用于项目决策，前评价的结论是项目取舍的依据。后评价则是间接作用于项目投资决策，是投资决策的信息反馈。通过后评价反映出项目建设过程和投产阶段（乃至正常生产时期）出现的一系列问题，将各类信息反馈到投资决策部门，从而提高未来项目决策的水平。

4. 评价的内容不同

项目前评价分析研究的主要内容是项目建设条件、工程设计方案、项目的实施计划以及项目的经济社会效果。后评价的主要内容是除对前评价的工作内容进行再评价外，还包括对项目决策、项目实施效率等进行评价以及对项目实际运营情况进行较深入的分析。

5. 评价的主体不同

项目前评价主要由投资主体（企业、部门或银行）或投资计划部门组织实施。后评价则由投资运行的监督管理机关或单独设立的后评价机构进行，以确保项目后评价的公正性和客观性。

9.3.2　项目后评价的作用

从项目后评价的定义、特点及其与前评价的差别中可以看出，项目后评价对提高建设项目决策科学化水平，改进项目管理和提高投资效益等方面发挥着极其重要的作用。具体地说，项目后评价的作用主要表现在以下几个方面。

1. 总结项目管理的经验教训，提高项目管理水平

建设项目管理是一项极其复杂的活动，涉及以内行、计划、主管部门，企业，屋子供应、勘察设计、施工等许多部门，因此，项目的顺利完成关键在于这些部门之间的相互协调与密切合作，保质保量地完成各项任务和工作。通过项目后评价，对已经建成项目的实际情况进行分析研究，有利于指导未来项目的管理活动，提高项目管理的水平。

2. 提高项目决策科学化水平

项目前评价是项目投资决策的依据，但前评价中所做的预测是否准确，需要后评价来检验。通过建立完善的项目后评价制度和科学的方法体系，一方面可以增强前评价人员的责任感，促使评估人员努力做好前评价工作，提高项目预测的准确性；另一方面，可以通过项目后评价的反馈信息，及时纠正项目决策中存在的问题，从而提高未来项目决策的科学化水平。

3. 为国家投资计划、政策的制定提供依据

项目后评价能够发现宏观投资管理中的不足，从而国家可以及时地修正某些不适合经济发展的技术经济政策，修订某些已经过时的指标参数；同时，还可根据反馈的信息，合理确定投资规模和投资方向，协调各产业、各部门之间及其内部的各种比例关系；此外，国家还可以充分地运用法律的、经济的、行政的手段，建立必要的法令、法规、制度和机构，促进投资管理的良性循环。

我国基本建设程序尚缺乏对项目决策和实施效果的反馈环节，而项目后评价刚好弥补了这一弱点，它对我国基本建设程序的完善和健全、改进宏观决策将会起到越来越重要的作用。

4. 为银行及时调整信贷政策提供依据

通过开展项目后评价，能及时发现项目建设资金使用中存在的问题，分析研究贷款项目成功或失败的原因，从而为银行调整信贷政策提供依据，确保资金的按期回收。

5. 可以对企业经营管理进行“诊断”，促使项目运营状态正常化

项目后评价是在项目运营阶段进行的，因而可以分析和研究项目投产初期和达产时期的实际情况，比较实际情况与预测情况的偏离程度，探索产生偏差的原因，提出切实可行的改进措施，从而促使项目运营状态正常化，提高项目的经济效益和社会效益。

9.3.3　项目后评价的内容

项目的类型、规模、复杂程度及后评价目的的不同，使每个项目进行后评价的内容也不完全一致。

9.3.3.1 项目后评价的基本内容

1. 项目立项决策的后评价

根据国民经济发展规划和国家制定的产业政策以及区域经济优势，结合项目的实际情况，检验项目建议书、可行性研究报告和项目评估报告的编制是否坚持了实事求是的原则，如果项目实施结果偏离预测目标较远，要分析产生偏差的原因，并提出相应的补救措施。

2. 项目生产建设条件的后评价

着重分析项目实施过程的建设条件，建成投产后的生产条件与当初项目评估决策时主要条件的变动，作出定性与定量分析，剖析重要差别的原因，并提出诊断建议。

3. 项目技术方案的后评价

项目技术方案的后评价即对工程设计方案、项目实施方案的再评价，以确认技术方案的先进性和适用性。

4. 项目经济后评价

项目经济后评价包括项目财务后评价和项目国民经济后评价两部分。

9.3.3.2 项目分段后评价的内容

1. 项目前期工作后评价

（1）项目前期工作后评价的任务与意义。项目前期工作亦称项目准备工作，包括从编制项目建议书到项目正式开工过程中的各项工作内容。对项目前期工作进行后评价的主要任务是评价项目前期工作的实绩，分析和总结项目前期工作的经验教训。对项目前期工作进行后评价的意义在于分析研究项目投资实际效益与预测效益的偏差多大程度上是由于前期工作的失误造成的，其原因何在，为以后加强项目前期工作管理积累经验。

（2）项目前期工作后评价的内容。

项目前期工作后评价的主要包括以下内容。

1）项目筹备工作的后评价。主要评价项目筹建机构及其领导班子是否健全，筹建机构人员构成及其素质情况；项目筹建机构的各项制度是否明确；项目筹建机构的设立是否符合国家投资体制改革的方向；项目筹建计划是否科学等。

2）项目决策的后评价。主要评价项目可行性研究报告编制单位的资格情况，可行性研究的委托方式，双方是否签订了委托合同，合同中双方的权利与责任是否明确；项目可行性研究报告编制单位的工作效率；项目可行性研究报告的编制依据是否可靠，是否有政府部门下达的项目建议书批复文件、选址意见书等文件；可行性研究报告的内容与深度是否符合国家有关部门的规定，是否符合建设单位的要求；项目决策程序是否符合基本建设程序；项目决策的效率与质量等。

3）项目厂址选择的后评价。主要评价厂址选择是否符合国家的地区产业布局政策与城市发展总体规划的要求；厂址选择是否贯彻了国家有关部门制定的“控制大城市规模、合理发展中等城市、积极发展小城市”的城市建设方针；厂址选择是否有利于节约土地与工程；厂址选择是否有利于环境保护与维持生态平衡；厂址的工程地质、水位地质等自然条件是否能满足项目建设与运营的要求；厂址与原材料供应市场、产品销售市场是否经济合理；项目实施与运营所需的能源供应、交通运输、动力等外部条件是否具备；厂址的选择是否有利于与其他厂家的协作；厂址选择是否经过多方案比选等。

4）项目征地拆迁工作的后评价。主要评价土地征用费的支付是否符合国家的有关规定；土地征用、原有建筑物的拆迁工作是否按计划进行；是否保证项目按计划开工等。

5）项目勘察设计工作的后评价。主要评价勘察设计单位的资格，其技术力量能否满足工程技术要求；双方是否签订委托合同，合同中双方的权利与责任是否明确；勘察设计单位的工作效率；勘察设计依据、标准、规范、定额、费率是否严格执行国家有关规定；勘察设计规模与主要建设内容是否符合国家有关部门批复文件的要求；有无设计漏项或设计变更；勘察设计方案在技术上的先进性与经济上的合理性等。

6）项目委托施工的后评价。主要评价项目的施工单位是否是通过公开招标方式选择的，施工单位的选择是否受行政干预的影响；施工单位的资格审查；施工合同中双方的权利与责任是否明确等。

7）项目“三通一平”工作的后评价。主要评价厂址“三通一平”是否按计划完成；各项费用支出是否符合国家有关规定等。

8）项目资金落实措施情况的后评价。主要评价自筹资金来源是否正当，是否符合国家的有关规定；贷款是否落实或初步落实，是否与有关金融机构签订了贷款意向性协议或合同等。

9）项目物资落实情况的后评价。主要评价项目实施所需的主要建筑材料是否落实，是否签订了物资采购合同，合同中双方的权利与责任是否明确，项目所需的大型成套设备是否落实，是否签订了设备采购合同，合同中双方的权利与责任是否明确；是否存在盲目订货的现象等。

2. 项目实施的后评价

（1）项目实施后评价的任务与意义。建设项目的正式开工，意味着建设项目建设工作从前期工作转入实施阶段。项目实施阶段包括从项目开工到竣工验收、交付使用的全过程。对项目实施进行后评价的主要任务是评价项目实施过程中各主要环节的工作实绩，分析和总结项目实施管理中的经验和教训。对项目实施进行后评价的意义在于分析和研究项目实际投资效益与预计效益的偏差多大程度上是由项目实施过程造成的，其原因何在，为以后改进项目管理工作积累经验。

（2）项目实施后评价的内容。项目实施后评价的主要内容包括以下几个方面。

1）项目开工的后评价。主要评价项目开工条件是否具备，手续是否齐全，是否有经有关部门批准的开工报告；项目实际开工时间与计划开工时间是否相符，提前或延迟的原因是什么，对整个项目建设乃至投资效益发挥的影响如何。

2）项目变更情况的后评价。主要评价项目范围变更与否，变更的原因是什么；项目设计变更与否，变更的原因是什么；项目范围变更、设计变更对项目建设工期、造价、质量的实际影响如何。

3）项目施工组织与管理的后评价。主要评价施工组织方式是否科学合理；是否推行了工程项目管理，效果如何；施工项目进度控制的方法是否科学合理，成效如何；施工项目成本控制的方法是否科学合理，成效如何；施工技术与方案制定的依据是什么，有何独到之处，对项目实施有何影响，有何主要经验。

4）项目建设资金供应与使用情况的后评价。主要评价建设资金供应是否适时适度，是否发生过施工单位停工待料或整个项目因资金不足而停建或缓建的情况，其原因何在；建设资金运用是否符合国家财政信贷制度规定，使用是否合理，能否充分挖掘建设单位内部潜力，精打细算地使用资金，以保证建设任务按期完成或提前完成；资金占用情况是否合理；考核和分析全部资金的实际作用效率。

5）项目建设工期的后评价。评价的主要内容有：核实各单位工程实际开工、竣工日期，查明实际开工、竣工日期提前或推迟的原因并计算实际建设工期；计算实际建设工期变化率，主要是竣工项目定额工期率指标，并具体分析实际建设工期与计划工期或其他同类项目实际工期产生偏差的原因；计算建筑安装单位工程的施工工期，以分析建设工期的变化。

6）项目建设成本的后评价。主要评价主要实物工程量的实际数量是否超出预计数量，超出多少，原因何在；设备、工器具购置费用及工程建设其他费用是否与实际情况相符，设备的选型是否按设计中所列的规格、型号、质量标准采购，如果不一致，其原因何在，对建设成本有何影响；主要材料的实际消耗量是否与计划的情况相符，材料实际购进价格是否超出了该预算中的预算价格，是否出现过因采购供应的材料、规格、质量达不到设计要求而造成浪费的现象，如果出现超出和浪费的情况，原因是什么，对建设成本有何影响；各项管理费用的取费标准是否符合国家的有关规定，是否与工程预算中的取费标准相一致，不一致的原因何在。

7）项目工程质量和安全情况的后评价。评价的内容和步骤：计算实际工程质量合格品率、实际工程质量优良品率；将实际工程质量指标与合同文件规定的或设计规定的工程质量状况进行比较，找出偏差，分析原因；设备质量情况如何，设备及安装工程质量能否保证投产后正常生产的需要；有无重大质量事故，产生事故的原因是什么；计算和分析工程质量事故的经济损失，包括计算返工损失率及因质量事故拖延建设工期所造成的实际损失，分析无法补救的工程质量事故对项目投产后投资效益的影响程度；工程安全情况，有无重大安全事故发生，其原因是什么；所带来的实际影响如何。

8）项目竣工验收的后评价。主要评价项目竣工验收组织工作及其效率，竣工验收委员会的成员组成是否符合国家的有关规定；项目竣工验收的程序是否符合国家有关规定；项目竣工验收是否遵守有关部门规定的验收标准，未执行标准的原因何在，对项目投资效益的发挥有何影响；项目竣工验收的各项技术资料是否齐全，是否按有关规定对各项技术资料进行了系统整理；项目投资包干、招标投标等有关合同执行情况如何，合同不能履行的原因何在，项目投资包干、招标投标的具体形式有何特色，对改进项目管理有何指导意义；收尾工程和遗留问题的处理情况，处理方案实际执行情况如何；是否对投资效益有重大影响。

9）同步建设的后评价。主要评价相关项目在时间安排上是否同步，不同步的原因何在，对项目投资效益的发挥有何影响；建设项目所采用的技术与前、后续项目的技术水平是否同步，不同步的原因何在，对项目投资效益的发挥有何影响；相关项目之间的实际生产能力是否协调、配套，不配套的原因何在，对项目投资效益的发挥有何影响；建设项目内部各单项工程之间建设速度是否满足要求，技术水平、生产能力是否相配套，其原因何在；项目同步建设方面有何经验教训并提出改进意见。

10）项目生产能力是指项目综合生产能力。

3. 项目运营的后评价

（1）项目运营后评价的目的与意义。项目运营后评价的目的是，通过项目投产后的有关实际数据资料或重新预测的数据，衡量项目的实际经营情况和实际投资效益，分析和衡量项目实际经营状况和投资效益情况与其他同类项目的经营状况和投资效益的偏离程度及其原因，系统地总结项目投资的经验教训，为提高项目投资效益提出切实可行的建议。

项目运营后评价的意义如下。

1）全面衡量项目实际投资效益。

2）系统地总结项目投资的经验教训，指导未来项目投资活动。

3）通过采取一些补救措施，提高项目运营的实际经济效益。

（2）项目运营后评价的内容与方法。项目运营阶段包括从项目投产到项目生命期末的全过程。由于项目后评价的时机一般选择在项目达到设计生产能力 1～2 年内，离项目生命期末尚有一段较长的时间，此时，项目的实际投资效益也不能充分体现出来，所以项目运营后评价除了对项目实际运营状况进行分析和评价外，还需要根据投产后的实际数据来推测未来发展状况，对项目未来发展趋势进行科学的预测。

项目运营后评价的内容很多，包括对企业经营管理状况的评价，也包括对实际取得的投资效益的评价和未来投资效益的预测。主要内容有以下几个方面。

1）企业经营管理状况的后评价。

2）项目产品方案的后评价。

3）项目达产年限的后评价。

4）项目产品生产成本的后评价。

5）项目产品销售利润的后评价。

6）项目经济后评价。

7）对项目可行性研究水平进行综合评价。

9.3.4　项目后评价的基本程序

随项目规模、复杂程度的不同，项目后评价的具体工作程序也有所区别。但总的来看，一般项目的后评价都遵循一个客观和循序渐进的过程，具体概括为以下几个步骤。

1. 组织项目后评价机构

组织项目后评价机构是指由谁来组织项目后评价工作，这是具体实施项目后评价首先要解决的问题。根据项目后评价的概念、特点和职能，我国项目后评价的组织机构应符合以下两方面的要求。

（1）满足客观性、公正性要求。这是由项目后评价的特点和要求所决定的，只有项目后评价机构具有客观性、公正性，才能保证项目后评价的客观性、公正性。这就要求后评价机构要排除人为干扰，独立地对项目实施及其结果作出评价。

（2）具有反馈检查功能。项目后评价的作用是通过项目全过程的再评价并反馈信息，为投资决策科学化服务。因而，要求后评价机构具有反馈检查功能，与计划决策部门有通畅的反馈回路，以使后评价有关信息迅速地反馈到决策部门。

从以上两点要求看，我国项目后评价的组织机构不应是项目原可行性研究单位和前评价单位，不应是项目实施过程中的项目管理机构。

2. 选择项目后评价的对象

原则上，所有竣工投产的投资项目都要进行后评价，项目后评价应纳入项目管理程序之中。但实际工作中，由于各方面条件的限制，只能有选择地确定评价对象。现阶段，我国在选择项目后评价的对象时优先考虑以下类型项目。

(1) 投产后经济效益明显不好的项目。如投产后一直亏损或主要技术经济指标明显低于同行业平均水平，或生产一直开工不足、生产能力得不到正常发挥的项目等。

(2) 国家急需发展的短线产业部门的投资项目，主要是国家重点投资项目，如能源、通信、交通运输、农业等项目。

(3) 国家限制发展的长线产业部门的投资项目，如某些家用电器投资项目等。

(4) 一些投资额巨大、对国计民生有重大影响的项目，如宝钢、京九铁路等项目。

(5) 一些特殊项目，如国家重点投资的新技术开发项目、技术引进项目等。

3. 收集资料和选取数据

项目后评价是以大量的数据、资料为依据的。这些数据和资料的来源要可靠，应由项目后评价者亲自调查整理。需要收集的数据和资料如下。

(1) 档案资料。包括建设项目的规划方案、项目建议书（预可行性研究）和批文、可行性研究报告、评估报告、设计任务书、初步设计材料和批文、施工图设计和批文、竣工验收报告、工程大事记、各种协议书和合同及有关厂址选择、工艺方案选择、设备方案选择的论证材料等。

(2) 项目生产经营资料。包括生产、销售、供应、技术、财务、劳动工资等部门的统计年度报告。

(3) 分析预测的基础资料。包括建设项目开工以来的有关利率、汇率、价格、税种、税率、物价指数变化的有关资料。

(4) 与项目有关的其他资料。如国家及地方的产业结构调整政策、发展战略和长远规划；国家和地方颁布的规定和法律文件等。

4. 分析和加工收集的资料

对所收集的数据和资料进行汇总、加工、分析和整理，对需要调整的数据和资料进行调整。

5. 评价及编制后评价报告

编制各种评价报表及计算指标，与前评价进行对比分析，找出差异及原因，由评价组编制后评价报告。

6. 上报后评价报告

把编制的正式后评价报告和其重点内容摘要上报给组织后评价的部门。

9.3.5 项目后评价的方法

目前，国内外进行项目后评价的方法很多，主要和常用的方法有如下四种。

1. 前后对比法

前后对比法是指将项目实施之前与完成之后的情况加以对比，以确定项目的作用与效益的一种方法。项目后评价是将项目前期的可行性研究和评估的预测结论与项目的实际运行结果相比较，以发现变化和分析原因。这种对比用于揭示计划、决策和实施的质量，是项目过程评价应遵循的原则。

2. 有无对比法

有无对比法是指将项目实际发生的情况与无项目时可能发生的情况进行对比，以度量项目的真实效益、影响和作用的一种方法。对比的重点是分清项目作用的影响与项目以外作用的影响。这种对比用于项目的效益评价和影响评价，是项目后评价的一个重要方法论原则。这里的“有”与“无”是指评价的对象，即计划、规划或项目。评价是通过对比实施项目所付出的资源代价与项目实施后产生的效果得出项目的好坏；方法论的关键是要求投入的代价与产出的效果口径一致，也就是说，所度量的效果要真正归因于项目。但是，很多项目，特别是大型社会经济项目，实施后的效果不仅是项目的效果和作用，还有项目以外很多种因素的影响，因此，简单的前后对比不能得出项目真正的效果。

3. 逻辑框架法

逻辑框架法是美国国际开发署（USAID）在1970年开发并使用的一种设计、计划和评价工具，目前已有2/3的国际组织把LFA作为援助项目的计划管理和后评价的主要方法。

（1）逻辑框架法的含义。LFA是一种概念化论述项目的方法，即用一张简单的框图来清晰地分析一个复杂项目的内涵和关系，使之更易理解。LAF是将几个内容相关、必须同步考虑的动态因素结合起来，通过分析其相互之间的关系，从设计、策划、目的、目标等方面来评价一项活动或工作。LFA为项目计划者和评价者提供了一种分析框架，用以确定工作的范围和任务，并对项目目标和达到目标所需要的手段进行逻辑关系的分析。

（2）逻辑框架法的模式。LFA的模式是一个4×4的矩阵，横行代表项目目标的层次（垂直逻辑），竖行代表如何验证这些目标是否达到（水平逻辑）。垂直逻辑用于分析项目计划做什么，弄清项目手段与结果之间的关系，确定项目本身和项目所在地的社会、物质、政治环境中的不确定因素。水平逻辑的目的是衡量项目的资源和结果，确立客观的验证指标及其指标的验证方法，水平逻辑要求对垂直逻辑4个层次上的结果作出详细说明。逻辑框架法的模式见表9.1。

表9.1　逻辑框架法的模式

层次描述	客观验证指标	验证方法	重要外部条件
目标	目标指标	监测和监督手段及方法	实现目标的主要条件
目的	目的指标	监测和监督手段及方法	实现目的的主要条件
产出	产出物定量指标	监测和监督手段及方法	实现产出的主要条件
投入	投入物定量指标	监测和监督手段及方法	实现投入的主要条件

（3）项目后评价的逻辑框架。项目后评价通过应用LFA来分析项目原定的预期目标、各种目标的层次、目标实现的程度和原因，用以评价其效果、作用和影响。表9.2是某投资项目后评价的逻辑框架。

表 9.2　某投资项目后评价的逻辑框架

项目	预计目标	实际结果	原因分析	可持续条件
宏观目标				
项目目的				
项目产出				
项目投入				

4. 定量分析与定性分析相结合

定量分析是通过一系列的定量计算方法和指标对所考察的对象进行的分析评价；定性分析是指对无法定量的考察对象用定性描述的方法进行的分析评价。

思考与练习题

9.1　什么是可行性研究？其作用有哪些？

9.2　可行性研究包括哪几个阶段？各阶段的任务是什么？

9.3　可行性研究的主要内容有哪些？

9.4　项目后评价的意义是什么？

9.5　试述项目后评价的内容和方法。

第 10 章　工程项目的财务评价

学习目标和学习要点

熟悉财务评价的内容和步骤；掌握财务效益和费用及基础数据的预测与估算；掌握辅助报表和基本报表的编制；掌握财务评价指标体系的意义、计算与选用。

10.1　财务评价概述

10.1.1　财务评价的概念

财务评价又称为财务分析，是从企业（项目）的财务角度，根据国家现行财政、税收制度和现行市场价格，在财务效益与费用的估算以及编制财务辅助报表的基础上，编制财务基本报表，计算财务分析指标，考察项目的盈利能力、偿债能力和财务生存能力，判断项目的财务可行性，明确项目对财务主体的价值以及对投资者的贡献，为投资决策、融资决策以及银行审贷提供依据。财务评价既是经济评价的重要核心内容，又为国民经济评价提供了调整计算的基础。

10.1.2　财务评价的目的

（1）从企业或项目角度出发，分析投资效果，评价项目竣工投产后的获利能力。

（2）确定进行某项目所需资金来源，为企业制定资金计划。

（3）估算项目的贷款偿还能力。

（4）为协调企业利益和国家利益提供依据。

10.1.3　财务评价的主要内容

财务评价的内容应根据项目的性质和目标确定。不同类型（性质）的项目会影响财务评价内容的选择。

对于经营性项目，通过编制财务分析报表计算财务指标，分析项目的盈利能力、偿债能力和财务生存能力，判断项目的财务可接受性，为项目决策提供依据。

对于非经营性项目，财务分析应主要分析项目的财务生存能力。

根据不同决策的需要，财务分析可分为融资前分析和融资后分析。

10.1.3.1　融资前分析

融资前分析是指在不考虑债务融资条件下进行的财务分析。从项目投资总获利能力角度，考察项目方案设计的合理性。

进行财务分析首先要进行融资前分析。其计算的相关指标，应作为前期初步投资决策与融资方案研究的依据和基础。如果分析结果表明项目效益符合要求，再考虑融资方案，继续进行融资后分析；如果分析结果不能满足要求，可以通过修改方案设计完善项目方案，必要时甚至可据此作出放弃项目的建议。

只有通过了融资前分析的检验，才有必要进一步进行融资后分析。

融资前分析的五个原则如下。

(1) 融资前分析只进行盈利能力分析，并以项目投资折现现金流量（动态分析分析）为主，计算项目投资内部收益率、财务净现值指标，以静态分析为辅。

根据分析角度的不同，融资前分析可选择计算所得税前财务指标和所得税后财务指标。所得税前分析是从息前税前角度进行的分析；所得税后分析是从息前税后角度进行的分析。税前和税后分析的现金流入完全相同，但现金流出略有不同，所得税后分析视所得税为现金流出。

在规划和机会研究阶段，可以只进行融资前分析，此时也可只选取所得税前指标。

(2) 正确识别和选用现金流量，包括现金流入和现金流出。融资前分析的现金流量主要包括营业收入、建设投资、流动资金、经营成本、营业税金及附加和所得税。

(3) 体现与融资方案无关的要求，各项现金流量的估算中都需要剔除利息的影响。例如采用不含利息的经营成本作为现金流出，而不是总成本费用；在流动资金估算、经营成本中的修理费和其他费用估算过程中应注意避免利息的影响等。

(4) 所得税前分析的现金流入主要是营业收入，还可能包括补贴收入，计算期的最后一年，还包括回收固定资产余值及回收流动资金；现金流出主要包括建设投资、流动资金、经营成本、营业税金及附加，如果运营期内需要发生设备或设施的更新费用以及矿山、石油开采项目的拓展费用等（记作维持运营投资），也应作为现金流出。

(5) 项目投资现金流量表中的"所得税"应根据息税前利润（EBIT）乘以所得税率计算。当建设期利息占总投资比例不是很大时，也可按利润表中的息税前利润计算调整所得税。

10.1.3.2 融资后分析

融资后分析是指以设定的融资方案为基础进行的财务分析。在融资前分析结论满足要求的情况下，初步设定融资方案，再进行融资后分析，考察项目在拟定融资条件下的盈利能力、偿债能力和财务生存能力，判断项目方案在融资条件下的可行性。融资后分析用于比选融资方案，帮助投资者作出融资决策。

融资后分析主要是针对项目资本金折现现金流量和投资各方折现现金流量进行分析，既包括盈利能力分析、偿债能力分析和财务生存能力分析等内容。

1. 融资后的盈利能力分析

融资后的盈利能力分析包括动态分析（折现现金流量进行分析）和静态分析（非折现现金流量进行分析）下列两种。

(1) 动态分析。包括下列两个层次。

1) 项目资本金现金流量分析。是从项目投资者整体权益的角度，也就是从项目发起人（或企业）角度，考察项目给权益投资者带来的收益水平。它是在拟定的融资方案基础上进行的息税后分析，编制项目资本金现金流量表，利用资金时间价值的原理进行折现，计算项目资本金财务内部收益率指标，考察项目资本金可获得的收益水平。

该表将各年投入项目的项目资本、各年缴付的所得税和还本付息作为现金流出，因此其净现金流量可以表示在缴税和还本付息之后的剩余，即项目（或企业）增加的净收益，也是投资者的权益性收益。

2）投资各方现金流量分析。从投资各方实际收入和支出的角度，确定其现金流入和现金流出，分别编制投资各方现金流量表，计算投资各方的财务内部收益率指标，考察投资各方可能获得的收益水平。一般情况下，投资各方按股本比例分配利润和分担亏损及风险，投资各方的利益一般是均等的，不必计算投资各方的内部收益率。只有当投资各方不按股本比例进行分配或有其他不对等的收益时，可选择进行投资各方现金流量分析。

盈利能力分析的动态指标主要包括项目投资财务内部收益率、财务净现值、项目资本金财务内部收益率等，可根据项目的特点及财务分析的目的、要求等选用。

（2）静态分析。指不采取折现方式处理数据，主要依据利润与利润分配表，并借助现金流量表计算相关盈利能力指标，包括项目资本金净利润率（*ROE*）、总投资收益率（*ROI*）、静态投资回收期和项目资本金净利润率等。

对静态分析指标的判断，应按不同指标选定相应的参考值（企业或行业的对比值）。

2. 融资后的偿债能力分析

对于筹措了债务资金（以下简称借款）的项目，偿债能力考察项目能否按期偿还借款的能力。通过计算利息备付率（*ICR*）和偿债备付率（*DSCR*）指标，判断项目的偿债能力。如果能够得知或根据经验设定所要求的借款偿还期，可以直接计算利息备付率和偿债备付率指标；如果难以设定借款偿还期，也可以先大致估算出借款偿还期，再采用适宜的方法计算出每年需要还本和付息的金额，代入公式计算利息备付率和偿债备付率指标。

3. 融资后的财务生存能力分析

财务分析中应根据财务计划现金流量表，综合考察项目计算期内各年的投资活动、融资活动和经营活动所产生的各项现金流入和流出，计算净现金流量和累计盈余资金，分析项目是否有足够的净现金流量维持正常运营。为此，财务生存能力分析亦可称为资金平衡分析。

财务生存能力分析应结合偿债能力分析进行。

10.1.4　财务评价的基本步骤

财务评价大致分为三大步骤。

首先，进行财务基础资料预测，编制财务评价的辅助报表。通过项目的市场调查、预测分析和投资方案分析，确定产品方案和合理的生产规模，选择生产工艺方案、工程技术方案和投资方案，拟定项目实施进度计划等，据此进行财务预测，获得项目投资、成本费用、营业收入和利润等一系列财务基础资料。在对这些财务资料进行分析和评估的基础上，完成财务评价辅助报表的编制工作。

其次，编制和评估财务评价的基本报表。将上述辅助报表中的基础资料进行汇总，编制出现金流量表、利润与利润分配表、财务计划现金流量表、借款还本付息估算表、资产负债表等五类主要财务基本报表。并审核辅助报表与基本报表之间资料的一致性。

第三，计算财务评价各项指标，分析项目的财务可行性。利用基本报表可直接计算出一系列财务评价的指标，包括反映项目盈利能力、偿债能力和财务生存能力的静态指标和动态指标。将这些指标与国家有关部门规定的基准值进行对比，得出项目在财务上是否可行的评价结论。

财务评价的具体内容及步骤如图 10.1 所示。

融资前动态分析的步骤：估算建设投资、营业收入、经营成本和流动资金；以此为基

础，考察项目在整个计算期内现金流入和现金流出，编制项目投资现金流量表；利用资金时间价值的原理进行折现，计算项目投资内部收益率和净现值等指标，分析项目投资的总获利能力。

融资后财务分析步骤：建设期利息、折旧及摊销、总成本费用；进行项目盈利能力（投资回收期、总投资收益率、资本金净利率、净现值、资本金收益率）、偿债能力（利息备付率、偿债备付率和资产负债率）和财务生存能力（财务计划现金流量表，计算净现金流量和累计盈余资金）分析，判断项目在融资条件下的可行性。

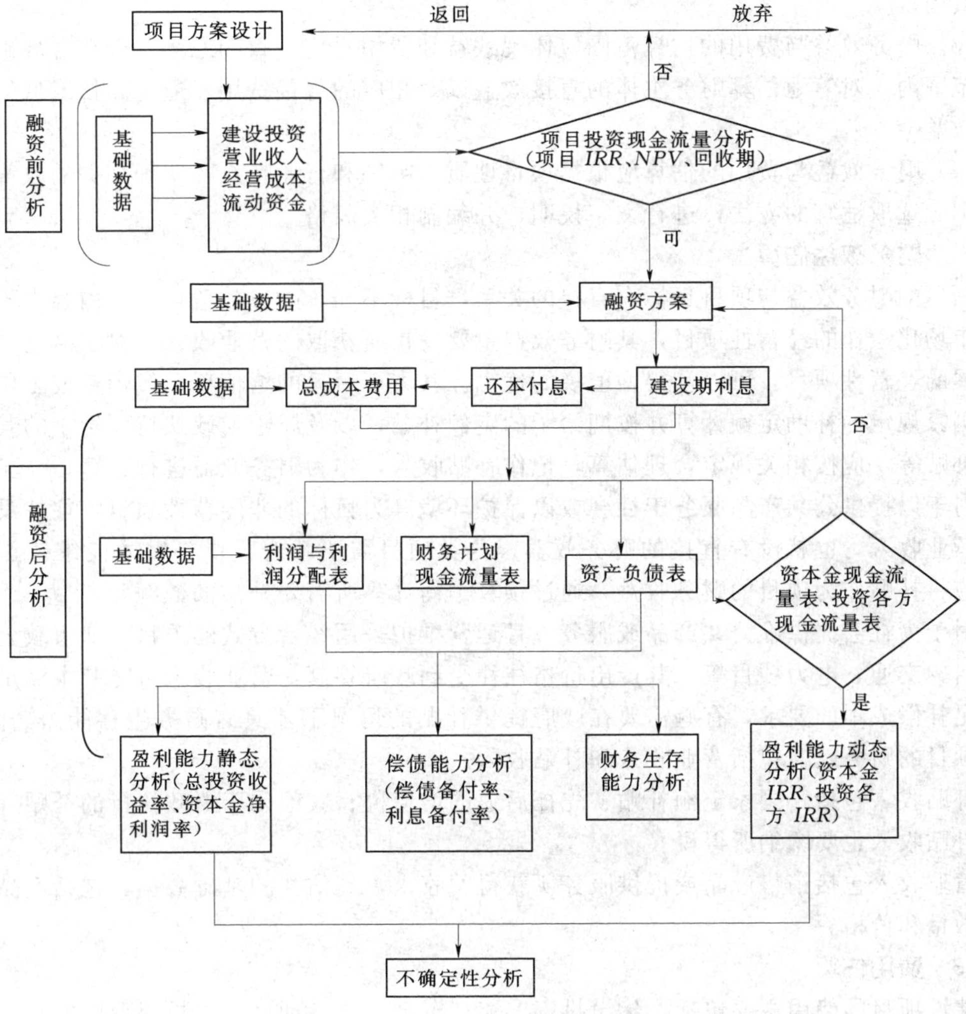

图 10.1 财务分析内容及步骤示意图

10.2 财务效益、费用及基础数据的估算

10.2.1 财务效益与费用估算原则

财务效益与费用是财务分析的重要基础，其估算的准确性与可靠程度直接影响财务分

析结论。财务效益与费用的识别和估算应遵循以下原则。

(1) 应注意遵守现行财务、会计以及税收制度的规定。由于财务效益与费用的识别和估算是对将来情况的预测，经济评价中允许做有别于财会制度的处理，但是要求财务效益与费用的识别和估算在总体上与会计准则和会计以及税收制度相适应。

(2) 财务效益与费用的估算应遵守有无对比的原则。所谓“有项目”是指实施项目后的将来状况，“无项目”是指不实施项目时的将来状况。在识别项目的效益和费用时，须注意只有“有无对比”的差额部分才是由于项目的建设增加的效益和费用，即增量效益和增量费用。

(3) 财务效益与费用的估算范围应体现效益和费用对应一致的原则。即在合理确定的项目范围内，对等地估算财务主体的直接效益以及相应的直接费用，避免高估或低估项目的净效益。

(4) 财务效益与费用的估算应根据项目性质、类别和行业特点，明确相关的政策和其他依据、选取适宜的方法，进行文字说明，并编制相关表格。

10.2.2　财务效益估算

项目的财务效益与项目目标有直接的关系，目标不同，财务效益包含的内容也不同。

市场化运作的经营性项目，其财务效益主要是指所获取的营业收入。对于某些国家鼓励发展的经营性项目，可以获得增值税的优惠。其先征后返的增值税、按销量或工作量等依据国家规定的补助定额计算并按期给予的定额补贴，以及属于财政扶持而给予的其他形式的补贴等，应按相关规定合理估算，记作补贴收入，作为财务效益进行核算。

对于以提供公共产品服务于社会或以保护环境等为目标的非经营性项目，往往没有直接的营业收入，也就没有直接的财务效益。这类项目需要政府提供补贴才能维持正常运转，应将补贴作为项目的财务收益，通过预算平衡计算所需要补贴的数额。

对于为社会提供准公共产品或服务，且运营维护采用经营方式的项目，如市政公用设施项目、交通、电力项目等，其产出价格往往受到政府管制，营业收入可能基本满足或不能满足补偿成本的要求，有些需要在政府提供补贴的情况下才具有财务生存能力。因此，这类项目的财务效益包括营业收入和补贴收入。

补贴收入包括：国家定额补贴、先征后返的增值税、其他属于财政扶持的补贴等（注意：补贴收入也要缴纳所得税）。

营业收入包括销售产品或提供服务所获得的收入，其估算的基础数据，包括产品或服务的数量和价格。

10.2.3　费用估算

建设项目的费用主要包括：建设投资、流动资金、建设利息、总投资形成的资产、经营成本、总成本费用和税费等。

10.2.3.1　建设投资

建设投资由工程费用（建筑工程费、设备购置费、安装工程费及工程建设其他费用和预备费（基本预备费和涨价预备费）组成。

按照费用归集形式，建设投资可按概算法或形成资产法分类。根据项目前期研究各阶段对投资估算精度的要求、行业特点和相关规定，可选用相应的投资估算方法。投资估算

的内容与深度应满足项目前期研究各阶段的要求，并为融资决策提供基础。

建设投资的分期使用计划应根据项目进度计划安排，应明确各期投资额以及其中的外汇和人民币额度。

建设投资估算应在给定的建设规模、产品方案和工程技术方案的基础上，估算项目建设所需的费用。

10.2.3.2 流动资金

流动资金系指运营期内长期占用并周转使用的营运资金，不包括运营中需要的临时性营运资金。流动资金的估算基础是经营成本和商业信用等。按行业或前期研究阶段的不同，流动资金估算可选用扩大指标估算法或分项详细估算法。具体估算方法参见本教材第7章。

1. 扩大指标估算法

扩大指标估算法是参照同类企业流动资金占营业收入或经营成本的比例、或者单位产量占用营运资金的数额估算流动资金。在项目建议书阶段一般可采用扩大指标估算法，某些行业在可行性研究阶段也可采用此方法。

2. 分项详细估算法

分项详细估算法是利用流动资产与流动负债估算项目占用的流动资金。一般先对流动资产和流动负债主要构成要素进行分项估算，进而估算流动资金。一般项目的流动资金宜采用分项详细估算法。

流动资产＝存货＋库存现金＋应收账款＋预付账款　　(10.1)

流动负债＝应付账款＋预收账款　　(10.2)

流动资金＝流动资产－流动负债　　(10.3)

注意：投产第一年所需的流动资金应在项目投产前安排。

10.2.3.3 建设利息

建设利息系指筹措债务资金时在建设期内发生并按规定允许在投产后计入固定资产原值的利息，即资本化利息。

建设期利息包括银行借款和其他债务资金的利息，以及其他融资费用。其他融资费用是指某些债务融资中发生的手续费、承诺费、管理费、信贷保险费等融资费用。

估算建设期利息，应根据不同情况选择名义年利率或有效年利率。

当建设期用自有资金按期支付利息时，可不必进行换算，直接采用名义年利率计算建设期利息。

计算建设期利息时，为了简化计算，通常假定借款均在每年的年中支用，借款当年按半年计息，其余各年份按全年计息，计算公式如下。

采用自有资金付息时，按单利计算

各年应计利息＝(年初借款本金累计＋本年借款额/2)×名义年利率　　(10.4)

按复利方式计息时

各年应计利息＝(年初借款本息累计＋本年借款额/2)×有效年利率　　(10.5)

注意：对有多种借款资金来源，每笔借款的年利率各不相同的项目，既可分别计算每笔借款的利息，也可先计算出各笔借款加权平均的年利率，并以加权平均利率计算全部借款的利息。

建设期利息应计入固定资产原值。对于分期建成投产的项目，应按各期投产时间分别停止借款费用的资本化，即投产后继续发生的借款费用应计入总成本费用，不再计入固定资产原值。

10.2.3.4　总投资形成的资产

(1) 项目评价中总投资是指项目建设和投入运营所需要的全部投资（其估算范围与现行的投入总资金一致），为建设投资、建设期利息和全部流动资金之和。它区别于目前国家考核建设规模的总投资，即建设投资和 30% 的流动资金（又称铺底流动资金）。

建设投资中的各分项分别形成固定资产原值、无形资产原值和其他资产原值。形成的固定资产原值可用于计算折旧费，形成的无形资产和其他资产原值可用于计算摊销费。

(2) 按照现行财务会计制度的规定，项目评价中总投资形成的资产可做如下划分。

1) 形成固定资产，构成固定资产原值的费用包括：①工程费用，即建筑工程费、设备购置费和安装工程费；②工程建设其他费用；③预备费，可含基本预备费和涨价预备费；④建设期利息。

2) 形成无形资产，构成无形资产原值的费用主要包括技术转让费或技术使用费（含专利权和非专利技术）、商标权和商誉等。

3) 形成其他资产，构成其他资产原值的费用主要包括生产准备费、开办费、出国人员费、来华人员费、图纸资料翻译复制费、样品样机购置费和农业开荒费等。

(3) 总投资中的流动资金与流动负债共同构成流动资产。

10.2.3.5　经营成本

经营成本是项目经济评价中所使用的特定概念，作为项目运营期的主要现金流出，其构成和估算可采用下式表达

经营成本＝外购原材料、燃料和动力费＋工资及福利费＋修理费＋其他费用　(10.6)

或　经营成本＝总成本费用－折旧费－摊销费－利息支出(即财务费用)　(10.7)

其中，其他费用是指从制造费用、管理费用和营业费用中扣除了折旧费、摊销费、修理费、工资及福利费以后的其余部分。

经营成本估算的行业性很强，估算应当按行业规定。

10.2.3.6　总成本费用

总成本费用系指在运营期内为生产产品或提供服务所发生的全部费用，等于经营成本与折旧费、摊销费和财务费用（利息费用）之和。总成本费用估算方法如下。

1. 生产成本加期间费用估算法

总成本费用＝生产成本＋期间费用　(10.8)

生产成本＝直接材料费＋直接燃料和动力费＋直接工资＋其他直接支出＋制造费用　(10.9)

期间费用＝管理费用＋营业费用＋财务费用　(10.10)

2. 生产要素估算法

总成本费用＝外购原材料、燃料和动力费＋工资及福利费＋修理费＋其他费用＋折旧费＋摊销费＋利息支出　(10.11)

项目评价中通常采用生产要素法估算总成本费用。各分项的内容和估算要点如下。

(1) 外购原材料、燃料和动力费估算。外购原材料、燃料和动力费的估算需要相关专业所提出的外购原材料和燃料动力年耗用量，以及在选定价格体系下的预测价格，该价格应按入库价格即到厂价格计入，并考虑途库损耗。

(2) 人工工资及福利费估算。人工工资及福利费系按项目全部人员数量估算，考虑项目性质、项目地点、行业特点等因素。根据不同项目的需要，财务分析中可视情况选择按项目全部人员年工资的平均数值计算或者按照人员类型和层次分别设定不同档次的工资进行计算。

(3) 固定资产原值及折旧费的估算。

1) 固定资产原值。固定资产原值是指项目投产时（达到预定可使用状态）按规定由投资形成固定资产的部分。

2) 固定资产折旧。企业固定资产应当按月计提折旧，固定资产的折旧方法可在税法允许的范围内由企业自行确定。我国允许的固定资产折旧方法有：①年限平均法；②工作量法：又分两种，一是按照行驶里程计算折旧，二是按照工作小时计算折旧；③双倍余额递减法；④年数总和法。

(4) 固定资产修理费的估算。固定资产修理费可直接按固定资产原值（扣除所含的建设期利息）的一定百分数估算。

(5) 无形资产和其他资产原值及摊销费的估算。无形资产的摊销一般采用平均年限法，不计残值。其他资产的摊销可以采用平均年限法，不计残值。

(6) 其他费用估算。指由制造费用、管理费用和营业费用中分别扣除工资及福利费、折旧费、摊销费、修理费以后的其余部分。

(7) 利息支出。指企业为筹集所需资金而发生的费用称为借款费用，又称财务费用，包括利息支出（减利息收入）、汇兑损失（减汇兑收益）以及相关的手续费等。通常只考虑利息支出。

3. 固定成本和可变成本

根据成本费用与产量的关系可将总成本费用分解为固定成本和可变成本。

固定成本一般包括折旧费、摊销费、修理费、工资及福利费（计件工资除外）和其他费用等，通常把运营期发生的全部利息也作为固定成本。

可变成本主要包括外购原材料、燃料及动力费和计件工资等。

有些成本费用属于半固定半可变成本，必要时可进一步分解为固定成本和可变成本。

10.2.3.7 税费

项目评价涉及的税费主要包括以下几个方面。

(1) 营业税金及附加是根据商品或服务的流转额征收的税，包括增值税、营业税、消费税、城市维护建设税和教育费附加、资源税、土地增值税。

1) 增值税是对销售货物或者提供加工、修理修配劳务以及进口货物的单位和个人就其实现的增值额征收的一个税种。

$$增值税应纳税额=销项税额-进项税额 \quad (10.12)$$

销项税额=不含税销售额(或不含税营业收入)×增值税税率

=含税销售额(或含税营业收入)÷(1+增值税税率)×增值税税率　(10.13)

进项税额=不含税进项额×增值税税率

=外购原材料、燃料及动力费÷(1+增值税税率)×增值税税率　(10.14)

财务评价的销售收入和成本估算一般均含增值税，所以应当先换算成不含税额。

2）营业税按营业收入额乘以相应项目的营业税税率计算。

3）消费税是针对特定消费品征收的税金，一般按特定消费品的销售额乘以消费税税率计算。

4）城市维护建设税和教育费附加，以增值税、营业税和消费税为税基乘以相应的税率计算。

5）资源税是对开采自然资源的纳税人征税的税种，通常按应课税矿产的产量乘以单位税额计算。

6）土地增值税是以土地和地上建筑物为征税对象，以增值额为计税依据的税。其功能是国家对房地产增值征税。

应纳税额=增值额×适用税率-扣除项目金额×速算扣除系数　(10.15)

7）关税是以进出口的应税货物为纳税对象的税种。项目评价中涉及引进设备、技术和进口原材料时，可能需要按有关税法和国家的税收优惠政策估算进口关税。

(2) 企业所得税是针对企业应税所得额征收的税，用企业应税所得额乘以所得税税率计算得到。

进行评价时应说明税种、税基、税率、计税额等。税种和税率的选择，应根据相关税法和项目的具体情况确定。如有减免税优惠，应说明依据及减免方式并按相关规定估算。

10.2.4 财务效益和费用的估算步骤

财务效益和费用的估算步骤应该与财务分析的步骤相匹配。在进行融资前分析时，应先估算独立于融资方案的建设投资和营业收入，然后是经营成本和流动资金。在进行融资后分析时，应先确定初步融资方案，然后估算建设期利息，进而完成固定资产原值的估算，通过还本付息计算求得运营期各年利息，最终完成总成本费用的估算。

10.2.5 财务效益与费用估算采用的价格

(1) 选取财务效益与费用价格时应正确处理价格总水平变动因素，原则上盈利能力分析应考虑相对价格变化，而偿债能力分析应同时考虑相对价格变化和价格总水平变动的影响。

(2) 项目投资估算应采用含增值税价格，包括建设投资、流动资金和运营期内的维持运营投资。

(3) 项目运营期内投入与产出采用的价格可以是含增值税的价格，也可以是不含增值税的价格。无论采用哪种价格，项目效益估算与费用估算所采用的价格体系应当协调一致。

10.3 财务评价报表

进行财务评价前，必须先进行财务预测，估算财务评价所需的基础数据。财务预测和

估算的结果主要汇集于辅助报表中，在此基础上编制财务评价的基本报表，并据此计算财务评价指标，以考察项目的盈利能力、偿债能力和财务生存能力。

10.3.1 财务评价辅助报表

根据上节所讲的基本资料和基础数据，可以编制一系列的辅助报表（参见本教材第13章评价案例）。这些辅助报表的采用与否根据项目的实际情况决定。辅助报表主要有八类。

（1）建设投资估算表（概算法）（略）。该表反映建设投资组成和各类固定资产的内容以及建设投资数额及其构成。

（2）建设投资估算表（形成资产法）（略）。

（3）建设期利息估算表（略）。该表反映建设期各年借款支用情况以及建设期利息。

（4）流动资金估算表（略）。该表反映了流动资产和流动负债各项数额及其构成，为生产期的资金筹措提供依据。

（5）项目总投资使用计划与资金筹措表（略）。该表反映项目投产的分年度计划及资金的来源构成。

（6）营业收入、营业税金及附加和增值税估算表（略）。该表反映项目在建成投产后，产品销售或提供劳务所得全部收入的构成，以及增值税、营业税及附加的缴纳情况，是衡量项目财务效益的重要基础资料。

（7）总成本费用估算表（生产要素法）（略）。按照生产要素法估算的总成本费用，编制总成本费用估算表。该表反映项目在建成投产后年总成本的数额及其构成。需要先编制以下基础报表。

1）外购原材料费估算表（略）。

2）外购燃料和动力费估算表（略）。

3）固定资产折旧费估算表（略）。

4）无形资产和其他资产摊销估算表（略）。

5）工资及福利费估算表（略）。

（8）总成本费用估算表（生产成本加期间费用法）。按照生产成本加期间费用法估算的总成本费用，编制总成本费用估算表。该表综合反映了不同生产负荷下总成本费用的估算值和构成，以及由此划分的经营成本、变动成本和固定成本。

10.3.2 财务评价的基本报表

财务评价基本报表根据基本资料和辅助报表编制，主要有以下几类。

（1）财务现金流量表。

1）项目投资现金流量表（略）。

2）项目资本金现金流量表（略）。

3）投资各方现金流量表（略）。

（2）利润与利润分配表（略）。

（3）财务计划现金流量表（略）。财务计划现金流量表（即原来的资金来源与运用表）是项目财务生存能力分析的基本报表，其编制基础是财务分析辅助报表和利润与利润分配表。

(4) 资产负债表（略）。资产负债表用于综合反映项目计算期内各年年末资产、负债和所有者权益的增减变化及对应关系。

(5) 借款还本付息计划表（略）。借款还本付息计划表反映项目计算期内各年借款本金偿还和利息支付情况、偿债资金的来源，用于计算借款偿还期或者偿债备付率和利息备付率等指标。

10.4 财务评价指标体系

财务评价效果的好坏，一方面取决于基础数据的可靠性；另一方面则取决于选取的评价指标体系的合理性。利用财务评价基本报表，可以计算出相关的评价指标。常用的财务评价指标体系见表 10.1。按其是否考虑时间因素资金时间价值可分为两大类：即静态评价指标（不考虑时间因素）和动态评价指标（考虑时间因素）。

表 10.1　　财务评价指标体系

<table>
<tr><td rowspan="2"></td><td colspan="2" rowspan="2">基本报表</td><td colspan="2">评价指标</td></tr>
<tr><td>静态指标</td><td>动态指标</td></tr>
<tr><td rowspan="4">项目</td><td>融资前分析</td><td>项目投资现金流量表</td><td>项目投资回收期</td><td>项目投资财务内部收益率
项目投资财务净现值</td></tr>
<tr><td rowspan="3">融资后分析</td><td>项目资本金现金流量表</td><td></td><td>项目资本金财务内部收益率</td></tr>
<tr><td>投资各方现金流量表</td><td></td><td>投资各方财务内部收益率</td></tr>
<tr><td>利润与利润分配表</td><td>总投资收益率
项目资本金净利润率</td><td></td></tr>
<tr><td rowspan="2">偿债能力分析</td><td colspan="2">借款还本付息计划表</td><td>偿债备付率
利息备付率</td><td></td></tr>
<tr><td colspan="2">资产负债表</td><td>资产负债率
流动比率
速动比率</td><td></td></tr>
<tr><td>财务生存能力分析</td><td colspan="2">财务计划现金流量表</td><td>累计盈余资金</td><td></td></tr>
<tr><td>外汇平衡分析</td><td colspan="2">财务外汇平衡表</td><td></td><td></td></tr>
<tr><td rowspan="2">不确定性分析</td><td colspan="2">盈亏平衡分析</td><td>盈亏平衡产量
盈亏平衡生产能力利用率</td><td></td></tr>
<tr><td colspan="2">敏感性分析</td><td>灵敏度
不确定因素的临界值</td><td></td></tr>
<tr><td rowspan="2">风险分析</td><td colspan="2" rowspan="2">概率分析</td><td>NPV 期望值
$NPV\geqslant 0$ 的累计概率
$IRR\geqslant i_c$ 的累计概率</td><td></td></tr>
<tr><td>定性分析</td><td></td></tr>
</table>

10.4.1 财务评价静态指标

10.4.1.1 盈利能力分析指标

1. 投资回收期 P_t

静态投资回收期是在不考虑资金时间价值的条件下，以方案的净收益回收其总投资（包括建设投资和流动资金）所需要的时间。投资回收期可以从项目建设开始年算起，也可以从项目投产年开始算起，但应予注明。自建设开始年算起，投资回收期 P_t（以年表示）的计算公式如下

$$\sum_{t=0}^{P_t}(CI-CO)_t=0 \tag{10.16}$$

式中 P_t——静态投资回收期；

$(CI-CO)_t$——第 t 年净现金流量。

静态投资回收期可借助现金流量表，根据净现金流量来计算。其具体计算又分以下两种情况。

（1）当项目建成投产后各年的净收益（即净现金流量）均相同时，静态投资回收期的计算公式如下

$$P_t=\frac{I}{A} \tag{10.17}$$

式中 I——总投资；

A——每年的净收益。

（2）当项目建成投产后各年的净收益不相同时，静态投资回收期可根据累计净现金流量求得，也就是在现金流量表中累计净现金流量由负值转向正值之间的年份。其计算公式为

$$P_t=(\text{累计净现金流量开始出现正值的年份数}-1)+\frac{\text{上一年累计净现金流量的绝对值}}{\text{出现正值年份的净现金流量}} \tag{10.18}$$

将计算出的静态投资回收期 P_t 与所确定的基准投资回收期 P_c 进行比较。若 $P_t \leqslant P_c$，表明项目投资能在规定的时间内收回，方案可以考虑接受；若 $P_t > P_c$，则方案不可行。

2. 总投资收益率（ROI）

总投资收益率是指项目达到设计能力后正常年份的年息税前利润（$EBIT$）或运营期内年平均息税前利润与项目总投资（TI）的比率。公式为

$$ROI=\frac{EBIT}{TI}\times 100\% \tag{10.19}$$

总投资收益率高于同行业的收益率参考值，表明用总投资收益率表示的盈利能力满足要求。

3. 项目资本金净利润率（ROE）

项目资本金净利润率表示项目资本金的盈利水平，系指项目达到设计能力后正常年份的年净利润或运营期内年平均净利润（NP）与项目资本金（EC）的比率。公式为

$$ROE=\frac{NP}{EC}\times 100\% \tag{10.20}$$

项目资本金净利润率高于同行业的净利润率参考值，表明用项目资本金净利润率表示的盈利能力满足要求。

10.4.1.2　偿债能力分析指标

1. 利息备付率（ICR）

利息备付率系指在借款偿还期内的息税前利润（$EBIT$）与应付利息（PI）的比值，它从付息资金来源的充裕性角度反映项目偿付债务利息的保障程度，应按下式计算

$$ICR=\frac{EBIT}{PI}\times 100\% \tag{10.21}$$

式中　$EBIT$——息税前利润；

PI——计入总成本费用的应付利息。

利息备付率应分年计算。利息备付率高，表明利息偿付的保障程度高。

利息备付率应大于 1，并结合债权人的要求确定。

2. 偿债备付率（$DSCR$）

偿债备付率系指在借款偿还期内，用于计算还本付息的资金（$EBITDA-T_{AX}$）与应还本息金额（PD）的比值，它表示可用于还本付息的资金偿还借款本息的保障程度，应按下式计算

$$DSCR=\frac{EBITDA-T_{AX}}{PD}\times 100\% \tag{10.22}$$

式中　$EBITDA$——息税前利润＋折旧和摊销；

T_{AX}——企业所得税；

PD——应还本付息金额，包括还本金额和计入总成本费用的全部利息。

如果项目在运行期内有维持运营的投资，可用于还本付息的资金应扣除维持运营的投资。

偿债备付率应分年计算，偿债备付率高，表明可用于还本付息的资金保障程度高。

偿债备付率应大于 1，并结合债权人的要求确定。

3. 资产负债率（$LOAR$）

资产负债率系指各期末负债总额（TL）同资产总额（TA）的比率，应按下式计算

$$LOAR=\frac{TL}{TA}\times 100\% \tag{10.23}$$

式中　TL——期末负债总额；

TA——期末资产总额。

适度的资产负债率，表明企业经营安全、稳健，具有较强的筹资能力；也表明企业和债权人的风险较小。对该指标的分析，应结合国家宏观经济状况、行业发展趋势、企业所处竞争环境等具体条件判定。

4. 借款偿还期（P_d）

借款偿还期是指根据国家财税规定及投资项目的具体财务条件，以项目投产后使用可作还款的利润、折旧、摊销费及其他资金来偿还项目投资借款本金和建设利息（不含用自有资金支付的建设利息）所需要的时间。计算式如下

$$I_d = \sum_{t=1}^{P_d}(R_p + D + R_0 - R_r)_t \tag{10.24}$$

式中 P_d——借款偿还期（从借款开始年计算；当从投产年算起时，应予注明）；

I_d——投资借款本金和利息之和；

R_p——第 t 年可用于还款的利润；

D——第 t 年可用于还款的折旧和摊销费；

R_0——第 t 年可用于还款的其他收益；

R_r——第 t 年企业留利。

借款偿还期可通过借款还本付息计算表按下面的公式估算

$$P_d = (\text{借款偿还开始出现盈余的年份数} - 1) + \frac{\text{盈余当年应偿还借款额}}{\text{盈余当年可用于还款的余额}} \tag{10.25}$$

需注意的是：借款偿还期只是为估算利息备付率和偿债备付率指标所用，适用于计算最大偿还能力、尽快还款的项目，对于给定借款偿还期的项目，应采用利息备付率和偿债备付率。

10.4.2 财务评价动态指标

1. 财务净现值（$FNPV$）

财务净现值系指按设定的折现率（一般采用基准收益率 i_c）折算的项目计算期内净现金流量的现值之和，可按下式计算

$$FNPV = \sum_{t=1}^{n}(CI - CO)_t(1 + i_c)^{-t} \tag{10.26}$$

式中 i_c——设定的折现率（同基准收益率）。

一般情况下，财务盈利能力分析只计算项目投资财务净现值，可根据需要选择计算所得税前净现值或所得税后净现值。利用“财务现金流量表”来计算，按照设定的折现率计算的 $FNPV \geqslant 0$ 时，项目方案在财务上可考虑接受；当 $FNPV < 0$ 时，说明该方案不可行。

2. 财务内部收益率（$FIRR$）

财务内部收益率系指能使项目计算期内净现金流量现值累计等于零时的折现率，即 $FIRR$ 作为折现率使下式成立

$$\sum_{t=1}^{n}(CI - CO)_t(1 + FIRR)^{-t} = 0 \tag{10.27}$$

式中 CI——现金流入量；

CO——现金流出量；

$(CI-CO)_t$——第 t 年净现金流量；

n——项目计算期。

$FIRR$ 计算出来后，与所设定的判别基准 i_c（通常称为基准收益率）进行比较。若 $FIRR \geqslant i_c$，方案在财务上可以接受；若 $FIRR < i_c$，则方案在经济上不可行。

项目投资财务内部收益率、项目资本金财务内部收益率和投资各方财务内部收益率都依据式（10.27）计算，但所用的现金流入和现金流出不同。

当财务内部收益率不小于基准收益率时，项目方案在财务上可考虑接受。项目投资财务内部收益率、项目资本金财务内部收益率和投资各方财务内部收益率可有不同的判别基准。

总之，在项目财务评价时，应根据评价深度要求、可获得资料的多少以及评价方案本身所处的条件，选用多个不同的指标，从不同侧面反映评价方案的财务评价效果。在对投资方案进行经济效果评价时，应以动态评价方法为主，以静态评价方法为辅。

思考与练习题

10.1　什么是财务评价？其目的是什么？

10.2　简述财务评价的内容和步骤。

10.3　财务评价的基础数据有哪些？分别如何估算？

10.4　总成本费用的估算方法有几种？

10.5　财务评价的辅助报表和基本报表主要有哪些？两者有什么联系？

10.6　简述财务评价的指标体系及其与财务报表的关系。

10.7　某工程公司，购买土方工程机械一台，价格 10 万元，估计使用期为 10 年，期末残值为原值的 5%，采用平均法，问年折旧费和折旧率是多少？

10.8　某公司的一台机器设备原价为 68 万元，预计其总生产量为 200 万件，净残值率为 3%，本月生产产量 3.4 万件，计算该台设备本月的折旧额。

10.9　某项固定资产，原值为 6 万元，预计净残值 2000 元，预计使用年限 5 年，采用年数总和法计算，求第 4 年、第 5 年的折旧额与账面价值。

10.10　某工程的分析计算期 20 年，各年净现金流量（$CI-CO$）见表 10.2。基准折现率 $i_c=10\%$。试算项目的财务净现值 $FNPV$、内部收益率和投资回收期，判断此项目是否可行。

表 10.2　　各年净现金流量

年　末	1	2	3	4	5	6～20
净现金流量（万元）	－500	－300	15	84	112	150

10.11　新建一个化工厂，有两个可供选择的方案，方案 A 为引进设备，总投资 51753 万元，年销售收入扣除年销售税金及附加为 32731 万元，年经营成本为 20454 万元，回收固定资产余值为 2563 万元；方案 B 为国产设备，总投资 48008 万元，年销售收入扣除年销售税金及附加为 31883 万元，年经营成本为 20368 万元，回收固定资产余值为 2063 万元。设行业基准收益率 $i_c=12\%$，使用寿命为 10 年，试用年值法判断方案的经济合理性。

10.12　拟建一养殖场，前期需投资 30 万元，以后每年年均收入 26 万元，年经营费用 7.5 万元，年税金估算 1.5 万元，使用期 10 年，期末残值 5 万元，试计算净现值和内部收益率。如果投资是靠贷款，年利率 7.5%。那么这项投资是否可行？

10.13　某工程项目使用过程中，缺乏安全装置，每年由于安全事故造成的经济损失 4 万元，现拟增设安全措施，每年可减少损失 50%，但需要投资 12 万元，使用期为 20 年，设 $i=8\%$，每年维修费占投资的 4%，试评价是否有必要设置这种安全措施？

第 11 章　工程项目的国民经济评价

学习目标和学习要点

通过本章学习，了解国民经济评价与财务评价的区别；掌握国民经济效益和费用的识别；熟练应用国民经济评价指标进行评价的方法。

11.1　国民经济评价概述

11.1.1　国民经济评价的定义

国民经济评价是项目经济评价的重要组成部分。它是按照资源合理配置的原则，从国家整体角度考察和确定项目的效益和费用，用货物影子价格、影子工资、影子汇率和社会折现率等经济参数，分析、计算项目对国民经济带来的净贡献，以评价项目经济上的合理性。

应当指出一个项目对国民经济的影响是多方面的。其中包括以货币计量的经济效益的增长及国民生产总值的增长。同时还给社会带来多方面的影响，如增加就业机会、提高人民文化教育水平、达到社会公平分配；并对社会生态环境、科学技术、社会意识形态、国家的社会结构、生产力布局、国民经济实力与国际竞争力等方面产生影响。由于对国民经济的范围有不同的理解，因而国民经济评价的内容也有所不同。

对国民经济评价的狭义理解，认为项目的评价应分为多方面的，经济评价应与社会评价分开，经济评价仅仅分析和评价项目对国家经济产生的影响，项目对就业、消费、文化教育、文学艺术、生态环境、科学技术等社会生活的其他方面产生的影响放在社会评价中去分析和评价。

对国民经济评价的广义理解，认为可以将费用和效益的比较方法用于项目影响的各个方面，可以将各种影响的费用和效益都用统一的计量单位、用统一的费用与效益相比较、分析的方法，以确定项目各种影响的总费用和总效益。由联合国工业发展组织和世界银行发表的两种项目经济评价方法，都采用这种广义的经济评价概念。但这两种方法还有不少差别。

我国现在采用的《建设项目经济评价方法与参数》基本上采用了狭义的国民经济评价概念，即要求用统一量纲（货币），将项目对国民经济产生的各种影响，用统一的费用、效益分析方法进行分析、比较和评价，考虑到我国的实际情况，采用了比较简化的处理方法。

上述定义规定了国民经济评价是按照资源最优配置的原则和从国家整体角度考虑项目的费用与效益。这就规定了我国的国民经济评价是以资源达到有效利用为目标（即效率目标），而不对所产生的效益是用于积累还是消费加以区别。同时这个定义还规定了用货物的影子价格、影子工资、影子汇率和社会折现率等经济参数，用以计算项目对国民经济的净贡献。

11.1.2　国民经济评价与财务评价的关系

国民经济评价和财务评价是建设项目经济评价的两个层次。它们相互联系，有共同点又有区别。国民经济评价可以单独进行，也可以在财务评价的基础上进行调整计算。

11.1.2.1　国民经济评价与财务评价的相同点

1. 评价方法相同

它们都是经济效果评价；都使用基本的经济评价理论，即效益与费用比较的理论方法；都要寻求以最小的投入获取最大的产出；都要考虑资金的时间价值，采用内部收益率、净现值等盈利性指标评价工程项目的经济效果。

2. 评价的基础工作相同

两种分析都要在完成产品需求预测、工艺技术选择、投资估算、资金筹措方案等可行性研究内容的基础上进行。

3. 评价的主要指标相同

国民经济评价与财务评价都是以现金流量（国民经济评价中称为费用效益流量）为主要方法，通过编制基本报表计算内部收益率、净现值等主要经济指标。

11.1.2.2　国民经济评价与财务评价的区别

1. 评价的角度和出发点不同

财务评价是站在项目的层次上，从项目经营者、投资者、未来债权人的角度，分析项目在财务上生存的可能性，分析各方的实际收益或损失，分析投资和贷款的风险及收益。国民经济评价则是站在国民经济的层次上，从全社会的角度分析项目的国民经济费用和效益。

2. 费用及效益的含义和划分范围不同

财务评价只根据项目直接发生的财务收支，计算项目的费用和效益。国民经济评价则从全社会的角度考察项目的费用和效益，这时项目的有些收入和支出，从全社会的角度考虑，不能作为社会费用或收益，例如税金和补贴、银行贷款利息。

3. 采用的价格体系不同

财务评价用市场预测价格，国民经济评价用影子价格。

4. 使用的参数不同

财务评价用基准收益率，国民经济评价用社会折现率。财务基准收益率依照分析问题角度的不同而不同，而社会折现率则在全国各行业各地区都是一致的。

5. 评价的内容不同

财务评价主要包括盈利性评价和清偿能力分析；国民经济评价主要包括盈利能力分析，没有偿还能力分析。

6. 应用的不确定性分析方法不同

盈亏平衡分析只适用于财务评价，敏感性分析和风险分析可同时用于财务评价和国民经济评价。

11.1.3　国民经济评价结论与财务评价结论的关系

由于财务评价和国民经济评价有所区别，虽然在很多情况下两者结论是一致的，但也

有不少时候两种评价结论是不同的。下面分析可能出现的四种情况及其相应的决策原则。

(1) 财务评价和国民经济评价均可行的项目，应予通过。

(2) 财务评价和国民经济评价均不可行的项目，应予否定。

(3) 财务评价不可行、国民经济评价可行的项目，应予通过。但国家和主管部门应采取相应的优惠政策，如减免税、给予补贴等，使项目在财务上也具有生存能力。

(4) 财务评价可行、国民经济评价不可行的项目，应该否定，或者重新考虑方案，进行“再设计”。

11.2 效益和费用的识别

11.2.1 建设项目的效益与费用

建设项目的效益是指项目对国民经济所作出的贡献，分为直接效益和间接效益。

直接效益是指由项目产出物产生，并在项目范围内计算的经济效益，而间接效益是指由项目引起而在直接效益中未得到反映的那部分效益。例如，建造一项污水处理设施后，因水质改善而带来的经济效益，是该项目的直接效益；与此同时由于改善湖泊的水质，使湖泊增加了旅游的效用，并为在湖泊周围开展钓鱼、游泳、划船等娱乐度假经营活动带来了经济效益，则就是该项目的间接效益。

建设项目的费用是指国民经济为项目所付出的代价，是预计该项目执行过程中国民经济所花费的增支成本，分为直接费用和间接费用。

直接费用是指由项目使用投入物所产生，并在项目范围内计算的经济费用，而间接费用是指由项目引起而在项目直接费用中未得到反映的那部分费用。

项目的间接效益和间接费用统称为外部效果，是指由于项目实施而带来的在项目以外、未计入项目的效益与费用的、也不是项目建设的本意而产生的效果。外部效果又称为外部性间接效果、溢出效果、二级效益与费用。

计算外部效果时，必须同时满足以下两个条件，即相关性条件与不计价条件。所谓相关性条件，是指由于项目的经济活动而影响与本项目无直接关系的其他生产者和消费者的生产水平或消费质量。所谓不计价条件，是指这种效果未通过交换也不需要补偿。如果只满足了相关性条件，但却是计价的，那么，这时的外部效果已经内部化了，不能重复计算。

外部效果的范围很广，较明显的有生产者之间的外部效果与生产对消费者的外部效果。生产者之间的外部效果，如某生产者的产出受其他生产者的产出的影响。比如养蜂生产者的产出受油菜生产者的影响，显然养蜂生产者的效果，不是油菜生产者的本意，也未予计价，是油菜生产者的外部效果。生产者对生产者及消费者的外部费用如造纸厂的排污、电厂的排烟，使附近地区农作物减产，鱼类生产下降甚至绝收，居民饮水水质下降，空气污染危及健康，这是负的外部效果。

识别企业外部效果的一个重要原则是区别外部效果是技术性的还是钱币性的。如某种外部效果使社会总生产或总消费发生变化的，则是技术性的外部效果，应在项目评价时计作项目的效益或费用。而钱币性的效果是指由于项目的产出或投入，而使产出物和投入物的价格发生变化，从而使与生产或消费相同投入物、产出物的第三者效益发生变化。这种第三者及相关企业效益的变化是钱币性的效果，是反映项目的产出或投入物引起国民经济范围内效益的重新分配，是生产者与消费者之间的转移支付，并未引起社会总生产和总消费的变化，不能计为项目的外部效果，否则会引起重复计算。

11.2.2　转移支付

项目与各种社会实体之间的货币转移，如缴纳的税金、国内贷款利息和补贴等一般并不发生资源的实际增加和耗用，称为国民经济内部的转移支付，不列为项目的费用和效益。在财务评价基础上进行国民经济评价时，要注意从财务效益和费用中剔除转移支付部分。转移支付主要包括以下内容。

11.2.2.1　税金

无论是增值税、所得税还是关税等都是政府调节分配和供求关系的手段。纳税对于企业财务评价来说，确实为一项费用支出。但是对于国民经济评价来说，它仅仅表示项目对国民经济的贡献有一部分转移到政府手中，由政府再分配。项目对国民经济的贡献大小并不随税金的多少而变化，因而它属于国民经济内部的转移支付。

土地税、城乡维护建设税和资源税等是政府为了补偿社会耗费而代为征收的费用，这些税种包含了很多政策因素，并不代表社会为项目付出的代价。因此，原则上这些税种也视为项目与政府间的转移支付，不计为项目的费用或效益。

11.2.2.2　补贴

补贴是一种货币流动方向与税金相反的转移支付。政府如果对某些产品实行价格补贴，会降低项目投入的支付费用，或者会增加项目的收入，从而增加项目的净收益。但是，这种收益的增加仍然是国民收入从政府向企业的一种转移，它使资源的支配权发生变动，但是既未增加社会资源，也未减少社会资源，因而补贴不被视做国民经济评价中的费用和收益。

11.2.2.3　国内贷款的还本付息

项目的国内贷款及其还本付息也是一种转移支付，在项目投资人的财务评价中被视做财务支出。但从国民经济角度看，情况则不同。还本付息并没有减少国民收入，这种货币流动过程仅仅代表资源支配权力的转移，不被视为费用。

11.2.2.4　国外贷款的还本付息

1. 评价国内投资经济效益的处理办法

项目的国民经济评价是以项目所在国的经济利益为根本出发点，所以必须考察国外贷款还本付息对项目举办国的真实影响。如果国外贷款利率很高，高于全部投资的内部收益率，那么一个全部投资效益好的项目，也可能由于偿还国外债务造成大部分“肥水外流”的局面，致使本国投资得不偿失。为了能够揭示这种情况，如实判断本国投资资金的盈利水平，必须进行国内投资的经济效益分析。在分析时，由于还本付息意味着国内资源流入国外，因而应当视做费用（现金流出）。

2. 国外贷款不指定用途时的处理办法

对项目进行国民经济分析的目的是使有限的资源得到最佳配置。因此，应当对项目所用全部资源的利用效果作出分析评价，这种评价就是包括国外贷款在内的全投资国民经济评价。不过，对使用国外贷款的项目进行全投资经济评价应是有条件的，这个条件就是国

外贷款不是针对某一项目专款专用，该贷款还允许用于其他项目。这种情况下，与贷款对应的实际资源虽然来自国外，但受贷国在如何有效利用这些资源的问题上，面临着与国内资源同样的优化配置任务，因而应当对包括国外贷款在内的全部资源的利用效果作出评价。在这种评价中，国外贷款还本付息不视做收益，也不视做费用，不出现在国民经济评价所用的项目国民经济效益费用流量表中。

3. 国外贷款指定用途的处理办法

如果不上拟建项目，就不能得到国外贷款，这时便无须进行全投资的经济效益评价，可只进行国内投资资金的经济评价。这是因为，全投资经济效益评价的目的在于对包括国外贷款在内的全部资源多种用途进行比较优选，既然国外贷款的用途已经唯一限定，别无其他选择，也就没有必要对其利用效果作出评价。

11.3 国民经济评价参数与价格体系

为使社会资源能够合理配置和有效利用，就必须使价格能够真实反映其经济价值，这样才能正确地计算项目的投入和产出，才能正确地进行收益和费用的比较。为此，在项目的国民经济分析中采用一种新的价格体系——影子价格体系。

11.3.1 影子价格的概念

影子价格这个术语是20世纪30年代末40年代初，由荷兰数理经济学家、计量经济学创始人之一瞻恩·丁伯根和前苏联数学家、经济学家、1975年诺贝尔经济学奖金获得者康特罗维奇分别提出来的。在西方最初称为预测价格或计算价格，前苏联称为最优计划价格。后改称为影子价格，都是从线性规划、资源最优配置中产生的价格。

现在经济评价中使用的影子价格大都是运用“机会成本”的概念求得的，有人将其看做是“实用的”影子价格。所谓机会成本就是指某种资源用于本项目而牺牲用于某一用途的价值，例如，土地的机会成本就是该土地用于本项目之前的经济价值，如果原为农田，即为牺牲农业产量的价值；如果所用土地是荒地，则对国民经济无损失，这种情况下土地的机会成本近于零。运用机会成本概念求得的影子价格，在投资排队时也可以在很大程度上接近资源的最优分配。

目前，影子价格有多种定义和广泛的含义，我们可以给出简洁的定义：当某种资源处于最佳分配状态时，其边际产出价值，就是这种资源的影子价格。

资产阶级经济学家认为，完全自由竞争会使社会趋向于这种最优状态。因此，市场价格就等于影子价格。显然这是没有根据的，因为自由竞争可能趋于某种平衡，但不一定是最优的，而且，为了达到这种平衡，往往伴随着经济危机与大量社会财富的浪费。我们不能采取这种办法来改变我们的经济，但是我们应当重视那种用巨大财富换来的信息——国际市场价格作为我们确定影子价格的参考。因此，除了那些不合理的垄断因素外，国际市场价格具有上述影子价格的性质，因而可以作为评价价格的基础。

11.3.2 影子价格的确定

11.3.2.1 影子汇率

影子汇率是指能反映外汇增加或减少对国民经济贡献或损失的汇率，也可以说是外汇的影子价格，体现了从国家角度对外汇价格的估量。国民经济评价中涉及外汇与人民币之间的换算均应采用影子汇率。同时影子汇率又是经济换汇成本或经济节汇成本指标的判别依据。

影子汇率取值的高低，会影响项目评价中的进出口选择，影响采用进口设备还是国产设备的选择，影响产品进口型项目和产品出口型项目的决策。国家计委和建设部统一发布了影子汇率换算系数，即影子汇率与国家外汇牌价的比值系数。根据现阶段外汇供求情况、进出口结构和换汇成本，影子汇率换算系数取为 1.08。在项目评价中，将外汇牌价乘以影子汇率换算系数即得影子汇率。

影子汇率是一个重要的经济参数，作为建设项目经济评价中的通用参数，由国家统一发布和定期调整。国家可以利用影子汇率作为杠杆，影响项目投资决策，影响项目的选择和项目的取舍。

影子汇率以美元与人民币的比价表示，对于美元以外的其他国家货币，应根据项目评价确定的某个时间国家公布的国际金融市场美元与该种货币兑换率，先折算为美元，再用影子汇率换算成人民币。

11.3.2.2　社会折现率

社会折现率表示从国家角度对资金机会成本和资金的时间价值的估量。它反映了资金占用的费用，其存在的基础是不断增长的扩大再生产。社会折现率是根据我国在一定时间内的投资效益水平、资金机会成本、资金供求状况、合理的投资规模以及项目国民经济评价的实际情况进行测定的，它体现了国家的经济发展目标和宏观调控意图。社会折现率对于经济发达国家一般不低于 10%，甚至可高达 15%。根据在一定时期内的投资收益水平、资金机会成本、资金供求状况、合理的投资规模以及项目国民经济评价的实际情况，我国社会折现率由国家统一测定发布。国家计委 1987 年首次公布的社会折现率为 10%，1993 年第二次公布的社会折现率为 12%。

社会折现率是项目经济评价的重要通用参数，在项目国民经济评价中作为计算经济净现值的折现率，并作为经济内部收益率的判别依据，只有经济内部收益率大于或等于社会折现率的项目才可行。它也是项目和方案相互比较选择的主要判别依据。因此它同时兼有判别准则参数和计算参数两种职能，适当的社会折现率有助于合理分配建设资金，引导资金投向对国民经济贡献大的项目，调节资金供需关系，促进资金在短期和长期项目间的合理配置。

11.3.3　市场定价货物的影子价格

11.3.3.1　外贸货物的影子价格

外贸货物是指其生产或使用将直接或间接影响国家进出口的货物。外贸货物包括：项目产出物中直接出口、间接出口和替代进口；项目投入物中直接进口、间接进口和挤占原可用于出口的国内产品。

外贸货物影子价格的定价基础是国际市场价格。国际市场价格并非就是完全理想的价格，存在着诸如发达国家有意压低发展中国家初级产品的价格，实行贸易保护主义，限制高新技术向发展中国家转移以维持高技术产品的垄断价格等问题，但在国际市场上起主导作用的还是市场机制，各种商品的价格主要由供需规律所决定，多数情况下不受个别国家

和集团的控制，是在市场竞争中形成的，一般比较接近商品的真实价值。因此，按国际市场价格确定外贸货物的影子价格，不仅反映了一个从事国际贸易的国家面临的经济环境和约束条件的真实影响，而且也为正确确定外贸货物与非外贸货物之间的比价关系奠定了基础。

在国民经济评价中，口岸价格应按本国货币计算。口岸价格是到岸价格与离岸价格的统称。所谓到岸价格是指进口货物到达本国口岸的价格，包括国外购货成本（即国外的离境交货价格）及货物运到本国口岸所需要的运输费用和保险费，到岸价格简称（CIF）；所谓离岸价格是指出口货物的离境交货价格，如为海港交货，则指船上交货价格，离岸价格简称（FOB）。故口岸价格的实际计算公式如下

到岸价格（人民币）＝美元结算的到岸价格×影子汇率

离岸价格（人民币）＝美元结算的离岸价格×影子汇率

项目外贸货物的影子价格按下述公式计算。

1. 产出物（项目产出物的出厂价格）

（1）直接出口产品的影子价格（SP_1）

$$SP_1=FOB\times SER-(T_1+T_{r1}) \tag{11.1}$$

式中 SER——影子汇率；

T_1——国内运输费用；

T_{r1}——贸易费用。

（2）间接出口产品的影子价格（SP_2）

$$SP_2=FOB\times SER-(T_2+T_{r2})+(T_3+T_{r3})-(T_4+T_{r4}) \tag{11.2}$$

式中 T_2——原供应厂到口岸的运输费用；

T_{r2}——相应贸易费用；

T_3——原供应厂到用户的运输费用；

T_{r3}——相应贸易费用；

T_4——拟建项目到用户的运输费用；

T_{r4}——相应贸易费用。

原供应厂和用户难以确定时，可按直接出口考虑。

（3）替代进口产品的影子价格（SP_3）

$$SP_3=CIF\times SER+(T_5+T_{r5})-(T_4+T_{r4}) \tag{11.3}$$

式中 T_5——口岸到用户的运输费用；

T_{r5}——相应贸易费用。

具体用户难以确定时，可按到岸价格计算。

2. 投入物（项目投入物的到厂价格）

（1）直接进口产品的影子价格（SP_4）

$$SP_4=CIF\times SER+(T_l+T_{rl}) \tag{11.4}$$

（2）间接进口产品的影子价格（SP_5）。

$$SP_5=CIF\times SER+(T_5+T_{r5})-(T_3+T_{r3})+(T_6+T_{r6}) \tag{11.5}$$

式中 T_6——供应厂到拟建项目的运输费用；

T_{r6}——相应贸易费用。

原供应厂和用户难以确定时，可按直接进口考虑。

(3) 减少出口产品的影子价格 (SP_6)

$$SP_6 = FOB \times SER - (T_2 + T_{r2}) + (T_6 + T_{r6}) \tag{11.6}$$

供应厂难以确定时，可按离岸价格计算。

3. 贸易费用率

项目国民经济评价中的贸易费用是指物资系统、外贸公司和各级商业批发站等商贸部门花费在生产资料流通过程中以影子价格计算的除去长途运输以外的费用。

贸易费用包括货物的经手、储存、再包装、短距离倒运、装卸、保险、检验等流通领域中所有环节上的费用支出，也包括流通中的丢失、破损等损耗以及资金占用的机会成本，但不包括流通中的长途运费。

在国民经济评价中，贸易费用是由货物的出厂价或是口岸价乘以一定的系数而求得，这个系数称为贸易费用率。它反映的是贸易费用的一个综合比例。

贸易费用率的高低与货物本身的价格、货物流通的特性有关，不同种货物，在不同的场合，其流通费用是不一样的。贸易费用率的测定类似于其他一般非外贸货物分解成本的测定。首先从商贸部门的财务上的流通费用构成入手，选用影子价格调整各项费用，再用资金机会成本调整流动资金利息及固定资产折旧。如采用简化办法，可只对流动资金利息和折旧进行调整。国家测定一般性的贸易费用率，要兼顾国内各商品流通部门和各外贸部门的费用水平，一般可将各外贸商品流通部门的贸易费用率按商品流通额加权平均。国家计委和建设部根据测算和综合分析，公布贸易费用率取值为 6%。对于少数价格高、体积与重量较小的货物可适当降低贸易费用率。

对于进口货物、出口货物或非外贸货物，当需要计算贸易费用时，采用下列方法

$$\text{进口货物的贸易费用} = \text{到岸价} \times \text{影子汇率} \times \text{贸易费用率} \tag{11.7}$$

$$\text{出口货物的贸易费用} = (\text{离岸价} \times \text{影子汇率} - \text{国内运费}) \div (1 + \text{贸易费用率}) \times \text{贸易费用率} \tag{11.8}$$

$$\text{非外贸货物的贸易费用} = \text{出厂影子价格} \times \text{贸易费用率} \tag{11.9}$$

不经商贸部门流转而由生产单位直供的货物，不计算贸易费用。

11.3.3.2　非外贸货物的影子价格

非外贸货物是指生产或使用不影响国家进出口的货物。根据不能外贸的原因，非外贸货物可分为天然非外贸货物和非天然的非外贸货物。天然非外贸货物是指使用和服务天然地限于国内，包括国内施工和商业以及国内运输和其他国内服务。非天然的非外贸货物是指由于经济原因和政策原因不能外贸的货物。政策原因，是指由于国家的政策和法令限制不能外贸的货物；经济原因，是指其国内生产成本加上到口岸的运输、贸易费用后的总费用高于离岸价格，致使出口得不偿失而不能出口。同时，国外商品的到岸价格又高于国内生产同样商品的经济成本，致使该商品也不能从国外进口。在忽略国内运输费用和贸易费用的前提下，由于经济性原因造成的非外贸货物满足以下条件

$$\text{离岸价格} < \text{国内生产成本} < \text{到岸价格}$$

非外贸货物的影子价格按下述原则和方法确定。

1. 产出物

(1) 增加供应数量满足国内销售的产品，其影子价格分三种情况确定：国内供求均衡时，按市场价格定价；供不应求的，参照国内市场并考虑价格变化的趋势定价，但不应高于相同质量产品的进口价格；无法判断供求情况的，取上述价格中较低者（目的在于防止高估项目收益）。

(2) 不增加国内供求数量，只是替代其他相同或类似企业的产出物，致使被替代企业停产或减产的。质量与被替代产品相同的，应按被替代企业相应的产品可变成本分解定价；提高产品质量的，原则上应按被替代产品的可变成本加提高产品质量而带来的国民经济效益定价，其中，提高产品质量带来的效益，可近似地按国际市场价格与被替代产品的价格之差确定。

(3) 产出物按上述原则定价后，再计算为出厂价格。

2. 投入物

(1) 能通过原有企业挖掘自身潜力（不增加投资）增加供应的，按可变成本分解定价。

(2) 在拟建项目计算期内需通过增加投资扩大生产规模来满足拟建项目需要的，按全部成本（包括可变成本和固定成本）分解定价。当难以获得分解成本所需要的资料时，可参照国内市场价格定价。

(3) 项目计算期内无法通过扩大生产规模增加供应的（减少原用户的供应量），参照国内市场价格，国家统一价格加补贴中较高者定价。

(4) 投入物按上述原则定价后，再计算为到厂价格。

11.3.3.3　部分货物影子价格

影子价格的确定是为了消除价格扭曲对投资决策的影响，合理度量资源、货物与服务的经济价值。除上述通过换算系数、成本分解得到之外，也可以直接选用某适宜价格作为影子价格的直接值。

为了减少项目一级的工作量，国家计委和建设部统一测定发布了部分货物影子价格，供项目评价人员选用。选用时要注意其使用条件，防止简单套用。各个行业部门也可按照非外贸货物的影子价格，从供求关系出发，遵照机会成本或消费者支付意愿确定的原则，用成本分解法并结合市场价格测算有关货物的影子价格，供本行业评价人员在项目国民经济评价中参考使用。

11.3.3.4　特殊投入物的影子价格

1. 劳动力的影子工资

在财务评价中工资作为成本的构成内容，属项目的费用支出，它作为劳动者新创造价值的组成部分，在国民经济评价中就不能直接作为费用计入。

劳动力作为一种资源，看做是建设项目的特殊投入物。国民经济评价中应采用影子工资计量劳动力的劳务费用。影子工资应能反映劳动力用于拟建项目而使社会为此放弃的效益，以及社会为劳动力的就业或转移而增加的资源耗费。也就是指项目使用劳动力时，国家和社会为此付出的代价。

影子工资一般由两部分组成：一是由于项目使用劳动力而导致别处被迫放弃的原有净

效益，从这方面来看，影子工资体现了劳动力的机会成本；二是因劳动力的就业或转移增加的社会资源消耗，如交通运输费用、城市管理费用、培训费用等，这些资源的消耗并没有提高职工的生活水平。

在国民经济评价中，为方便起见，将财务评价中的工资及提取的职工福利费之和乘以影子工资系数作为影子工资。

影子工资的大小与国家的社会经济状况、就业状况、劳动力结构、劳动力充裕程度以及采用的评价方法等因素密切相关。

影子工资换算系数是影子工资与财务评价中的名义工资之比（财务评价中的工资及福利费合称为“名义工资”）。

影子工资换算系数是项目国民经济评价的通用参数。国家计委和建设部根据我国劳动力的状况、结构及就业水平等确定一般建设项目的影子工资换算系数为 1。若依据充分，某些特殊项目可根据当地劳动力的充裕程度以及所用劳动力的技术熟练程度，适当提高或降低影子工资换算系数。对于就业压力很大的地区占用大量的非熟练劳动力的项目，换算系数可小于 1，对于占用大量短缺的专业技术人员的项目，换算系数可大于 1。

中外合资经营项目，由于录用的职工技术熟练程度一般较高，国家和社会为此付出的代价较大。因此，中方人员的工资换算系数定为 1.5，即影子工资是同行业国内项目名义工资的 1.5 倍。

2. 土地费用

我国土地资源紧张，我国人口占世界人口的 22%，但土地面积却只有世界面积的 7.07%。且我国可耕面积仅有 1/4，而可耕面积中的 1/3 又很难耕作。近 10 多年以来，由于建设用地和房地产开发等用地的增加，我国可耕地面积大幅度减少，已经低于农业部指出的必须保持 1.1 亿公顷（$1.1\times106km^2$）的警戒线，这就使得我国的土地资源将更加宝贵。

在财务评价中，土地征购等有关费用作为支出，计入固定资产投资中。在国民经济评价中，项目占用土地会导致国民经济因此而放弃该地的替代用途所获得的净效益，同时，国民经济为此还要增加实际的资源耗费（如搬迁费等），这两部分费用都作为国民经济评价中项目占用土地的费用。项目占用农田所放弃的农业净效益按照规定方法计算，搬迁费等增加的资源耗费按实际发生额计算。土地征用费中的其他部分一般可按转移支付处理。若项目占用的土地是没有其他用途的荒山野岭，其机会成本可视为零；若土地可能有多种用途，其机会成本为其他用途净效益中最高者。

国民经济评价对土地费用有两种具体处理方式：一是计算项目占用土地在整个占用期间土地可能最佳用途的逐年净效益的现值之和，作为土地费用计入项目建设投资中；二是将逐年净效益的现值换算成等值效益，作为项目每年的投入。

11.4　国民经济评价指标及报表

11.4.1　国民经济评价指标

国民经济评价以盈利能力为主，评价指标包括经济净现值和经济内部收益率。

11.4.1.1 经济净现值（$ENPV$）

经济净现值是反映项目对国民经济净贡献的绝对指标。它是指用社会折现率将项目计算期内各年的净收益流量折算到建设期初的现值之和。其表达式为

$$ENPV = \sum_{t=1}^{n}(B-C)_t(1+i_s)^{-t} \qquad (11.10)$$

式中 B——国民经济效益流量；

C——国民经济费用流量；

$(B-C)_t$——第 t 年的国民经济净效益流量；

i_s——社会折现率；

n——计算期。

在经济费用效益分析中，当工程项目经济净现值等于或大于零时，表明项目可以得到符合社会折现率的社会盈余，认为该项目从经济资源配置的角度是可以考虑接受的；反之应予以拒绝。

11.4.1.2 经济内部收益率（$EIRR$）

经济内部收益率是反映项目对国民经济净贡献的相对指标。它是项目在计算期内各年经济净效益流量的现值累计等于零时的折现率。其表达式为

$$\sum_{t=1}^{n}(B-C)_t(1+EIRR)^{-t} = 0 \qquad (11.11)$$

式中 $EIRR$——经济内部收益率。

经济内部收益率等于或大于社会折现率，表明项目对国民经济的净贡献达到或超过了要求的水平，这时应认为项目是可以接受的。

11.4.2 外汇效果分析

11.4.2.1 经济外汇净现值（$ENPVF$）

经济外汇净现值是反映项目实施后对国家外汇收支直接或间接影响的重要指标，用以衡量项目对国家外汇真正的净贡献（创汇）或净消耗（用汇）。经济外汇净现值可通过经济外汇流量表计算求得，其表达式为

$$ENPV_F = \sum_{t=1}^{n}(FI-FO)_t(1+i_s)^{-t} \qquad (11.12)$$

式中 FI——外汇流入量；

FO——外汇流出量；

$(FI-FO)_t$——第 t 年的净外汇流量；

n——计算期。

当中有产品替代进口时，可按净外汇效果计算经济外汇净现值。

11.4.2.2 经济换汇成本

当有产品直接出口时，应计算经济换汇成本。它是用货物影子价格、影子工资和社会折现率计算的为生产出口产品而投入的国内资源现值（以人民币表示）与生产出口产品的经济外汇净现值（通常以美元表示）之比，亦即换取 1 美元外汇所需要的人民币金额，是分析评价项目实施后在国际上的竞争力，进而判断其产品应否出口的指标，其表达式为

$$\text{经济换汇成本} = \frac{\sum_{t=1}^{n} DR_t (1+i_s)^{-t}}{\sum_{t=1}^{n} (FI' - FO')_t (1+i_s)^{-t}} \tag{11.13}$$

式中　DR_t——项目在第 t 年为出口产品投入的国内资源（包括投资、原材料、工资、其他投入和贸易费用），元；

FI'——生产出口产品的外汇流入，美元；

FO'——生产出口产品的外汇流出（包括应由出口产品分摊的固定资产投资及经营费用中的外汇流出），美元；

n——计算期。

11.4.2.3　经济节汇成本

当有产品替代进口时，应计算经济节汇成本，它等于项目计算期内生产替代进口产品所投入的国内资源的现值与生产替代进口产品的经济外汇净现值之比，即节约 1 美元外汇所需要的人民币金额。其表达式为

$$\text{经济节汇成本} = \frac{\sum_{t=1}^{n} DR''_t (1+i_s)^{-t}}{\sum_{t=1}^{n} (FI'' - FO'')_t (1+i_s)^{-t}} \tag{11.14}$$

式中　DR''_t——项目在第 t 年为生产替代进口产品投入的国内资源（包括投资、原材料、工资、其他投入和贸易费用），元；

FI''——生产替代进口产品所节约的外汇，美元；

FO''——生产替代进口产品的外汇流出（包括应由替代进口产品分摊的固定资产投资及经营费用中的外汇流出），美元。

经济换汇成本或经济节汇成本（元每美元）不大于影子汇率，表明该项目产品出口或替代进口是有利的。

11.4.3　国民经济评价的基本报表与辅助报表

11.4.3.1　基本报表 1——国民经济效益费用流量表（全部投资）

国民经济效益费用流量表（全部投资）以全部投资作为计算的基础，用以计算全部投资经济内部收益率、经济净现值等指标，考察项目全部投资对国民经济的净贡献，并据此判别项目的经济合理性，见表 11.1。

表 11.1　　国民经济效益费用流量表（全部投资）　　单位：万元

序号	项目 \ 年份	建设期		投产期		达到设计能力生产期				合计
		1	2	3	4	5	6	…	n	
	生产负荷（%）									
1	效益流量									
1.1	产品销售（营业）收入									
1.2	回收固定资产余值									
1.3	回收流动资金									

续表

序号	年份 项目	建设期		投产期		达到设计能力生产期				合计
		1	2	3	4	5	6	…	n	
1.4	项目间接效益									
2	费用流量									
2.1	固定资产投资									
2.2	流动资金									
2.3	经营费用									
2.4	项目间接费用									
3	净效益流量（1－2）									

计算指标：经济内部收益率

经济净现值（i_s＝　%）

注　生产期发生的更新改造投资作为费用流量单独列项或列入固定资产投资项中。

11.4.3.2　基本报表2——国民经济效益费用流量表（国内投资）

国民经济效益费用流量表（国内投资）以国内投资作为计算的基础，将国外借款利息和本金的偿付作为费用流出，用以计算国内投资经济内部收益率、经济净现值等指标，作为利用外资项目经济评价和方案比较取舍的依据，见表11.2。

表11.2　　国民经济效益费用流量表（国内投资）　　单位：万元

序号	年份 项目	建设期		投产期		达到设计能力生产期				合计
		1	2	3	4	5	6	…	n	
	生产负荷（%）									
1	效益流量									
1.1	产品销售（营业）收入									
1.2	回收固定资产余值									
1.3	回收流动资金									
1.4	项目间接效益									
2	费用流量									
2.1	固定资产投资中国内资金									
2.2	流动资金中国内资金									
2.3	经营费用									
2.4	流至国外的资金									
2.4.1	国外借款本金偿还									
2.4.2	国外借款利息支付									
2.4.3	其他									
2.5	项目间接费用									
3	净效益流量（1－2）									

计算指标：经济内部收益率

经济净现值（i_s＝　%）

注　生产期发生的更新改造投资作为费用流量单独列项或列入固定资产投资项中。

11.4.3.3 基本报表 3——经济外汇流量表

经济外汇流量表适用于涉及出口创汇或替代进口节汇的项目，反映各年净外汇流量和净外汇效果，用以计算经济外汇净现值、经济换汇成本或节汇成本，衡量项目对国家外汇的净贡献以及在国际上的竞争力，见表 11.3。

表 11.3　　经济外汇流量表　　单位：万元

序号	项目 \ 年份	建设期		投产期		达到设计能力生产期				合计
		1	2	3	4	5	6	…	n	
	生产负荷（%）									
1	外汇流入									
1.1	产品销售外汇收入									
1.2	外汇借款									
1.3	其他外汇收入									
2	外汇流出									
2.1	固定资产投资中外汇支出									
2.2	进口原材料									
2.3	进口零部件									
2.4	技术转让费									
2.5	偿付外汇借款本息									
2.6	其他外汇支出									
3	净外汇流量（1－2）									
4	产品替代进口收入									
5	净外汇效果（3＋4）									

计算指标：经济外汇净现值（i_s＝　%）
经济换汇成本或经济节汇成本

注　技术转让费是指生产期支付的技术转让费。

11.4.3.4 辅助报表 4——国内资源流量表

国内资源流量表反映项目为生产出口创汇产品或替代进口产品所付出的国内资源流量，用以辅助计算经济换汇成本或节汇成本，见表 11.4。

表 11.4　　国内资源流量表　　单位：万元

序号	项目 \ 年份	建设期		投产期		达到设计能力生产期				合计
		1	2	3	4	5	6	…	n	
	生产负荷（%）									
1	固定资产投资中国内资金									
2	流动资金中国内资金									
3	经营费用中国内费用									
4	其他国内投入									
5	国内资源流量合计									
	（1＋2＋3＋4）									

国内资源流量现值（i_s＝　%）
出口产品中国内投入现值：

11.4.4 国民经济评价的步骤

国民经济评价可以在财务评价基础上进行，也可以直接进行。

11.4.4.1 在财务评价基础上进行国民经济评价的步骤

1. 效益和费用范围的调整

（1）剔除已计入财务效益和费用中的转移支付。

（2）识别项目的间接收益和间接费用，对能定量的应进行定量计算；不能定量的，应作定性分析。

2. 效益和费用数值的调整

（1）固定资产投资的调整。剔除属于国民经济内部转移支付的引进设备、材料的关税和增值税，并用影子汇率、影子运费和贸易费用对引进设备价值进行调整；对于国内设备价值则用其影子价格、影子运费和贸易费用进行调整。根据建筑工程消耗的人工、三材、其他大宗材料、电力等，用影子工资、货物和电力的影子价格调整建筑费用，或通过建筑工程影子价格换算系数直接调整建筑费用。若安装费中的材料费占很大比重，或有进口安装材料，也应按材料的影子价格调整安装费用。用土地的影子费用代替占用土地的实际费用。剔除涨价预备费。调整其他费用。

（2）流动资金的调整。调整由于流动资金估算基础的变动引起的流动资金占用量的变动。

（3）经营费用的调整。可以先用货物的影子价格、影子工资等参数调整费用要素，然后再加总求得经营费用。

（4）销售收入的调整。先确定项目产出物的影子价格，然后重新计算销售收入。

（5）在涉及外汇借款时，用影子汇率计算外汇借款本金与利息的偿付额。

3. 确定投资经济内部收益率和经济净现值指标

编制项目的国民经济效益费用流量表（全部投资），并据此计算全部投资经济内部收益率和经济净现值指标。对使用国外贷款项目，还应编制国民经济收益费用流量表（国内投资），并据此计算国内投资经济内部收益率和经济净现值指标。

4. 确定经济外汇净现值、经济换汇成本和经济节汇成本

对于产出物出口（含部分出口）或替代进口（含部分替代进口）的项目，编制经济外汇流量表和国内资源流量表，计算经济外汇净现值、经济换汇成本和经济节汇成本。

11.4.4.2 直接做国民经济评价的步骤

（1）识别和计算项目的直接收益，对那些为国民经济提供产出物的项目，首先应根据产出物的性质确定是否属于外贸货物，再根据定价原则确定产出物的影子价格。按照项目的产出物种类、数量及其逐年的增减情况和产出物的影子价格计算项目的直接效益。对那些为国民经济提供服务的项目，应根据提供服务的数量和用户的受益计算项目的直接效益。

（2）用货物的影子价格、土地的影子费用、影子工资、影子汇率、社会折现率等参数直接进行项目的投资估算。

（3）流动资金估算。

（4）根据生产经营的实物消耗，用货物的影子价格、影子工资、影子汇率等参数计算

经营费用。

（5）识别项目的间接效益和间接费用，对能定量的应进行定量计算，对难以定量的，应作定性描述。

（6）编制有关报表，计算相应的评价指标。

思考与练习题

11.1　什么是国民经济评价？国民经济评价的作用是什么？

11.2　国民经济评价与财务评价有什么异同？

11.3　在国民经济评价中，识别效益和费用的原则是什么？

11.4　什么叫国民经济中的转移支付？

11.5　什么是影子价格？为什么国民经济评价中要使用影子价格？

11.6　简述国民经济评价所使用的主要指标。

11.7　某一出口产品，其影子价格为 1260 元/t，国内现行价格为 980 元/t，求其价格换算系数。

11.8　某投资项目，正式投产运营时要购置两台机器设备，一台可在国内购得，其国内市场价格为 300 万元每台，影子价格与国内市场价格的换算系数为 1.3，另一台设备必须进口，其到岸价格为 60 万美元每台，影子汇率换算系数为 1.06，外汇牌价为 8.63 元每美元，进口设备的国内运杂费和贸易费用分别为 10 万元和 5 万元。试求该种产品进行生产时，两台设备的影子价格和所需设备的总成本。

11.9　某种货物目前国际市场的总供应量为 1 万个单位，需求的价格弹性为－0.45，离岸价格为 500 美元每单位，其中我国出口占 20%，现在一个新项目提供产出为 2000 单位出口，计算由此产生的实际国民经济效益。

第12章 价 值 工 程

学习目标和学习要点

通过本章的学习，了解价值工程的概念，掌握提高产品价值的途径；了解价值工程的基本程序，掌握功能评价的方法。

12.1 价值工程概述

12.1.1 价值工程的产生与发展

价值工程（VE）又称价值分析（VA），是第二次世界大战以后发展起来的一种现代化的科学管理技术，一种新的技术经济分析方法。它们都是通过产品的功能分析，以节约资源和降低成本为目的的一套有效方法。价值工程起源于20世纪40年代的美国，当时叫价值分析（VA），后来在世界上一些工业先进的国家被称为价值工程（VE）。今天的VE和VA是一回事，但是严格地说它们是有区别的。从产品投产到制造进行的价值活动分析，即事后分析，称为价值分析（VA）；在科研、设计、生产、准备、试制新产品的生产过程之前进行价值活动分析，即事前分析，称为价值工程（VE）。

价值工程是以提高产品价值为目的，用最低的成本为用户提供所要求的产品功能的一种新兴的技术经济方法。价值工程立足于产品应提供用户所要求的效用，从研究功能出发，利用集体的智慧找出如何合理地利用人力与物力资源，利用时间和空间资源，为用户提供所希望的物美价廉的产品或服务。1947年，美国发生了GE事件：美国通用电气公司设计工程师迈尔斯（L. D. Miles）主持采购部门的工作。当时敷设仓库用的石棉板缺乏，迈尔斯对当时生产中所需石棉板的短缺和价格成倍上涨的问题进行了研究，选择了满足功能要求、价格便宜的一种纸代替了石棉板，既保证了使用功能，又节约了大量的费用开支。

迈尔斯把这种思想运用到产品设计上。他在实际工作中发现，用户购买物品时，不是购买产品本身，而是购买产品的功能以满足某种需要，并且购买时希望费用最低。迈尔斯根据这个发现把产品设计问题归结为最低成本费用向用户提供所需功能的问题。因为用户是按照产品的功能满足程度来购买产品的，并把它看成产品的价值。迈尔斯的研究获得了一系列的成果。迈尔斯把他创造的这种方法叫做“价值分析”，1954年美国海军舰船局把这种方法定名为“价值工程”。迈尔斯的研究成果归纳起来有以下几点。

（1）用户购买的不是产品，而是产品所具有的功能。

（2）用户购买功能时，希望花的钱最少。

（3）从功能和购买功能所需费用之间的关系，提出了“价值”的概念。

（4）研究产品的功能和实现这种功能所投入的资源之间的关系，并提高其价值，就是价值工程。

1956年，美国海军舰船局正式将价值工程用于订货合同，合同除规定产品价格外，还规定企业应用价值工程进行设计，以达到节约目标。20世纪五六十年代，价值工程纷纷传到其他国家。特别是70年代以后，价值工程获得迅速发展。我国也非常重视价值工程的推广应用。价值工程在我国宣传推广是在1978年以后，时间虽短，但推广速度快、普及面广，已被不少企业所采用。价值工程开始于材料的采购和代用品的研究，继而扩展到产品的研究和设计，零部件的生产和改进，工具、装备的改进等方面，后来又发展到改进工作方法、作业程序、管理体系等方面。

价值工程的迅速发展不是偶然的，它是技术和经济发展的必然产物。它抓住产品成本70%以上由设计决定这一事实，从设计改进入手，成为内涵式发展生产的有力工具。它针对技术和经济脱节这一普遍弊病，促进两者的有机结合。这一先进管理技术从它诞生的那一天起就显示了强大的生命力，取得了显著的经济效益。

12.1.2 价值工程的概念

价值工程是以提高产品（或作业）价值和有效利用资源为目的，通过有组织的创造性工作，寻求用最低的寿命周期成本，可靠地实现使用者所需功能，以获得最佳的综合效益的一种管理技术。价值工程中“工程”的含义是指为实现提高价值的目标，所进行的一系列分析研究的活动。价值工程中所述的“价值”也是一个相对的概念，是指作为某种产品（或作业）所具有的功能与获得该功能的全部费用的比值。它不是对象的使用价值，也不是对象的交换价值，而是对象的比较价值，是作为评价事物有效程度的一种尺度。这种尺度可以用下面的数学公式表达：

$$V=\frac{F}{C} \tag{12.1}$$

式中 V——产品或服务的价值（Value）；

F——产品或服务的功能（Function）；

C——产品或服务的成本（Cost）。

因此，一种产品价值的高低，取决于它所具有的功能与为取得这种功能所花费的成本之比值。凡是成本低而功能大的产品其价值就高；反之则价值低。价值高的产品是好产品，价值低的产品是需要改进或淘汰的产品。价值工程的目的，就是通过对产品进行系统的分析，寻求提高产品价值的途径和方法，以便提高产品的功能，降低产品成本。

我们必须认识到，使用者购买一种产品，并不是购买产品实体，而是购买产品的功能。例如人们购买灯泡，是因为它能发光，所以购买的是灯泡发光的功能。如果灯泡失去发光的功能，就不会有人去购买它。同时，人们在购买灯泡时必然要考虑付出的代价，对于具有相同发光功能的两种灯泡，如果成本不同，人们总是购买成本较低者。对于生存者来说，希望生产的产品质量高而消耗低；对于使用者来说，希望购买的产品物美价廉。因此，用价值来衡量产品的优劣，对于两者都是适用的。价值工程的基本原理公式 $V=F/C$，不仅深刻地反映出产品价值与产品功能和实现此功能所耗成本之间的关系，而且也为如何提高产品价值提供了以下五种途径。

(1) 在提高产品功能的同时，又降低产品成本，这是提高价值最为理想的途径。但对于生产者要求较高，往往要借助科学技术才能实现（$F\uparrow$，$C\downarrow$）。

(2) 在产品成本不变的条件下，通过提高产品的功能，提高利用资源的成果或效用，达到提高产品价值的目的（$C\rightarrow$，$F\uparrow$）。

(3) 在保持产品功能不变的前提下，通过降低成本达到提高价值的目的（$F\rightarrow$，$C\downarrow$）。

(4) 产品功能有较大幅度提高，产品成本有较小幅度提高。即成本虽然增加了一些，但功能的提高超过了成本的提高，因此价值还是提高了（$F\uparrow\uparrow$，$C\uparrow$）。

(5) 在产品功能略有下降、产品成本大幅度降低的情况下，也可达到提高产品价值的目的（$F\downarrow$，$C\downarrow\downarrow$）。为了适应购买力较低的对象，或一些注重价格竞争而且不需要高档的产品，适当生产廉价的低档品，也能取得较好的经济效益。这种情况下，功能虽然降低了些，但是能满足顾客对产品的特定功能要求。以微小的功能下降换得成本较大的降低，最终也是提高了产品的价值。

总之，在产品形成的各个阶段都可以应用价值工程提高产品的价值。但在不同的阶段进行价值工程活动，其经济效果的提高幅度却大不相同：对于大型复杂的产品，应用价值工程的重点是在产品的研究设计阶段，一旦图纸已经设计完成并投产，产品的价值就基本决定了，这时再进行价值工程分析就变得更加复杂，不仅原来的许多工作成果要付诸东流，还改变了生产工艺、设备工具等，可能会造成很大的浪费，使价值工程活动的技术经济效果大大下降。因此，价值工程活动更侧重在产品的研制与设计阶段，以寻求技术突破，取得最佳的综合效果。

12.1.3 价值工程中的功能与费用

价值工程的目标就是以最低的寿命周期费用来实现产品或作业的必要功能。寿命周期费用是指一个产品从开发设计、制造、使用到报废为止所发生的一切费用。其中，设计制造产品所需费用称为生产费用，用户在使用产品过程中所支付的费用称为使用费用。价值公式中的成本，即寿命周期费用。寿命周期费用与产品的功能之间的关系曲线如图 12.1 所示。

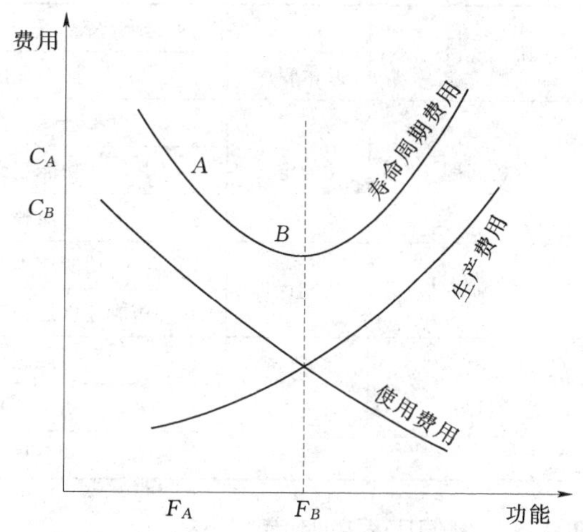

图 12.1 功能与寿命周期费用关系

要提高产品功能，就要增加生产费用，但提高了产品功能，使用费用就会降低。这样，生产费用和使用费用之和必然存在一个最小值（C_B，B）点就表示了最合适的功能水平和成本水平。如果用 A 点表示价值工程开展前产品的费用水平和功能水平，则（C_A-C_B）为价值工程活动可降低寿命周期费用的幅度；（F_B-F_A）为价值工程活动可提高产品功能的幅度。

价值工程的核心是功能分析。价值工程的一个突出观点是“用户需要的是产品的功能而不是物”。如人们需要住宅楼，并不是需要楼房这个物，而是需要楼房的居住功能和挡风避雨等功能。因而对产品进行分析时，首先要进行功能分析，通过功能分析，明确哪些是必要功能和不足功能，哪些是不必要功能和过剩功能。然后，再通过改进方案，去掉不必要的功能，削减过剩功能，补充不足功能，实现必要功能，实现产品功能结构合理化。

12.1.4　价值工程的工作程序

价值工程的工作程序，实质就是针对产品的功能和成本提出问题、分析问题、解决问题的过程。在一般的价值工程中，所提问题通常有以下 7 个方面。

(1) 价值工程的研究对象是什么?

(2) 它的用途是什么?

(3) 它的成本是什么?

(4) 它的价值是什么?

(5) 有无其他方法可以实现同样的功能?

(6) 新方案的成本是什么?

(7) 新方案能满足要求吗?

围绕这 7 个问题，价值工程工作过程大致可划分为分析问题、综合研究和方案评价 3 个阶段，包括的主要内容如下。

(1) 确定价值工程的工作对象，找出有待改进的产品或服务，即对象选择，并针对对象收集有关资料。

(2) 对确定的对象进行功能分析。侧重分析对象有哪些功能，相互之间的关系及这些功能是否都是必要的。在此基础上进行功能评价，确定各个功能的价值系数，需要改进的功能领域及存在的关键问题等。

(3) 制定改进方案，针对上述的关键问题，提出改进的方案并具体化，即具体方案。对上述方案进行筛选，选择最优方案予以实施。

根据所提出的 7 个问题，价值工程的一般工作程序见表 12.1。

表 12.1　价值工程的实施程序

阶　段	实　施　程　序		对　应　问　题
	基本程序	操作程序	
分析问题	功能定义	对象选择收集信息	1. 价值工程的研究对象是什么?
		功能定义	2. 它的用途是什么?
		功能整理	
综合研究	功能评价	功能成本分析	3. 它的成本是什么?
		功能评价选择对象范围	4. 它的价值是什么?
方案评价	改进方案	创造	5. 有无其他方法可以实现同样的功能?
		初步评价	6. 新方案的成本是什么?
		具体化、调整详细评价提案	7. 新方案能满足要求吗?

12.1.5　价值工程的特点

价值工程具有以下特点。

(1) 价值工程的目标，是以最低的寿命周期成本，使产品具备它所具备的功能。

（2）价值工程的核心是对产品进行功能分析，并系统研究功能与成本之间的关系。

（3）价值工程将产品价值、功能和成本作为一个整体同时来考虑。

（4）价值工程是致力于提高价值的创造性活动。

（5）价值工程是以集体的智慧开展的有计划、有组织的管理活动。

（6）价值工程是贯穿于产品整个寿命周期的系统方法，从产品的研究、设计到原材料的采购、生产制造以及推销和维修，都有价值工程的工作可做。而且，它涉及面广，需要一个单位的多个部门和专业的人员相互配合。因此，必须依靠有组织的、几天的努力来完成。开展价值工程活动，需要组织设计、工艺、供应、加工、管理、财务、销售以及用户等各方面的人员参加，并运用各方面的知识，发挥集体智慧，博采众家之长，有计划、有领导、有组织地展开活动，以达到提高方案价值的目的。

12.1.6 价值工程的实施步骤

价值工程是一种有计划、有组织的活动，需要将设计、生产、采购、销售和财务等各方面的专业人员组织起来，相互配合协作，以求得最理想的设计方案或达到某一预定的目标。它的一般实施步骤可以归纳如下。

（1）选择价值工程对象。

（2）调查研究，收集信息资料。

（3）功能分析。

（4）制定改善方案。

（5）方案评估，验证实施。

（6）价值工程活动的成果评价。

下面几节将围绕这个步骤展开讲解。

12.2 价值工程对象的选择与信息收集

12.2.1 对象选择

开展价值工程活动首先要解决的就是价值工程的研究对象是什么。企业生产产品的种类很多，而且每种产品又由许多零部件构成，因而在价值工程进行对象选择时，应抓住主要矛盾。

12.2.1.1 价值工程对象选择的原则

对象的选择一定要从国家建设和企业生产经营发展的需要出发，同时考虑到提高产品价值的可能性、存在的问题和薄弱环节等方面因素。

1. 设计因素多，结构复杂的产品

有的产品结构过于复杂，如果加以简化，仍可保证其必要功能，则可对复杂结构精心分解，确定各组成部分的功能和作用，合理进行设计，以大幅度降低成本。例如，为了满足交通的要求，柔性路面结构层次逐渐发展为面层、连接层、基层、底基层、垫层，不同结构层具有各自的主要功能。但是过多的结构层次需要使用多种材料，需要多工序施工，因而增加了路面的工程造价，并且过多的结构层次往往因配合不当或施工不当而引起质量问题。因此，可以对路面层次进行价值分析。

2. 造价高，对经济效益影响的产品

有的产品造价高，只要这种产品成本降低一点，就会有较大的节约。

3. 量大而广的产品

这类产品单个而论成本不一定大，但由于大量生产，每个产品只要成本降低一点，积累起来数量就很大。

4. 质量差、用户意见多的产品

这类产品可能由于功能差而影响使用效果或增加使用成本，对这类产品进行价值分析，通过加强不足功能，使成本增量小而功能增量大来提高其价值。

5. 质量或体积大的产品

对这类产品，不仅有可能改进工艺，而且有可能改变用料或作业方法。

6. 关键的构配件

因为其对功能的影响最大，所以保证其可靠的实现功能，就能提高价值水平。

12.2.1.2　价值工程对象选择的方法

价值工程对象的选择关系到价值工程能否收效的第一步，只有正确地选择价值工程对象，才能收到事半功倍的效果；如果对象选择不当，可导致入不敷出。所以，必须正确地选择价值工程的对象，常用方法有如下 4 种。

1. 经验分析法

经验分析法是一种对象选择的定性分析方法，是目前企业中较为普遍使用、简单易行的价值工程对象选择方法。它实际上是利用一些有丰富实践经验的专业人员和管理人员对企业存在问题的直接感受，经过主观判断确定价值工程对象的一种方法。运用该方法进行对象选择，要对各种影响因素进行综合分析，区分主次轻重，既考虑需要，也考虑可能，以保证对象选择的合理性。因此，该方法也叫因素分析法。

经验分析方法的优点是简便易行，考虑问题综合全面；缺点是缺乏定量分析，在分析人员经验不足时易影响结果的准确性，但用于初选阶段是可行的。

运用这种方法选择对象时，可以从设计、施（加）工、制造、销售和成本等方面进行综合分析。任何产品的功能和成本都是由多方面的因素构成的，关键是找出主要因素，抓住重点。一般情况，具有下列特点的产品和零部件可以作为价值分析的重点对象。

（1）产品设计年代已久、技术已显陈旧。

（2）重量、体积很大，会增加材料用量和工作量的产品。

（3）质量差、用户意见大或销售量大、市场竞争激烈的产品。

（4）成本高、利润率低的产品。

（5）组件或加工工序复杂影响产量的产品。

（6）成本占总费用比重大、功能不重要而成本较高的产品。

总之，运用这种方法要求抓住主要矛盾，选择成功概率大、经济效益差的产品和零部件作为价值工程的重点分析对象。

2. ABC 分析法

ABC 分析法又称巴累托分析法、ABC 分类管理法、重点管理法等。这是一种运用数理统计的原理，按照局部成本在全部成本中的比重来选定价值工程对象的方法。其实质就是选择工程中成本比重大的部分作为价值工程对象。将产品的构成进行逐项统计，将每一种零件占产品成本的多少从高到低排列出来，分成A、B、C三类，找出少数零件占多数成本的零件项，作为价值工程的重点分析对象。根据统计，对于建筑产品来说，主要分项工程占全部分项工程数目的10%～20%，其成本占建筑产品总成本的60%～80%，这类分项工程称为A类；还有60%～80%的分项工程，其成本还占不到总成本的10%～20%，称其为C类；其余部分的分项工程，其数目和成本所占比重都较低，称为B类。如图12.2所示。A类占成本比重大，数目少，容易收到效果，所以是价值工程重点对象。C类数目多，成本比重小，即使进行价值工程活动，可降低成本幅度也有限，而工作量却很大，有可能得不偿失，所以，C类不作为价值工程对象，B类仅作为一般分析对象。ABC分析法的步骤如下。

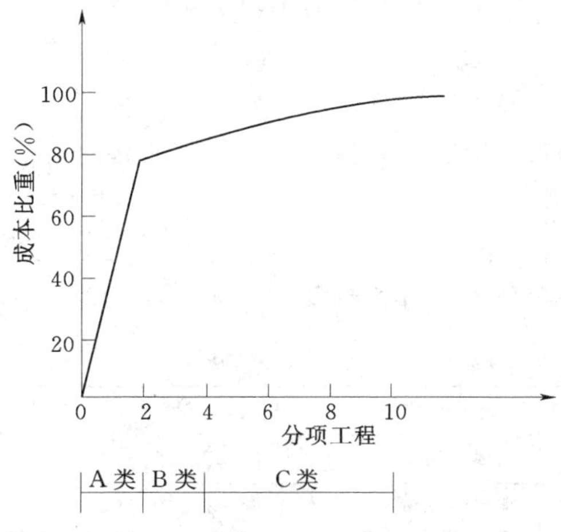

图12.2　工程项目分类示意图

（1）按成本大小将分项工程顺序排列。

（2）计算累计分项工程比率。

$$累计分项工程比率=\frac{累计分项工程数}{分项工程总数}\times 100\% \tag{12.2}$$

（3）计算累计成比率。

$$累计成本比率=\frac{累计成本}{总成本}\times 100\% \tag{12.3}$$

（4）确定价值工程对象。选择累计分项工程比率在10%～20%，累计成本比率在60%～80%的分项工程为价值工程重点对象。

3. 费用比重分析法

当价值工程活动的重点在于降低某种费用时，可以用费用比重分析法来选择分析对象，即统计出各组成部分的费用数额及比例，选择费用比重大的部分作为价值工程分析对象。

【例12.1】 某企业通过价值工程降低能源消耗费用，各能源消耗项目的费用见表12.2，试选出价值工程分析对象。

表12.2　各能源消耗项目费用表

项目	生产				管理		生活		其他	合计
	A	B	C	D	E	F	G	H	I	
能源费用（元）	2640	1680	1360	400	480	240	720	320	160	8000
费用比例（%）	33	21	17	5	6	3	9	4	2	100

解　计算各项目能源消耗费用比例，其中A、B、C、G等项目的费用所占的比例较

大，可考虑作为价值工程分析对象。

4. 技术经济指标法

技术经济指标法又称百分比分析法，是通过分析不同产品在各类技术经济指标中所占的百分数不同，进行比较，进而找出价值工程对象。所用的技术经济指标多是经济效益综合指标。

【例12.2】 某厂4种主要产品，其成本和利润数值见表12.3，试根据成本利润率选择价值工程分析对象。

表12.3　成 本 和 利 润 表

产品名称	A	B	C	D
成本（万元）	50.0	30.0	10.0	10.0
利润（万元）	11.5	5.0	4.0	3.0
成本利润率（%）	23.0	16.7	40.0	30.0

解　计算出各种产品的成本利润率见表12.3，其中B产品的成本利润率最低，应作为价值工程分析对象。

12.2.2 信息资料收集

在价值工程中，信息是指对实现价值工程目标有益的知识、情况和资料。价值工程的目标是提高价值，为达到或实现这一目标所作出的决策，都离不开必要的信息，一般来说，必要的或有益的信息越多，价值提高的可能性就越大，但错误的信息会导致错误的决策。因此，价值工程成果的大小一般取决于信息收集的质量、数量和时间。

12.2.2.1 收集信息的原则

（1）目的性。收集信息要事先明确所收集的信息是用来实现价值工程特定目标的，不要盲目地碰到什么就收集什么，要避免无的放矢。

（2）可靠性。信息是正确决策所必不可少的依据。若信息不可靠、不准确，将严重影响价值工程的预期结果，还可能最终导致价值工程的失效。

（3）计划性。在收集信息之前应预先编制计划，加强该工作的计划性，使这项工作具有明确的目的和确定的范围，以便提高工作效率。

（4）时间性。在收集信息时要收集近期的、较新的情况。此外，收集信息应适时，决策之后提供的信息是毫无用处的。

12.2.2.2 信息收集的内容

（1）用户要求方面的信息。用户使用产品的目的、环境、条件；用户所要求的功能和性能；用户对产品外观的要求。

（2）销售方面的信息。产品产销数量的演变及目前产销情况，市场需求量及市场占有率的预测；产品竞争的情况。

（3）成本方面的信息。包括产品及构配件的定额成本、工时定额、材料消耗定额、各种费用定额、企业历年来各种有关的成本费用数据，国内外其他厂家与价值工程对象有关的成本费用资料。

（4）科学技术方面信息。与产品有关的学术研究或科研成果、新结构、新工艺、新材

料、新技术以及标准化方面的资料。

（5）生产及供应方面信息。产品生产方面的信息；原材料及外协或外购件各类、质量、数量、价格、材料利用率等情报；供应与协作部门的布局、生产经营情况、技术水平、价值、成本、利润等。

（6）政策、法令、条例、规定方面的信息。

12.3 功能分析与评价

12.3.1 功能分析

功能分析是价值工程活动的核心，决定着价值工程活动的有效程度。通过产品的功能、成本的定性和定量分析，确定它们的相互关系，科学地确定产品的必要功能，合理地分配成本，为创造和改善方案提供依据。通过功能分析可以去掉不合理的功能，调整功能间的比值，使产品的功能结构更趋合理。

12.3.1.1 功能定义

功能定义就是用简明准确的语言来表达功能的本质内容。

功能定义在实践中常用一个动词和一个名词的简单语句来完成。例如，梁的功能是传递荷载，隔墙的功能是分隔空间，灯的功能是发光等。

12.3.1.2 功能分类

为了便于分析功能，需要对功能进行分类，一般有如下三种分类方式。

（1）按功能重要程度可分为基本功能和辅助功能。基本功能是产品达到使用目的不可缺少的功能，辅助功能是为了实现基本功能而由产品设计者附加上去的功能。辅助功能的作用相对基本功能来说的，是次要的。如承受荷载是承重外墙的基本功能，保温、隔热、隔声是承重外墙的辅助功能。

（2）按功能满足要求的性质可分为使用功能和美学功能。使用功能是在产品使用上直接必需的功能，它可以通过产品的基本功能和辅助功能表现出来。如承重外墙的使用功能就是承受荷载、隔热、隔声、保温等。

美学功能是指产品所具有的以视觉美观为代表的功能。如建筑物上面的图案浮雕，就是为了使建筑物美观大方而增加的部分，其功能就是美学功能。

（3）按功能整理要求可分为上位功能和下位功能。上位功能是指作为目的的功能，下位功能是指作为手段的功能。例如，为了实现通风的目的，必须使室内有穿堂风，则通风是上位功能，而组织穿堂风的是下位功能。

上位功能和下位功能的划分是相对的。例如，为组织穿堂风，必须提供进出风口（如设置门窗），设置进出口是手段，属下位功能；而组织穿堂风又是目的，则属上位功能。也就是说，对于某个特定功能来将，从它所实现的目的来看，是上位功能；从实现它的手段来看，又是下位功能。

12.3.1.3 功能整理

通过功能整理，找出基本功能和辅助功能，明确必要功能和不必要功能以及功能之间的因果关系，以便在实现功能过程中选择更合理的方案。功能整理的目的就是确认功能定义的准确性，明确功能领域。

一般来说，进行功能整理的步骤如下。

(1) 明确基本功能、辅助功能和最基本功能。

(2) 明确各功能之间的相互关系。产品的各个功能之间是相互配合、相互联系的，为实现产品的整体功能发挥各自的作用。各个功能之间存在着并列关系或上下位关系，要通过功能整理予以确定。例如，住宅的最基本功能是居住，为实现该项功能，住宅必须具有遮风避雨、御寒防暑、采光、通风、隔声、防潮等功能，这些功能之间属于并列关系，都是实现居住功能的手段，因而居住是上位功能；上述所列的并列功能是居住的下位功能。即上位功能是目的，下位功能是手段。但是，上下位关系是相对的。如为达到居住的目的必须通风，则居住是目的，是上位功能；通风是手段，是下位功能；为达到通风的目的，必须组织自然通风，则通风又是目的，是上位功能；组织自然通风是手段，是下位功能。为达到自然通风的目的，必须提供进出风口，则组织自然通风又是目的，设计上位功能；提供进出风口是手段，是下位功能。

(3) 绘制功能系统图。将上述各功能按并列和上下位关系以一定的顺序排列出来，即形成功能系统图，功能系统图的一般形式如图 12.3 所示。

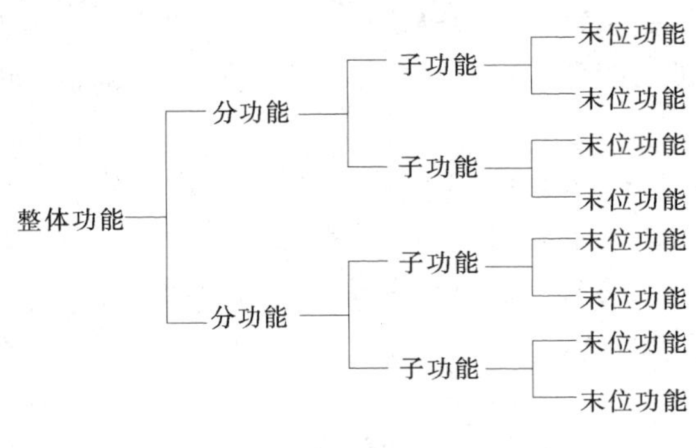

图 12.3　功能系统图

通过绘制功能系统图，可以清楚地看出每个功能在全部功能中的作用和地位，使各个功能之间的关系系统化，便于发现不必要功能，为功能评价、方案创造奠定基础。

12.3.2　功能评价

所谓功能评价，就是对功能的价值进行预测和评定，是对功能的定量分析。根据功能评价评出的数据，将那些功能价值低、改善期望值大的功能作为开展价值工程的重点对象。具体方法是在已经明确的功能系统图的基础上，测定各个功能的价值系数，根据价值系数的大小来评定功能的高低。

目前常用的功能评价方法有两种：功能成本法和功能评价系数法。下面将分别介绍这两种方法。

12.3.2.1　功能成本法

功能成本法，又称绝对值法，是通过一定的测算方法，测定实现应有功能所必须消耗的最低成本，同时计算为实现应有功能所耗费的目前成本，经过分析、对比，求得对象的价值系数和成本降低期望值，确定价值工程的改进对象。其基本思路是，实现分析对象某一功能可以有几个方案，对应几个成本，其中最低的成本为目标成本 C_a，C_a 与相应的目前成本 C_0 之比为该功能的价值系数，C_a 与 C_0 之差为该功能的成本降低期望值。具体做法如下。

第一步，确定分析对象的全部零部件的目前成本，见表 12.4 第二栏所示。

表 12.4 功能成本分摊表

零部件名称	成本	功能区域			
		FA_1	FA_2	FA_3	FA_4
A	30	30	—	—	—
B	50	—	20	30	—
C	10	—	—	10	—
D	5	—	—	—	5
E	20	—	5	6	9
合计		30	25	46	14

第二步，根据功能系统图划分功能区域，并将零部件成本转换成功能成本。

第三步，确定功能的目标成本。一般可从每个功能的初步改进方案中找出最低的成本方案作为功能的目标成本。

第四步，计算各功能价值系数和降低成本期望值，见表 12.5。

表 12.5 各功能的价值系数和降低成本期望值表

功能区域	目前成本	目标成本	价值系数	降低成本期望值
FA_1	30	20	20/30=0.67	30−20=10
FA_2	25	22	22/25=0.88	25−20=5
FA_3	46	40	40/46=0.87	46−40=6
FA_4	14	7	7/14=0.50	14−7=7

12.3.2.2 功能评价系数法

功能评价系数法又称相对值法，是通过评定各对象功能的重要程度，用功能指数来表示其功能程度的大小，然后将评价对象的功能指数与相应的成本指数进行比较，得出该评价对象的价值指数，从而确定改进对象，并求出该对象的成本改进期望值。

1. 功能系数的计算

功能系数又称功能评价系数、功能重要度系数，是指评价对象功能（或零部件）在整体功能中所占的比率，是用人为评分方法得到的。常用的方法有强制确定法、04 评分法和环比评分法。

（1）强制确定法。强制确定法，又称 01 法，是采用一定的评分规则，用强制对比打分来评定评价对象的功能系数。具体做法是：首先将各功能一一对比，重要者得 1 分，不重要者得 0 分；然后，为防止功能系数中出现零值的情况，用各加 1 分的方法进行修正；最后，用修正得分除以总得分即为功能系数，其过程可参见表 12.6。

表 12.6 强制确定法评分表

功能	A	B	C	D	E	得分 f	修正得分 f'	$F=f'/\sum f'$
A	×	0	0	1	1	2	3	3/15=0.20
B	1	×	1	1	1	4	5	5/15=0.33
C	1	0	×	1	1	3	4	4/15=0.27
D	0	0	0	×	0	0	1	1/15=0.07
E	0	0	0	1	×	1	2	2/15=0.13
合计						10	15	1.00

(2) 04 评分法。04 评分法的具体步骤与原理和强制确定法相似，也是两两对比，按功能重要性评分。只是在功能一对一评分时，分 0～4 五个档次。档次划分如下：非常重要的得 4 分，其比较对象得 0 分；较重要的得 3 分，其比较对象得 1 分；同等重要的各得 2 分；自身相比不得分，其评分过程可参见表 12.7。

表 12.7　04 评分法评分表

功能	A	B	C	D	E	F	得分 f	$F=f/\sum f$
A	×	4	4	3	3	2	16	0.27
B	0	×	3	2	4	3	12	0.20
C	0	1	×	1	2	2	6	0.10
D	1	2	3	×	3	3	12	0.20
E	1	0	2	1	×	2	6	0.10
F	2	1	2	1	2	×	8	0.13
合计							60	1.00

(3) 环比评分法。又称 DARE 法，是指先上至下依次比较相邻两个功能的重要程度，给出功能重要度比值，然后令最后一个被比较的功能的重要度比值为 1.0（作为基数），依次修正重要度比值，求出所有功能的修正重要度比值后，用其去除以总和数，得出各个功能的功能系数，其具体过程可参见表 12.8。

表 12.8　环比评分法评分表

功能	重要度比值	修正重要度	说明	功能系数 F
F_1	1.5	4.5	4.5=3.0×1.5	4.5/16.5=0.28
F_2	0.5	3.0	3.0=6.0×0.5	3.0/16.5=0.18
F_3	3.0	6.0	6.0=2.0×3.0	6.0/16.5=0.36
F_4	2.0	2.0	2.0=1.0×2.0	2.0/16.5=0.12
F_5	1.0	1.0		1.0/16.5=0.06
合计		16.5		1.00

2. 成本系数的计算

成本系数是指评价对象的目前成本在全部成本中所占的比率，其表达式为

$$C=\frac{C_0}{\sum C} \tag{12.4}$$

式中　C——成本系数；

C_0——功能的现实成本。

例如，某产品的 6 种功能是由 5 种零部件实现的，则功能实现成本的计算步骤是：首先将与功能相对应的零部件名称及现实成本填入表 12.9 中；然后，将功能领域填入表中；再将各零部件的现实成本逐一按其为实现多功能提供的成本分配至各功能领域，利润 C 部件提供了 3 种功能 F_1、F_3、F_6，则将 C 部件现实成本 2500 元按上述思想分配到 3 种功能中。计算过程见表 12.9。

表 12.9　　功能现实成本计算表　　单位：元

零部件	成本系数	现实成本 C_0	功能成本（或功能领域）					
			F_1	F_2	F_3	F_4	F_5	F_6
A	0.30	3000	1000		1000		1000	
B	0.20	2000		500		1500		
C	0.25	2500	500		500			1500
D	0.15	1500		1000		500		
E	0.10	1000			400		600	
合计∑C	1.00	10000	1500	1500	1900	2000	1600	1500

3. 价值系数的计算

价值系数的计算式即价值的定义式

$$V=\frac{F}{C} \tag{12.5}$$

在功能系数和成本系数均计算出来后，可直接代入该式求得价值系数。例如，当 $F=0.6$，$C=0.8$，可得 $V=\frac{F}{C}=\frac{0.6}{0.8}=0.75$。

4. 选择价值工程重点改进对象

通过价值的定义式 $V=\frac{F}{C}$，对价值系数的值进行分析比较，可以选择出价值工程重点改进对象。通常，F 是功能的最低成本，常用做功能成本的降低目标，称为目标成本。C 与 F 的差值就是功能成本的降低幅度，或称为改善期望值，改善期望值大的功能常常被选为价值工程活动的重点对象。

当 $V=1$，说明 $C=F$。即实现功能的目前成本与目标成本相符合，功能与成本对应得较为合理。

当 $V>1$，说明 $C<F$。对此，首先应先检查功能评价值是否定得合理，若是 F 定得太高，则应降低 F 值；其次，如果 F 值定得合理，则要检查 C 值低的原因。若由于功能不足造成 C 值偏低，就应提高功能以适应用户的需要。

当 $V<1$，说明 $C>F$。即实现功能的目前成本高于功能评价值，应努力降低其功能的目前成本，提高其价值，这样的功能是价值工程的重点改进对象。

12.4 方案的创造与评价

在功能评价之后，必须针对改进的目标创造出新的方案，以便提高产品功能，降低成本。同时，为了寻求最佳的代替方案，对于创造出来的新方案，还必须进行评价和选择。

12.4.1 方案创新

方案创新是从提高对象的功能价值出发，在正确的功能分析和评价的基础上，针对应改进的具体目标，通过创造性的思维活动，提出能够可靠地实现必要功能的新方案。从某种意义上讲，价值工程可以说是创新工程，方案创造是价值工程取得成功的主要因素之一。所以，从价值工程技术实践来看，方案创造是决定价值工程成败的关键阶段。

12.4.1.1 方案创新的原则

（1）不受时间、空间的限制，从长远着想，吸收先进技术和工艺。

（2）不受任何权威限制，广开思路，发挥创造性。

（3）不受原有产品和设备限制，大胆革新，促进产品更新换代。

（4）不受现有技术和材料限制，大胆开发。

（5）力求彻底改革，注意上位功能。

12.4.1.2 方案创新的方法

1. 头脑风暴法

头脑风暴法（Brain Storm）就是通过会议形式，针对一个问题，无拘无束地提出改进方案的方法。

根据所要解决的问题，召集10名左右专家，前来开会讨论。选择10名左右，是由发言机会和代表性确定的。会议开始时，首先由会议主持人提出四条会议原则：①不互相开展批评；②欢迎自由奔放的联想；③希望结合别人意见提出设想；④提出方案越多越好。然后提出所要解决的问题。最后，会议参加者围绕所要解决问题展开联想，提出改进方案。

2. 哥顿法

这是美国人哥顿（Gordom）在1964年提出的方法。哥顿法是通过会议形式，先讨论抽象问题后讨论具体问题，提出改进方案的方法。

根据所要解决的问题，召集10名左右的专家前来开会。会议开始时，只向专家提出一个抽象化问题，要求大家展开讨论，当讨论到一定程度后，再提出具体问题。这样利于开拓思路，打破框框。

3. 专家函询法

这种方法不采用开会的形式，而是由主管人员或部门把预想方案以信函的方式分发给有关的专业人员，征询他们的意见，然后将意见汇总，统计和整理之后再分发下去，希望再次补充修改。如此反复若干次，即经过几上几下，把原来比较分散的意见在一定程度上使其内容集中一致，形成统一的集体结论，作为新的代替方案。

方案创造的方法很多，总的精神是要充分发挥各有关人员的智慧，集思广益，多提方案，从而为评价方案创造条件。

4. 专挑毛病法

专挑毛病法就是组织有关人员对原方案专挑毛病，然后分类整理，最后提出改进方案的方法。

5. 列举法

列举法就是先针对两个不同问题提出几个解决方案，然后把这些方案分别归纳，形成新的改进方案的方法。

12.4.2 方案评价

在方案创造阶段提出的设想和方案是多种多样的，确定方案能否付诸实施，就必须对各个方案的优缺点和可行性进行分析、比较、论证和评价，并在评价过程中进一步完善较

优方案。

12.4.2.1 方案评价的内容

方案评价的内容包括技术评价、经济评价和社会评价。

技术评价是对方案功能的必要性、必要程度（如性能、质量、寿命等）及实施的可能性进行分析评价；经济评价是对方案实施的经济效果（如成本、利润、节约额等）的大小进行分析评价；社会评价是对方案给国家和社会带来的影响（如环境污染、生态平衡、国民经济效益等）进行分析评价。

一般可先作技术评价，再分别作经济评价和社会评价，最后作综合评价。

12.4.2.2 方案评价的形式

方案评价一般分为概略评价和详细评价两种。

概略评价是对方案进行初步筛选，将一些明显价值不高的方案现行排除，保留价值较高的少数方案，以减少进一步评价所耗费的人力和时间。详细评价是对概略评价后保留的方案，通过进一步的调查研究和技术经济分析，从中选出最优方案。无论是概略评价还是详细评价，均包括三部分内容，即技术评价、经济评价和社会评价。技术评价围绕"功能"进行，主要评价方案能否满足功能的要求，以及技术上的完善性和可能性。经济评价围绕经济效果进行评价，主要是评价有无降低成本的可能和能否实现预定的目标成本。社会评价对新产品投产后给社会带来的利益和影响进行估计，包括方案是否符合国家规定的各项政策、法令及标准，方案实施后对环境的影响，对社会其他事业的影响等。

12.4.2.3 方案评价的方法

用于方案综合评价的方法很多，这里主要介绍以下几种常用方法。

1. 优缺点列举法

优缺点列举法是把每一个方案在技术上、经济上的有缺点详细列出，进行综合分析，并对优缺点作进一步整理，用淘汰法逐步缩小考虑范围，从范围不断缩小的过程中找出最优方案。

2. 直接评分法

根据各种方案能够达到各项功能要求的程度，按 10 分制（或 100 分制）评分，然后算出每个方案达到功能要求的总分，比较各方案总分，作出采纳、保留、舍弃的决定，再对采纳、保留的方案进行成本比较，最后确定最优方案。

3. 加权评分法

加权评分法，又称矩阵评分法。这种方法是将功能、成本等各种因素，根据要求的不同进行加权计算，权数大小应根据它在产品中所处的地位而定，算出综合分数，最后与各方案寿命周期成本进行综合分析，选择最优方案。加权评分法主要包括以下 4 个步骤。

第一步，确定评价项目及其权重系数。

第二步，根据各方案对各项评价项目的满足程度进行评价。

第三步，计算各方案的评分权数和。

第四步，计算各方案的价值系数，以较大的为优。

方案经过评价，不能满足要求就淘汰，有价值的就保留。

【例 12.3】 某设备更新改造决策，由大修理、技术改造和更新三个方案选优，各方案的费用分别为 8.5 万元、12.4 万元和 39 万元，各方案的功能得分及重要度权数见表 12.10。现利用加权评分法来对方案进行评价。

表 12.10　　方案得分及重要度权数

方案功能	方案功能得分			重要度权数
	大修理	技术改造	更新	
F_1	6	9	10	0.35
F_2	5	9	10	0.35
F_3	7	10	9	0.15
F_4	6	8	9	0.05
F_5	6	9	10	0.05
F_6	5	8	10	0.05
F_7	6	8	9	0.05

解　首先，计算各方案的评分权数和，见表 12.11。然后，计算各方案的价值系数，见表 12.12。

表 12.11　　各方案的评分权数和

方案功能因素	重要度权数	方案		
		大修理	技术改造	更新
F_1	0.35	0.35×6=2.10	0.35×9=3.15	0.35×10=3.50
F_2	0.35	0.35×5=1.50	0.35×9=2.70	0.35×10=3.50
F_3	0.15	0.15×7=1.05	0.15×10=1.50	0.15×9=1.35
F_4	0.05	0.05×6=0.30	0.05×8=0.40	0.05×9=0.45
F_5	0.05	0.05×6=0.30	0.05×9=0.45	0.05×10=0.50
F_6	0.05	0.05×5=0.25	0.05×8=0.40	0.05×10=0.50
F_7	0.05	0.05×6=0.30	0.05×8=0.40	0.05×9=0.45
方案评分加权数		5.80	9.00	9.75
方案功能评价系数		0.2363	0.3666	0.3971

表 12.12　　各方案的价值系数计算表

方案名称	功能评价系数	成本和费用（万元）	成本指数	价值指数
大修理	0.2363	8.5	0.1419	1.6653
技术改造	0.3666	12.4	0.2070	1.7710
更新	0.3971	39	0.6511	0.6099
合计	1.0000	59.9	1.0000	

由此可以看出，技术改造价值系数最大，为最优方案。

思 考 与 练 习 题

12.1 价值工程的含义。

12.2 价值工程的工作程序是什么？每个程序解决什么问题？

12.3 价值工程的实施步骤。

12.4 功能分析的内容。

12.5 方案创新的方法有哪些。

12.6 某开发公司针对设计院提出的某商住楼 A、B、C 三个设计方案，进行了技术经济分析和专家调查，得到表 12.13 所示的数据。试计算各方案成本系数、功能系数和价值系数，并确定最优方案。

表 12.13　　方案功能数据表

方案功能	方案功能得分			重要度权数
	A	B	C	
F_1	9	9	8	0.25
F_2	8	10	10	0.35
F_3	10	7	9	0.25
F_4	9	10	9	0.10
F_5	8	8	6	0.05
单方造价（元/m^2）	1325	1118	1226	

第13章 经济评价案例

学习目标和学习要点

为了使理论与实践紧密结合，本章引用了某污水处理厂经济评价的案例，将财务评价、国民经济评价和不确定性分析等有关内容有机地联系在一起，以便让学生对所学内容有一个全面系统的掌握。虽然经济评价中某些参数和数据随时间的推移会有所变动，但其评价方法和分析思路是有指导和示范意义的。因此，在学习案例时，应重点放在数据的取得和走向上，应对照规范化的表格弄清楚数据的来龙去脉，并能根据表格计算出有关的经济评价指标，从而提高分析问题的能力和实际动手能力。

13.1 财务评价

13.1.1 工程概况

青山市的镇东区，位于主城区南，该区北部的沙河将该区与主城区隔开，形成了地理上独立的行政区域。目前，该区没有任何集中式污水处理设施，区内生活污水和工业废水全部直接排入城区内的灌渠及道路边沟，最终汇入沙河，严重污染了地下水和沙河水。有关部门正在筹备建设城区污水处理厂和相关的污水收集系统。根据规划的城区用水量，确定污水处理厂规模为10万立方米每日，总变化系数1.15。

污水处理厂建成后，将为位于该区内的某热电厂的发电和城区供热扩建工程供应冷却用原水6万立方米每日。

项目建设所需资金情况见表13.1。

表13.1　项目工程造价估算简表　单位：万元

序号	项　目	金额	序号	项　目	金额
1	工程费用合计	8583.86	2.8	设计费	319.67
2	其他费用合计	2420.51	2.9	竣工图编制费	15.98
2.1	征地费	1620.21	2.10	工程保险费	30.04
2.2	破路补偿费	104.83	2.11	设计前期工作费	18.00
2.3	建设单位管理费	103.01	2.12	招投标费	27.38
2.4	生产人员培训费	8.64	2.13	施工监理费	65.71
2.5	办公及生产家具购置费	3.00	2.14	环境评价费	30.04
2.6	联合试运转费	31.08	3	基本预备费	1100.44
2.7	勘测费	42.92		工程静态投资	12104.82

项目所需的固定资产投资，由企业自筹3704.82万元；采用国内银行贷款8400.00万元，年利率6.12%。所需流动资金的70%采用银行短期贷款，年利率5.31%。其余30%

由企业自筹。

项目建成后，需要职工30人，人均月工资800元。

项目建设期2年，建设期用款比例为55∶45。项目建成后第1年处理负荷为75%，第2年为85%，第3年达到100%。

13.1.2 固定资产投资与流动资金分年度使用计划

项目计算期采用20年，其中建设期2年，生产期18年。

用于固定资产投资的不同来源的资金，均按照投资分年度使用比例使用。

项目所需流动资金，参照《给水排水建设项目评价细则》的规定，按三个月的经营成本计算，并在项目建成后，近似按生产负荷逐渐投入。计算期末回收全部流动资金并偿还本金。

项目建设期间以及达产期投资使用情况见表13.2。

表13.2　投资计划与资金筹措表　单位：万元

序号	项目	合计	建设期		达产期		
			1	2	3	4	5
1	总投资	13228.91	6799.02	5845.58	438.23	58.43	87.65
1.1	固定资产投资	12104.82	6657.65	5447.17			
1.2	建设期利息	539.78	141.37	398.41			
1.3	流动资金	584.31			438.23	58.43	87.65
2	资金筹措	13228.91	6799.02	5845.58	438.23	58.43	87.65
2.1	自有资金	3880.11	2037.65	1667.17	131.47	17.53	26.29
2.1.1	固定资产投资	3704.82	2037.65	1667.17			
2.1.2	流动资金	175.29			131.47	17.53	26.29
2.2	借款						
2.2.1	长期借款	9348.80	4761.37	4178.41	306.76	40.90	61.35
	国外贷款						
	国内贷款	8400.00	4620.00	3780.00			
	建设期利息	539.78	141.37	398.41			
2.2.2	流动资金借款	409.02			306.76	40.90	61.35

13.1.3 项目运营成本

总成本费用＝经营成本＋折旧费＋摊销费＋财务费用。这里的财务费用为每年支付的长短期贷款利息。

工程总投资形成固定资产原值11844.29万元，由于该项目所用设备有部分采用进口设备，故固定资产综合折旧率采用5.2%，固定资产净残值率取4%，则年折旧费587.83万元。

项目投资中的生产职工培训费、破路补偿费、建设单位管理费、联合试运转费、勘察费、项目前期工作费、设计费、编制竣工图、招投标费、施工监理费、环境评价费和建设期利息，形成无形和递延资产800.31万元。按12.5年摊销，年摊销费64.02万元。

项目的经营成本包括药剂费、电费、工资福利费、大修与日常维护费及其他费用。职工福利费按人均工资的14%计。

经营成本中的各项费用均以现行价格计算，计算期内采用同一价格。成本的基本数据及计算，详见表13.3、表13.4。其中大修费以固定资产原值的2%计，日常维护费为固定资产原值的1%。

表13.3　　生产成本基本数据表

序号	项　目	单　位	基　本　数　据
1	耗电量	万千瓦时每年	1506.98
2	电费单价	元每千瓦时	0.99
3	氯气用量	吨每年	222.17
4	氯气价格	元每吨	2 600
5	聚丙烯酰胺用量	吨每年	14.28
6	聚丙烯酰胺价格	元每吨	18000
7	人均工资	元每年	9600
8	职工人数	人	30

表13.4　　总成本费用估算表　　单位：万元

序号	项目	生　产　期												
		3	4	5	6	7	8	9	10	11	12	13	15	16
	生产负荷	75%	85%	100%	100%	100%	100%	100%	100%	100%	100%	100%	100%	100%
1	原材料费	62.61	70.95	83.47	83.47	83.47	83.47	83.47	83.47	83.47	83.47	83.47	83.47	83.47
2	电费	1118.94	1268.13	1491.92	1491.92	1491.92	1491.92	1491.92	1491.92	1491.92	1491.92	1491.92	1491.92	1491.92
3	水资源费													
4	工资福利费	32.83	32.83	32.83	32.83	32.83	32.83	32.83	32.83	32.83	32.83	32.83	32.83	32.83
5	大修及日常维护费	254.35	288.26	339.14	339.14	339.14	339.14	339.14	339.14	339.14	339.14	339.14	339.14	339.14
6	折旧费	440.88	499.66	587.83	587.83	587.83	587.83	587.83	587.83	587.83	587.83	587.83	587.83	587.83
7	摊销费	64.02	64.02	64.02	64.02	64.02	64.02	64.02	64.02	64.02	64.02	64.02	32.01	
8	保险金住房基金													
	利息	569.94	545.72	511.75	463.56	414.37	362.74	308.55	251.69	192.01	129.37	63.64	22.82	22.82
9	其他费用	296.04	333.58	389.88	389.88	389.88	389.88	389.88	389.88	389.88	389.88	389.88	389.88	380.28
10	总成本费用	2839.61	3103.16	3500.85	3452.66	3403.46	3351.83	3297.65	3240.78	3181.10	3118.47	3052.74	3011.92	2938.29
10.1	固定成本	1658.07	1764.08	1925.46	1877.27	1828.07	1776.45	1722.26	1665.39	1605.71	1543.08	1477.35	1436.53	1362.90
10.2	可变成本	1181.54	1339.08	1575.39	1575.39	1575.39	1575.39	1575.39	1575.39	1575.39	1575.39	1575.39	1575.39	1575.39
11	经营成本	1764.77	1993.76	2337.24	2337.24	2337.24	2337.24	2337.24	2337.24	2337.24	2337.24	2337.24	2337.24	2337.24

注　第16～20年对应各项数据均相同。

13.1.4　缴纳税金

该项目的收入包括两部分，一是排污收费；二是中水收入。根据目前城市排水和污水

处理的实际情况，排污收费的收入还没有缴纳销售税和所得税的。因而，该项目的销售税金及附加，以中水销售收入为基数，按自来水缴纳的税金计算。

项目缴纳的销售税金包括增值税、城市维护建设费、教育费附加。增值税率为销售收入的6%，城市建设维护费为增值税的7%，教育费附加为增值税的3%。项目缴纳的销售税金及附加的计算方法为

$$销售税金及附加=销售收入/1.06\times6.6\%$$

所得税的计算，也需要扣除排污收费。由于项目的利润额无法分清是排污收费形成的，还是中水销售形成的，所以，将利润总额按两者占总收入的比例分配，计算中水分配部分的所得税。

所得税税率为应纳税利润额的33%。

13.1.5 财务基准收益率

根据《细则》规定，财务基准收益率为4%。

13.1.6 财务评价

1. 收入

根据有关部门的文件，镇东区计划近期收取排污费，按自来水用水量计算的排污收费标准为0.6元每立方米，分配给污水处理、按排污水量计算的部分为0.5元每立方米。根据城市规划，镇东区近期将对地下水过量开采的情况进行治理整顿，并对新增开采水量进行严格限制，因而部分自行开采地下水的用户需要利用中水水源或自行处理回用。污水处理厂建成后，将为当地某热电厂提供循环冷却用原水6万立方米每日，经双方初步拟定，水价定为1.00元每立方米。该项目年总收入为3776.96万元。

2. 财务盈利能力分析

根据全部投资现金流量表（表13.5）、自有资金现金流量表（表13.6）、损益表（表13.7），得财务评价指标汇总表，见表13.8。

表13.5　　财务现金流量表（全部投资）　　单位：万元

序号	项目	建设期		生产期							
		1	2	3	4	5	6	7	8	9	10
	生产负荷			75%	85%	100%	100%	100%	100%	100%	100%
1	现金流入			2832.72	3210.41	3776.96	3776.96	3776.96	3776.96	3776.96	3776.96
1.1	产品销售收入			2832.72	3210.41	3776.96	3776.96	3776.96	3776.96	3776.96	3776.96
1.2	回收固定资产余值										
1.3	回收流动资金										
2	现金流出	6657.65	5447.17	2305.27	2168.09	2565.44	2509.56	2518.97	2528.85	2539.22	2550.10
2.1	固定资产投资	6657.65	5447.17								
2.2	流动资金			438.23	58.43	87.65					
2.3	经营成本			1764.77	1993.76	2337.24	2337.24	2337.24	2337.24	2337.24	2337.24
2.4	销售税金及附加			102.27	115.90	136.36	136.36	136.36	136.36	136.36	136.36
2.5	所得税			0.00	0.00	4.20	35.96	45.37	55.25	65.62	76.50

续表

序号	项　　目	建设期		生　产　期							
		1	2	3	4	5	6	7	8	9	10
3	净现金流量	−6657.65	−5447.17	527.45	1042.32	1211.51	1267.40	1257.99	1248.11	1237.74	1226.86
4	累计净现金流量	−6657.65	−12104.82	−11577.37	−10535.05	−9323.53	−8056.13	−6798.15	−5550.04	−4312.31	−3085.45
5	所得税前净现金流量	−6657.65	−5447.17	527.45	1042.32	1215.71	1303.36	1303.36	1303.36	1303.36	1303.36
6	税前累计净现金流量	−6657.65	−12104.82	−11577.37	−10535.05	−9319.33	−8015.98	−6712.62	−5409.26	−4105.90	−2802.54

序号	项目	生　产　期										合计
		11	12	13	14	15	16	17	18	19	20	
	生产负荷	100%	100%	100%	100%	100%	100%	100%	100%	100%	100%	
1	现金流入	3776.96	3776.96	3776.96	3776.96	3776.96	3776.96	3776.96	3776.96	3776.96	5319.89	68017.7
1.1	产品销售收入	3776.96	3776.96	3776.96	3776.96	3776.96	3776.96	3776.96	3776.96	3776.96	3776.96	66474.43
1.2	回收固定资产余值										958.62	958.62
1.3	回收流动资金										584.31	584.31
2	现金流出	2561.52	2573.50	2586.08	2593.89	2596.13	2598.38	2598.38	2598.38	2598.38	2598.38	57693.32
2.1	固定资产投资											12104.82
2.2	流动资金											584.31
2.3	经营成本	2337.24	2337.24	2337.24	2337.24	2332.44	2327.63	2327.63	2327.63	2327.63	2327.63	41101.52
2.4	销售税金及附加	136.36	136.36	136.36	136.36	136.36	136.36	136.36	136.36	136.36	136.36	2399.91
2.5	所得税	87.92	99.91	112.48	120.29	127.34	134.38	134.38	134.38	134.38	134.38	1502.77
3	净现金流量	1215.44	1203.45	1190.88	1183.07	1180.82	1178.58	1178.58	1178.58	1178.58	2721.51	10324.04
4	累计净现金流量	−1870.01	−666.56	524.32	1707.38	2888.21	4066.79	5245.37	6423.95	7602.53	10324.04	
5	所得税前净现金流量	1303.36	1303.36	1303.36	1303.36	1308.16	1312.96	1312.96	1312.96	1312.96	2855.90	11826.81
6	税前累计净现金流量	−1499.18	−195.82	1107.54	2410.90	3719.06	5032.03	6344.99	7657.95	8970.91	11826.81	

计算指标：	所得税后	所得税前
财务内部收益率	6.35%	6.99%
财务净现值（万元）	2698.71	3562.64
投资回收期（年）	12.55	12.15

表 13.6　　财务现金流量表（自有资金）　　单位：万元

序号	项　　目	建设期		生　产　期							
		1	2	3	4	5	6	7	8	9	10
	生产负荷			75%	85%	100%	100%	100%	100%	100%	100%
1	现金流入			2832.72	3210.41	3776.96	3776.96	3776.96	3776.96	3776.96	3776.96
1.1	产品销售收入			2832.72	3210.41	3776.96	3776.96	3776.96	3776.96	3776.96	3776.96
1.2	回收固定资产余值										

续表

序号	项　目	建设期		生　产　期							
		1	2	3	4	5	6	7	8	9	10
1.3	回收流动资金										
2	现金流出	2037.65	1667.17	2964.19	3227.94	3803.25	3776.96	3776.96	3776.96	3776.96	3776.96
2.1	自有资金	2037.65	1667.17	131.47	17.53	26.29					
	其中：流动资金			131.47	17.53	26.29					
2.2	借款本金偿还			395.74	555.03	787.41	803.84	843.62	885.37	929.19	975.17
2.3	借款利息支付			569.94	545.72	511.75	463.56	414.37	362.74	308.55	251.69
2.4	经营成本			1764.77	1993.76	2337.24	2337.24	2337.24	2337.24	2337.24	2337.24
2.5	销售税金及附加			102.27	115.90	136.36	136.36	136.36	136.36	136.36	136.36
2.6	所得税			0.00	0.00	4.20	35.96	45.37	55.25	65.62	76.50
3	净现金流量	−2037.65	−1667.17	−131.47	−17.53	−26.29	0.00	0.00	0.00	0.00	0.00
4	累计净现金流量	−2037.65	−3704.82	−3836.29	−3853.81	−3880.11	−3880.11	−3880.11	−3880.11	−3880.11	−3880.11

序号	项目	生　产　期										合计
		11	12	13	14	15	16	17	18	19	20	
	生产负荷	100%	100%	100%	100%	100%	100%	100%	100%	100%	100%	
1	现金流入	3776.96	3776.96	3776.96	3776.96	3776.96	3776.96	3776.96	3776.96	3776.96	5319.89	68017.7
1.1	产品销售收入	3776.96	3776.96	3776.96	3776.96	3776.96	3776.96	3776.96	3776.96	3776.96	3776.96	66474.43
1.2	回收固定资产余值										958.62	958.62
1.3	回收流动资金										584.31	584.31
2	现金流出	3776.96	3776.96	4284.68	2616.71	2618.96	2621.20	2621.20	2621.20	2621.20	2621.20	62765.23
2.1	自有资金											3880.11
	其中：流动资金											175.29
2.2	借款本金偿还	1023.43	1074.08	666.90								8939.78
2.3	借款利息支付	192.01	129.37	40.81	22.82	22.82	22.82	22.82	22.82	22.82	22.82	3950.26
2.4	经营成本	2337.24	2337.24	2337.24	2337.24	2332.44	2327.63	2327.63	2327.63	2327.63	2327.63	41101.52
2.5	销售税金及附加	136.36	136.36	1127.24	136.36	136.36	136.36	136.36	136.36	136.36	136.36	3390.79
2.6	所得税	87.92	99.91	112.48	120.29	127.34	134.38	134.38	134.38	134.38	134.38	1502.77
3	净现金流量	0.00	0.00	−507.72	1160.24	1158.00	1155.76	1155.76	1155.76	1155.76	2698.69	5252.13
4	累计净现金流量	−3880.11	−3880.11	−4387.83	−3227.59	−2069.59	−913.83	241.93	1397.69	2553.44	5252.13	

财务内部收益率　5.46%

财务净现值（万元）　915.08

表 13.7 损 益 表 单位：万元

序号	项目	生产期											合计
		3	4	5	6	7	8	9	10	11	12	13	
	生产负荷	75%	85%	100%	100%	100%	100%	100%	100%	100%	100%	100%	
1	收入	2832.72	3210.41	3776.96	3776.96	3776.96	3776.96	3776.96	3776.96	3776.96	3776.96	3776.96	66474.43
1.1	中水收入	1642.50	1861.50	2190.00	2190.00	2190.00	2190.00	2190.00	2190.00	2190.00	2190.00	2190.00	38544.00
1.2	排污收费	1190.22	1348.91	1586.96	1586.96	1586.96	1586.96	1586.96	1586.96	1586.96	1586.96	1586.96	27930.43
2	销售税金及附加	102.27	115.90	136.36	136.36	136.36	136.36	136.36	136.36	136.36	136.36	136.36	2399.91
3	总成本费用	2839.61	3103.16	3500.85	3452.66	3403.46	3351.83	3297.65	3240.78	3181.10	3118.47	3052.74	56220.80
4	利润总额	−109.16	−8.65	139.75	187.94	237.13	288.76	342.95	399.81	459.50	522.13	587.86	7853.73
5	应纳税利润额			12.72	108.97	137.50	167.43	198.85	231.83	266.43	302.75	340.86	7853.73
6	所得税			4.20	35.96	45.37	55.25	65.62	76.50	87.92	99.91	112.8	1502.77
7	税后利润	−109.16	−8.65	135.55	151.98	191.76	233.51	277.33	323.31	371.57	422.22	475.38	6350.96
8	可分配利润	−109.16	−8.65	135.55	151.98	191.76	233.51	277.33	323.31	371.57	422.22	475.38	6350.96
8.1	应付利润												
8.2	未分配利润	−109.16	−8.65	135.55	151.98	191.76	233.51	277.33	323.31	371.57	422.22	475.38	6350.96
9	累计未分配利润	−109.16	−117.81	17.74	169.72	361.48	594.99	872.32	1195.63	1567.20	1989.43	2464.80	

注 第 14～20 年，各年相同项目的对应数据，因利息不同而使与利息有关的数据不同，读者可自行计算。合计为 20 年总和。

表 13.8 财务评价指标汇总表

序号	项 目	指 标		
		全部投资		自有资金
		所得税后	所得税前	
1	内部收益率（%）	6.35	6.99	5.46
2	净现值（万元）	2697.46	3565.31	915.08
3	投资回收期（年）	12.55	12.15	
4	贷款偿还期（年）	12.59		
5	投资利润率（%）	3.31		
6	投资利税率（%）	4.32		

所得税后全部投资财务内部收益率为 6.35%，高于行业基准收益率（4%），财务净现值为 2697.46 万元，投资回收期 12.55 年（包括建设期）。

3. 财务清偿能力分析及贷款偿还

资金来源与运用表、借款还本付息估算表和资产负债表见表 13.9～表 13.11。

表 13.9 资金来源与运用表 单位：万元

序号	项目	建设期		生产期													
		1	2	3	4	5	6	7	8	9	10	11	12	13	14	15	16
	生产负荷			75%	85%	100%	100%	100%	100%	100%	100%	100%	100%	100%	75%	85%	100%
1	资金来源	6799.02	5845.58	833.97	613.46	879.26	839.80	888.99	940.62	994.81	1051.67	1111.35	1173.99	1239.72	1280.54	1285.34	1290.14
1.1	利润总额			−109.16	−8.65	139.75	187.94	237.13	288.76	342.95	399.81	459.50	522.13	587.86	628.68	665.49	702.31
1.2	折旧费			440.88	499.66	587.83	587.83	587.83	587.83	587.83	587.83	587.83	587.83	587.83	587.83	587.83	587.83
1.3	摊销费			64.02	64.02	64.02	64.02	64.02	64.02	64.02	64.02	64.02	64.02	64.02	64.02	32.01	0.00
1.4	长期借款	4761.37	4178.41														
1.5	流动资金借款			306.76	40.90	61.35											
1.6	自有资金																
1.7	回收固定资产余值																
1.8	回收流动资金																
2	资金运用	6799.02	5845.58	833.97	613.46	879.26	839.80	888.99	940.62	994.81	1051.67	111.35	173.99	779.39	120.29	127.34	134.38
2.1	固定资产投资	6657.65	5447.17														
2.2	建设期利息	141.37	398.41														
2.3	流动资金			438.23	58.43	87.65											
2.4	所得税			0.00	0.00	4.20	35.96	45.37	55.25	65.62	76.50						
2.5	应付利润																
2.6	长期借款本金偿还			395.74	555.03	787.41	803.84	843.62	885.37	929.19	975.17	1023.43	1074.08	666.90			
2.7	流动资金借款偿还																
3	盈余资金													460.34	1160.24	1158.00	1155.76
4	累计盈余资金													460.34	1620.58	278.58	3934.34

注 第 16～19 年对应各项数据相同。第 20 年增加 1.7、1.8 和 2.7 项，年末累计盈余资金为 9691.28 万元。

表 13.10 借款还本付息估算表

单位：万元

序号	项目	建设期		生产期										
		1	2	3	4	5	6	7	8	9	10	11	12	13
1	贷款													
1.1	年初借款累计		4761.37	8939.78	8544.04	7989.01	7201.60	6397.76	5554.14	4668.77	3739.59	2764.42	1740.98	666.90
1.2	本年借款	4620.00	3780.00											
1.3	本年应计利息	141.37	398.41	547.11	522.90	488.93	440.74	391.54	339.91	285.73	228.86	169.18	106.55	40.81
1.4	本年还本付息			942.86	1077.93	1276.34	1244.58	1235.16	1225.28	1214.92	1204.03	1192.61	1180.63	707.72
1.5	还本			395.74	555.03	787.41	803.84	843.62	885.37	929.19	975.17	1023.43	1074.08	666.90
1.6	付息			547.11	522.90	488.93	440.74	391.54	339.91	285.73	228.86	169.18	106.55	40.81
2	偿还本金来源			395.74	555.03	787.41	803.84	843.62	885.37	929.19	975.17	1023.43	1074.08	1127.24
2.1	未分配利润			−109.16	−8.65	135.55	151.98	191.76	233.51	277.33	323.31	371.57	422.22	475.38
2.2	折旧费			440.88	499.66	587.83	587.83	587.83	587.83	587.83	587.83	587.83	587.83	587.83
2.3	摊销费			64.02	64.02	64.02	64.02	64.02	64.02	64.02	64.02	64.02	64.02	64.02
2.4	其他													
3	盈余资金													460.34
4	累计盈余资金													460.34

注 到第 20 年末，累积盈余资金 9691.28 万元。

表 13.11 **资 产 负 债 表** 单位：万元

序号	项目	建设期		生 产 期					
		1	2	3	4	5	6	7	8
1	资产	6799.02	12644.60	12111.57	11613.48	11060.00	10408.14	9756.28	9104.43
1.1	流动资产总额			511.66	577.25	675.63	675.63	675.63	675.63
1.1.1	应收账款			441.19	498.44	584.31	584.31	584.31	584.31
1.1.2	存货			15.65	17.74	20.87	20.87	20.87	20.87
1.1.3	现金			54.81	61.07	70.45	70.45	70.45	70.45
1.1.4	累计盈余资金								
1.2	在建工程	6799.02	12644.60						
1.3	固定资产余值			10863.63	10363.97	9776.14	9188.30	8600.47	8012.63
1.4	无形及递延资产净值			736.28	672.26	608.23	544.21	480.18	416.16
2	负债及所有者权益								
2.1	流动负债总额			314.59	356.53	419.45	419.45	419.45	419.45
2.1.1	应付账款			7.83	8.87	10.43	10.43	10.43	10.43
2.1.2	流动资金借款			306.76	347.66	409.02	409.02	409.02	409.02
2.1.3	其他短期借款								
2.2	长期借款	4761.37	8939.78	8544.04	7989.01	7201.60	6397.76	5554.14	4668.77
	负债小计	4761.37	8939.78	8858.63	8345.54	7621.05	6817.21	5973.59	5088.22
2.3	所有者权益	2037.65	3704.82	3727.13	−8.65	138.35	178.75	248.78	327.37
2.3.1	资本金	2037.65	3704.82	3836.29					
2.3.2	累计未分配利润			−109.16	−8.65	135.55	151.98	191.76	233.51
资产负债率		70.03%	70.70%	73.14%	71.86%	68.91%	65.50%	61.23%	55.89%
流动比率				162.64%	161.91%	161.07%	161.07%	161.07%	161.07%
速动比率				157.67%	156.93%	156.10%	156.10%	156.10%	156.10%

注 第 9～20 年的各项数据可依次计算出，其他表中的回收固定资产余值即来自本表 1.3 项第 20 年的数据。

该项目长期贷款本金 8400 万元，建设期利息 539.78 万元。

偿还贷款本金资金来源为：未分配利润、折旧费、摊销费。

项目建成后，用所有可用于还款的资金偿还长期贷款。贷款偿还期为 12.59 年。详见表 13.10。

项目建设与运行期间，资产负债率最大的一年发生在运行第 1 年，为 73.14%，负债低于资产。

4. 不确定性分析

（1）盈亏平衡分析。以生产能力利用率表示的项目盈亏平衡点（*BEF*）为（达产第 1 年）

BEP =年固定总成本/(年收入－年可变成本－年销售税金及附加)×100%

=1925.46/(3776.96－1575.39－136.36)×100%

=93.23%

计算结果表明，在长期贷款还清之前，由于项目的固定成本高于可变成本，项目建成后达到设计规模后的第1年，盈亏平衡点很高，如果项目的中水供水量及排污收费水量略有降低，项目就会出现亏损情况，表明风险较大。随着项目的长期贷款的逐渐偿还，盈亏平衡点将逐渐降低。在还清贷款的第2年，即第14年，项目的盈亏平衡点降至69.56%。

(2) 敏感性分析。在项目计算期内，可能发生变化的因素主要有：收入、固定资产投资、经营成本。各因素单独变化时，对项目财务内部收益率、财务净现值及投资回收期的影响程度见表13.12。其中，收入的影响程度最大；其次是固定资产投资；经营成本的影响程度与固定资产投资相当。当财务内部收益率降至4%时，各因素单独变化的底线是：收入下降8.5%，固定资产投资增加19.2%，经营成本增加13.7%。

表 13.12　　敏感性分析表

序号	项　目	－20%	－10%	基本方案	+10%	+20%
1	收入变化（元每立方米）					
1.1	财务内部收益率（%）	0.50	3.59	6.35	8.90	11.28
1.2	财务净现值（万元）	－3536.05	－448.38	2698.71	5934.59	9215.79
1.3	投资回收期（年）	>20	15.60	12.55	10.64	9.32
2	固定资产投资变化					
2.1	财务内部收益率（%）	9.57	7.83	6.35	5.06	3.92
2.2	财务净现值（万元）	5496	4096.08	2698.71	1911.97	－101.72
2.3	投资回收期（年）	10.20	11.35	12.55	13.83	15.11
3	经营成本变化					
3.1	财务内部收益率（%）	9.54	7.97	6.35	4.65	2.89
3.2	财务净现值（万元）	6726.38	4700.51	2698.71	726.48	－1195.07
4	投资回收期（年）	10.23	11.25	12.55	14.29	16.67

13.1.7 结论

以上分析表明，在排污收费0.50元每立方米污水，中水水价为1.00元每立方米的条件下，该项目有一定的盈利能力和贷款偿还能力，本项目可行。

但项目的盈亏平衡点很高，对各影响因素的影响较敏感，项目在财务生存能力上具有一定的风险。

城市污水处理是保护城市及相关区域环境和水环境、保障人民身体健康必须具备的基础设施，其生态环境效益及社会效益是巨大的。建议有关部门，在排污收费、中水回用等方面加大力度，以确保该项目及相关项目的正常建设与运营。

13.2 国民经济评价

13.2.1 工程概况

工程的基本情况同 13.1.1。

13.2.2 城区及相关水域污染概况

镇东城区一侧有一农田灌溉用灌渠，城区全部污水和雨水直接排放汇入该灌渠，使灌渠水体受到严重污染，旱季水质为Ⅴ类。由于大量污水的排入，渠内水质达不到农田灌溉水质标准，直接污染了受灌农作物，使农作物产量降低，农产品质量下降，给食用者的健康造成了严重威胁。同时也污染了地下水，使地下水源成为微污染水源，有机物、氨氮、亚硝酸盐氮等指标超标。由于该区用水全部取自地下水，因而直接威胁着全区居民的身体健康，也对其他相关区域造成了威胁。

该灌渠的水最终汇入沙河，加重了沙河的污染。近 10 年来，沙河下游水质基本为劣Ⅴ类，其中就有该城区的部分因素。

13.2.3 基本数据及调整计算

1. 转移支付的调整

将 13.1 节中项目所缴纳的所有税金从项目费用中扣除，将国内贷款利息扣除。

2. 工程造价调整

在项目的投入物中，采用了部分进口设备，根据式（11.4），将进口设备到岸价乘以影子价格换算系数 1.08，再加国内运费，得到进口设备造价。

项目所占土地为城市用地，故土地的影子价格采用财务价格。

其他设备及材料等均采用财务价格。

调整后的工程造价见表 13.13。

表 13.13　　项目工程造价估算简表　　单位：万元

序号	项　目	金额	序号	项　目	金额
1	工程费用合计	8674.28	2.8	设计费	319.67
2	其他费用合计	2423.65	2.9	竣工图编制费	15.98
2.1	征地费	1620.21	2.10	工程保险费	30.36
2.2	破路补偿费	104.83	2.11	设计前期工作费	18.00
2.3	建设单位管理费	104.09	2.12	招投标费	27.42
2.4	生产人员培训费	8.64	2.13	施工监理费	65.82
2.5	办公及生产家具购置费	3.00	2.14	环境评价费	30.36
2.6	联合试运转费	31.89	3	基本预备费	1109.79
2.7	勘测费	43.37		工程静态投资	12207.72

3. 成本与收入的调整

项目建成后，所用职工均为非短缺专业人员，故影子工资采用财务价格。其他材料及收入均采用财务价格。

项目的收入不作调整。

13.2.4 外部效果

该项目的外部效果包括：为热电厂供水产生的间接效益，减少污水排放量而改善灌区及沙河水质、地下水水质的环境及健康效益，农作物增产与农产品质量改善效益，污泥最终处置产生的间接费用等。这里只计算较易定量计量的供水效益和污泥处置费用，其他效益和费用采用定性分析方法分析。

1. 供水效益

该项目建成后，将为该城区某热电厂扩建工程供应冷却用原水6万立方米每日。由于该地区水资源紧缺，电厂扩建工程没有其他水源可供选择，因而采用该处理厂供水的方案无可替代。

该热电厂扩建工程共投资48318万元，项目达产后，预计年均新增销售收入17294万元，年平均利税为6565万元，采用效益分摊法计量供水产生的效益，取分摊系数10%，则年平均供水间接效益为656.5万元。

2. 污泥处置费用

该项目建成后，将产生干污泥1.5吨每日，按照该项目的设计方案，产生的干污泥将由附近的居民运走用作肥料，因而不发生干污泥最终处置费用。但污水处理厂产生的干污泥肥效不高，项目建成后，必然会发生污泥最终处置费用。从环境保护的角度考虑，应对污泥进行适当的最终处置。距离污水处理厂50公里处有一个城市垃圾填埋场，故设计污泥最终处置方案为运至垃圾填埋场填埋。运费及填埋费77元每吨，则每年污泥处置费应为4.22万元。

3. 减少排污量而改善环境的效益

污水处理厂的设计进出水水质见表13.14。项目建成后，近期城区污水基本达到全部处理，每年减少原污水排放量3650万立方米。考虑每天供给热电厂的6万立方米原水所含的全部污染物量，以及其余每天4万立方米处理后污水削减的污染物量，每年减少排放的污染物量见表13.14。这将有利于灌渠水质、沙河水质以及地下水水质的改善，有利于当地农作物产品质量的逐步改善，可产生较大的环境效益和健康效益。

表13.14 污水处理厂设计进出水水质及去除率一览表

项　目	COD_{cr} (mg/L)	BOD_5 (mg/L)	pH值	SS (mg/L)	NH_3-N (mg/L)	TN (mg/L)	TP (mg/L)
进水	400	180	6.5～8	200	20	26	2.5
出水	≤60	≤20	6～9	≤20	≤8	≤20	≤1.5
去除率（%）	85	88.8	—	90	60	23.07	40
减排污染物量（吨每年）	13724	4993.2		5694	446.8	575.1	54.8

4. 热电厂因使用中水作冷却用水而增加的费用

采用二级生物处理法所处理的污水水质不能直接用于热电厂的冷却用水，需进行深度处理，否则，冷却系统会出现较严重的腐蚀现象，从而增加冷却系统的维护检修费。由于

该热电厂扩建工程所需增加的水量没有其他水源可以替代，这部分费用应已经包括在热电厂的运行成本中。

13.2.5 经济现金流量表与评价指标计算

将项目的经济效益与经济费用列于表13.15，得经济内部收益率 $EIRR=13.46\%$，高于社会折现率12%。经济净现值 $EIPV=1073.09$ 万元，大于0。

表13.15 国民经济现金流量表（全部投资） 单位：万元

序号	项目	建设期		投产期			达到设计能力生产期		合计
		1	2	3	4	5	6～19	20	
	生产负荷			75%	85%	100%	100%	100%	
1	效益流量			3489.22	3866.91	4433.46	4433.46	5985.11	79843.09
1.1	产品销售（营业）收入			2832.72	3210.41	3776.96	3776.96	3776.96	66474.43
1.2	回收固定资产余值							967.35	967.35
1.3	回收流动资金							584.31	584.31
1.4	供水效益			656.50	656.50	656.50	656.50	656.50	11817.00
2	费用流量	6714.25	5493.47	2206.17	2055.77	2429.10	2341.46	2341.46	79843.09
2.1	固定资产投资	6714.25	5493.47						12207.72
2.2	流动资金			438.23	58.43	87.65			584.31
2.3	经营费用			1764.77	1993.76	2337.24	2337.24	2337.24	41154.34
2.4	污泥处置费用			3.17	3.59	4.22	4.22	4.22	74.27
3	净效益流量（1－2）	－6714.25	－5493.47	1283.05	1811.14	2004.35	2092.00	3643.66	25822.45

计算指标：
经济内部收益率（%）：13.46
经济净现值（万元）：1073.09

注 表中第6～19年间，每年的数据都相同，所列的数据为一年的。

13.2.6 结论

以上分析表明，青山市镇东区污水收集与处理项目，可产生较高的经济效益。而且，除定量计算的部分外，每年可减少污染物排放总量 COD_{Cr} 约13724吨，SS约5694吨，TN约575吨，TP约55吨。可改善镇东区灌渠的水质，从而使灌区农作物产品质量得到改善，减少对居民健康的威胁；减少沙河流域排污量，对沙河流域的综合治理与生态环境的改善具有较大效益。

因此，从国民经济评价的角度，项目可行。

综合13.1节的财务评价结论与本节的国民经济评价结论，青山市镇东区污水收集与处理项目，财务评价与国民经济评价均可行。

附录 复利系数表

附表 1　　一次支付现值系数（P/F, i, n）表

n	1%	2%	3%	4%	5%	6%	7%	8%	9%	10%
1	0.9901	0.9804	0.9709	0.9615	0.9524	0.9434	0.9346	0.9259	0.9174	0.9091
2	0.9803	0.9612	0.9426	0.9246	0.907	0.89	0.8734	0.8573	0.8417	0.8264
3	0.9706	0.9423	0.9151	0.889	0.8638	0.8396	0.8163	0.7938	0.7722	0.7513
4	0.961	0.9238	0.8885	0.8548	0.8227	0.7921	0.7629	0.735	0.7084	0.683
5	0.9515	0.9057	0.8626	0.8219	0.7835	0.7473	0.713	0.6806	0.6499	0.6209
6	0.942	0.888	0.8375	0.7903	0.7462	0.705	0.6663	0.6302	0.5963	0.5645
7	0.9327	0.8706	0.8131	0.7599	0.7107	0.6651	0.6227	0.5835	0.547	0.5132
8	0.9235	0.8535	0.7894	0.7307	0.6768	0.6274	0.582	0.5403	0.5019	0.4665
9	0.9143	0.8368	0.7664	0.7026	0.6446	0.5919	0.5439	0.5002	0.4604	0.4241
10	0.9053	0.8203	0.7441	0.6756	0.6139	0.5584	0.5083	0.4632	0.4224	0.3855
11	0.8963	0.8043	0.7224	0.6496	0.5847	0.5268	0.4751	0.4289	0.3875	0.3505
12	0.8874	0.7885	0.7014	0.6246	0.5568	0.497	0.444	0.3971	0.3555	0.3186
13	0.8787	0.773	0.681	0.6006	0.5303	0.4688	0.415	0.3677	0.3262	0.2897
14	0.87	0.7579	0.6611	0.5775	0.5051	0.4423	0.3878	0.3405	0.2992	0.2633
15	0.8613	0.743	0.6419	0.5553	0.481	0.4173	0.3624	0.3152	0.2745	0.2394
16	0.8528	0.7284	0.6232	0.5339	0.4581	0.3936	0.3387	0.2919	0.2519	0.2176
17	0.8444	0.7142	0.605	0.5134	0.4363	0.3714	0.3166	0.2703	0.2311	0.1978
18	0.836	0.7002	0.5874	0.4936	0.4155	0.3503	0.2959	0.2502	0.212	0.1799
19	0.8277	0.6864	0.5703	0.4746	0.3957	0.3305	0.2765	0.2317	0.1945	0.1635
20	0.8195	0.673	0.5537	0.4564	0.3769	0.3118	0.2584	0.2145	0.1784	0.1486
21	0.8114	0.6598	0.5375	0.4388	0.3589	0.2942	0.2415	0.1987	0.1637	0.1351
22	0.8034	0.6468	0.5219	0.422	0.3418	0.2775	0.2257	0.1839	0.1502	0.1228
23	0.7954	0.6342	0.5067	0.4057	0.3256	0.2618	0.2109	0.1703	0.1378	0.1117
24	0.7876	0.6217	0.4919	0.3901	0.3101	0.247	0.1971	0.1577	0.1264	0.1015
25	0.7798	0.6095	0.4776	0.3751	0.2953	0.233	0.1842	0.146	0.116	0.0923
26	0.772	0.5976	0.4637	0.3607	0.2812	0.2198	0.1722	0.1352	0.1064	0.0839
27	0.7644	0.5859	0.4502	0.3468	0.2678	0.2074	0.1609	0.1252	0.0976	0.0763
28	0.7568	0.5744	0.4371	0.3335	0.2551	0.1956	0.1504	0.1159	0.0895	0.0693
29	0.7493	0.5631	0.4243	0.3207	0.2429	0.1846	0.1406	0.1073	0.0822	0.063
30	0.7419	0.5521	0.412	0.3083	0.2314	0.1741	0.1314	0.0994	0.0754	0.0573

续表

n	11%	12%	13%	14%	15%	16%	17%	18%	19%	20%
1	0.9009	0.8929	0.885	0.8772	0.8696	0.8621	0.8547	0.8475	0.8403	0.8333
2	0.8116	0.7972	0.7831	0.7695	0.7561	0.7432	0.7305	0.7182	0.7062	0.6944
3	0.7312	0.7118	0.6931	0.675	0.6575	0.6407	0.6244	0.6086	0.5934	0.5787
4	0.6587	0.6355	0.6133	0.5921	0.5718	0.5523	0.5337	0.5158	0.4987	0.4823
5	0.5935	0.5674	0.5428	0.5194	0.4972	0.4761	0.4561	0.4371	0.419	0.4019
6	0.5346	0.5066	0.4803	0.4556	0.4323	0.4104	0.3898	0.3704	0.3521	0.3349
7	0.4817	0.4523	0.4251	0.3996	0.3759	0.3538	0.3332	0.3139	0.2959	0.2791
8	0.4339	0.4039	0.3762	0.3506	0.3269	0.305	0.2848	0.266	0.2487	0.2326
9	0.3909	0.3606	0.3329	0.3075	0.2843	0.263	0.2434	0.2255	0.209	0.1938
10	0.3522	0.322	0.2946	0.2697	0.2472	0.2267	0.208	0.1911	0.1756	0.1615
11	0.3173	0.2875	0.2607	0.2366	0.2149	0.1954	0.1778	0.1619	0.1476	0.1346
12	0.2858	0.2567	0.2307	0.2076	0.1869	0.1685	0.152	0.1372	0.124	0.1122
13	0.2575	0.2292	0.2042	0.1821	0.1625	0.1452	0.1299	0.1163	0.1042	0.0935
14	0.2320	0.2046	0.1807	0.1597	0.1413	0.1252	0.1110	0.0985	0.0876	0.0779
15	0.2090	0.1827	0.1599	0.1401	0.1229	0.1079	0.0949	0.0835	0.0736	0.0649
16	0.1883	0.1631	0.1415	0.1229	0.1069	0.093	0.0811	0.0708	0.0618	0.0541
17	0.1696	0.1456	0.1252	0.1078	0.0929	0.0802	0.0693	0.06	0.052	0.0451
18	0.1528	0.13	0.1108	0.0946	0.0808	0.0691	0.0592	0.0508	0.0437	0.0376
19	0.1377	0.1161	0.0981	0.0829	0.0703	0.0596	0.0506	0.0431	0.0367	0.0313
20	0.1240	0.1037	0.0868	0.0728	0.0611	0.0514	0.0433	0.0365	0.0308	0.0261
21	0.1117	0.0926	0.0768	0.0638	0.0531	0.0443	0.037	0.0309	0.0259	0.0217
22	0.1007	0.0826	0.068	0.056	0.0462	0.0382	0.0316	0.0262	0.0218	0.0181
23	0.0907	0.0738	0.0601	0.0491	0.0402	0.0329	0.027	0.0222	0.0183	0.0151
24	0.0817	0.0659	0.0532	0.0431	0.0349	0.0284	0.0231	0.0188	0.0154	0.0126
25	0.0736	0.0588	0.0471	0.0378	0.0304	0.0245	0.0197	0.016	0.0129	0.0105
26	0.0663	0.0525	0.0417	0.0331	0.0264	0.0211	0.0169	0.0135	0.0109	0.0087
27	0.0597	0.0469	0.0369	0.0291	0.023	0.0182	0.0144	0.0115	0.0091	0.0073
28	0.0538	0.0419	0.0326	0.0255	0.02	0.0157	0.0123	0.0097	0.0077	0.0061
29	0.0485	0.0374	0.0289	0.0224	0.0174	0.0135	0.0105	0.0082	0.0064	0.0051
30	0.0437	0.0334	0.0256	0.0196	0.0151	0.0116	0.009	0.007	0.0054	0.0042

续表

n	21%	22%	23%	24%	25%	26%	27%	28%	29%	30%
1	0.8264	0.8197	0.813	0.8065	0.8	0.7937	0.7874	0.7813	0.7752	0.7692
2	0.683	0.6719	0.661	0.6504	0.64	0.6299	0.62	0.6104	0.6009	0.5917
3	0.5645	0.5507	0.5374	0.5245	0.512	0.4999	0.4882	0.4768	0.4658	0.4552
4	0.4665	0.4514	0.4369	0.423	0.4096	0.3968	0.3844	0.3725	0.3611	0.3501
5	0.3855	0.37	0.3552	0.3411	0.3277	0.3149	0.3027	0.291	0.2799	0.2693
6	0.3186	0.3033	0.2888	0.2751	0.2621	0.2499	0.2383	0.2274	0.217	0.2072
7	0.2633	0.2486	0.2348	0.2218	0.2097	0.1983	0.1877	0.1776	0.1682	0.1594
8	0.2176	0.2038	0.1909	0.1789	0.1678	0.1574	0.1478	0.1388	0.1304	0.1226
9	0.1799	0.1670	0.1552	0.1443	0.1342	0.1249	0.1164	0.1084	0.1011	0.0943
10	0.1486	0.1369	0.1262	0.1164	0.1074	0.0992	0.0916	0.0847	0.0784	0.0725
11	0.1228	0.1122	0.1026	0.0938	0.0859	0.0787	0.0721	0.0662	0.0607	0.0558
12	0.1015	0.0920	0.0834	0.0757	0.0687	0.0625	0.0568	0.0517	0.0471	0.0429
13	0.0839	0.0754	0.0678	0.0610	0.0550	0.0496	0.0447	0.0404	0.0365	0.0330
14	0.0693	0.0618	0.0551	0.0492	0.0440	0.0393	0.0352	0.0316	0.0283	0.0254
15	0.0573	0.0507	0.0448	0.0397	0.0352	0.0312	0.0277	0.0247	0.0219	0.0195
16	0.0474	0.0415	0.0364	0.0320	0.0281	0.0248	0.0218	0.0193	0.0170	0.0150
17	0.0391	0.0340	0.0296	0.0258	0.0225	0.0197	0.0172	0.0150	0.0132	0.0116
18	0.0323	0.0279	0.0241	0.0208	0.0180	0.0156	0.0135	0.0118	0.0102	0.0089
19	0.0267	0.0229	0.0196	0.0168	0.0144	0.0124	0.0107	0.0092	0.0079	0.0068
20	0.0221	0.0187	0.0159	0.0135	0.0115	0.0098	0.0084	0.0072	0.0061	0.0053
21	0.0183	0.0154	0.0129	0.0109	0.0092	0.0078	0.0066	0.0056	0.0048	0.0040
22	0.0151	0.0126	0.0105	0.0088	0.0074	0.0062	0.0052	0.0044	0.0037	0.0031
23	0.0125	0.0103	0.0086	0.0071	0.0059	0.0049	0.0041	0.0034	0.0029	0.0024
24	0.0103	0.0085	0.0070	0.0057	0.0047	0.0039	0.0032	0.0027	0.0022	0.0018
25	0.0085	0.0069	0.0057	0.0046	0.0038	0.0031	0.0025	0.0021	0.0017	0.0014
26	0.0070	0.0057	0.0046	0.0037	0.0030	0.0025	0.0020	0.0016	0.0013	0.0011
27	0.0058	0.0047	0.0037	0.0030	0.0024	0.0019	0.0016	0.0013	0.0010	0.0008
28	0.0048	0.0038	0.0030	0.0024	0.0019	0.0015	0.0012	0.0010	0.0008	0.0006
29	0.0040	0.0031	0.0025	0.0020	0.0015	0.0012	0.0010	0.0008	0.0006	0.0005
30	0.0033	0.0026	0.0020	0.0016	0.0012	0.0010	0.0008	0.0006	0.0005	0.0004

附表 2　　一次支付终值系数（F/P，i，n）表

n	1%	2%	3%	4%	5%	6%	7%	8%
1	1.0100	1.0200	1.0300	1.0400	1.0500	1.0600	1.0700	1.0800
2	1.0201	1.0404	1.0609	1.0816	1.1025	1.1236	1.1449	1.1664
3	1.0303	1.0612	1.0927	1.1249	1.1576	1.1910	1.2250	1.2597
4	1.0406	1.0824	1.1255	1.1699	1.2155	1.2625	1.3108	1.3605
5	1.0510	1.1041	1.1593	1.2167	1.2763	1.3382	1.4026	1.4693
6	1.0615	1.1262	1.1941	1.2653	1.3401	1.4185	1.5007	1.5869
7	1.0721	1.1487	1.2299	1.3159	1.4071	1.5036	1.6058	1.7138
8	1.0829	1.1717	1.2668	1.3686	1.4775	1.5938	1.7182	1.8509
9	1.0937	1.1951	1.3048	1.4233	1.5513	1.6895	1.8385	1.9990
10	1.1046	1.2190	1.3439	1.4802	1.6289	1.7908	1.9672	2.1589
11	1.1157	1.2434	1.3842	1.5395	1.7103	1.8983	2.1049	2.3316
12	1.1268	1.2682	1.4258	1.6010	1.7959	2.0122	2.2522	2.5182
13	1.1381	1.2936	1.4685	1.6651	1.8856	2.1329	2.4098	2.7196
14	1.1495	1.3195	1.5126	1.7317	1.9799	2.2609	2.5785	2.9372
15	1.1610	1.3459	1.5580	1.8009	2.0789	2.3966	2.7590	3.1722
16	1.1726	1.3728	1.6047	1.8730	2.1829	2.5404	2.9522	3.4259
17	1.1843	1.4002	1.6528	1.9479	2.2920	2.6928	3.1588	3.7000
18	1.1961	1.4282	1.7024	2.0258	2.4066	2.8543	3.3799	3.9960
19	1.2081	1.4568	1.7535	2.1068	2.5270	3.0256	3.6165	4.3157
20	1.2202	1.4859	1.8061	2.1911	2.6533	3.2071	3.8697	4.6610
21	1.2324	1.5157	1.8603	2.2788	2.7860	3.3996	4.1406	5.0338
22	1.2447	1.5460	1.9161	2.3699	2.9253	3.6035	4.4304	5.4365
23	1.2572	1.5769	1.9736	2.4647	3.0715	3.8197	4.7405	5.8715
24	1.2697	1.6084	2.0328	2.5633	3.2251	4.0489	5.0724	6.3412
25	1.2824	1.6406	2.0938	2.6658	3.3864	4.2919	5.4274	6.8485
26	1.2953	1.6734	2.1566	2.7725	3.5557	4.5494	5.8074	7.3964
27	1.3082	1.7069	2.2213	2.8834	3.7335	4.8223	6.2139	7.9881
28	1.3213	1.7410	2.2879	2.9987	3.9201	5.1117	6.6488	8.6271
29	1.3345	1.7758	2.3566	3.1187	4.1161	5.4184	7.1143	9.3173
30	1.3478	1.8114	2.4273	3.2434	4.3219	5.7435	7.6123	10.0627

续表

n	9%	10%	11%	12%	13%	14%	15%	16%
1	1.0900	1.1000	1.1100	1.1200	1.1300	1.1400	1.1500	1.1600
2	1.1881	1.2100	1.2321	1.2544	1.2769	1.2996	1.3225	1.3456
3	1.2950	1.3310	1.3676	1.4049	1.4429	1.4815	1.5209	1.5609
4	1.4116	1.4641	1.5181	1.5735	1.6305	1.6890	1.7490	1.8106
5	1.5386	1.6105	1.6851	1.7623	1.8424	1.9254	2.0114	2.1003
6	1.6771	1.7716	1.8704	1.9738	2.0820	2.1950	2.3131	2.4364
7	1.8280	1.9487	2.0762	2.2107	2.3526	2.5023	2.6600	2.8262
8	1.9926	2.1436	2.3045	2.4760	2.6584	2.8526	3.0590	3.2784
9	2.1719	2.3579	2.5580	2.7731	3.0040	3.2519	3.5179	3.8030
10	2.3674	2.5937	2.8394	3.1058	3.3946	3.7072	4.0456	4.4114
11	2.5804	2.8531	3.1518	3.4786	3.8359	4.2262	4.6524	5.1173
12	2.8127	3.1384	3.4985	3.8960	4.3345	4.8179	5.3503	5.9360
13	3.0658	3.4523	3.8833	4.3635	4.8980	5.4924	6.1528	6.8858
14	3.3417	3.7975	4.3104	4.8871	5.5348	6.2613	7.0757	7.9875
15	3.6425	4.1772	4.7846	5.4736	6.2543	7.1379	8.1371	9.2655
16	3.9703	4.5950	5.3109	6.1304	7.0673	8.1372	9.3576	10.7480
17	4.3276	5.0545	5.8951	6.8660	7.9861	9.2765	10.7613	12.4677
18	4.7171	5.5599	6.5436	7.6900	9.0243	10.5752	12.3755	14.4625
19	5.1417	6.1159	7.2633	8.6128	10.1974	12.0557	14.2318	16.7765
20	5.6044	6.7275	8.0623	9.6463	11.5231	13.7435	16.3665	19.4608
21	6.1088	7.4002	8.9492	10.8038	13.0211	15.6676	18.8215	22.5745
22	6.6586	8.1403	9.9336	12.1003	14.7138	17.8610	21.6447	26.1864
23	7.2579	8.9543	11.0263	13.5523	16.6266	20.3616	24.8915	30.3762
24	7.9111	9.8497	12.2392	15.1786	18.7881	23.2122	28.6252	35.2364
25	8.6231	10.8347	13.5855	17.0001	21.2305	26.4619	32.9190	40.8742
26	9.3992	11.9182	15.0799	19.0401	23.9905	30.1666	37.8568	47.4141
27	10.2451	13.1100	16.7387	21.3249	27.1093	34.3899	43.5353	55.0004
28	11.1671	14.4210	18.5799	23.8839	30.6335	39.2045	50.0656	63.8004
29	12.1722	15.8631	20.6237	26.7499	34.6158	44.6931	57.5755	74.0085
30	13.2677	17.4494	22.8923	29.9599	39.1159	50.9502	66.2118	85.8499

续表

n	17%	18%	19%	20%	21%	22%	23%
1	1.1700	1.1800	1.1900	1.2000	1.2100	1.2200	1.2300
2	1.3689	1.3924	1.4161	1.4400	1.4641	1.4884	1.5129
3	1.6016	1.6430	1.6852	1.7280	1.7716	1.8158	1.8609
4	1.8739	1.9388	2.0053	2.0736	2.1436	2.2153	2.2889
5	2.1924	2.2878	2.3864	2.4883	2.5937	2.7027	2.8153
6	2.5652	2.6996	2.8398	2.9860	3.1384	3.2973	3.4628
7	3.0012	3.1855	3.3793	3.5832	3.7975	4.0227	4.2593
8	3.5115	3.7589	4.0214	4.2998	4.5950	4.9077	5.2389
9	4.1084	4.4355	4.7854	5.1598	5.5599	5.9874	6.4439
10	4.8068	5.2338	5.6947	6.1917	6.7275	7.3046	7.9259
11	5.6240	6.1759	6.7767	7.4301	8.1403	8.9117	9.7489
12	6.5801	7.2876	8.0642	8.9161	9.8497	10.8722	11.9912
13	7.6987	8.5994	9.5964	10.6993	11.9182	13.2641	14.7491
14	9.0075	10.1472	11.4198	12.8392	14.4210	16.1822	18.1414
15	10.5387	11.9737	13.5895	15.4070	17.4494	19.7423	22.3140
16	12.3303	14.1290	16.1715	18.4884	21.1138	24.0856	27.4462
17	14.4265	16.6722	19.2441	22.1861	25.5477	29.3844	33.7588
18	16.8790	19.6733	22.9005	26.6233	30.9127	35.8490	41.5233
19	19.7484	23.2144	27.2516	31.9480	37.4043	43.7358	51.0737
20	23.1056	27.3930	32.4294	38.3376	45.2593	53.3576	62.8206
21	27.0336	32.3238	38.5910	46.0051	54.7637	65.0963	77.2694
22	31.6293	38.1421	45.9233	55.2061	66.2641	79.4175	95.0413
23	37.0062	45.0076	54.6487	66.2474	80.1795	96.8894	116.9008
24	43.2973	53.1090	65.0320	79.4968	97.0172	118.2050	143.7880
25	50.6578	62.6686	77.3881	95.3962	117.3909	144.2101	176.8593
26	59.2697	73.9490	92.0918	114.4755	142.0429	175.9364	217.5369
27	69.3455	87.2598	109.5893	137.3706	171.8719	214.6424	267.5704
28	81.1342	102.9666	130.4112	164.8447	207.9651	261.8637	329.1115
29	94.9271	121.5005	155.1893	197.8136	251.6377	319.4737	404.8072
30	111.0647	143.3706	184.6753	237.3763	304.4816	389.7579	497.9129

续表

n	24%	25%	26%	27%	28%	29%	30%
1	1.2400	1.2500	1.2600	1.2700	1.2800	1.2900	1.3000
2	1.5376	1.5625	1.5876	1.6129	1.6384	1.6641	1.6900
3	1.9066	1.9531	2.0004	2.0484	2.0972	2.1467	2.1970
4	2.3642	2.4414	2.5205	2.6014	2.6844	2.7692	2.8561
5	2.9316	3.0518	3.1758	3.3038	3.4360	3.5723	3.7129
6	3.6352	3.8147	4.0015	4.1959	4.3980	4.6083	4.8268
7	4.5077	4.7684	5.0419	5.3288	5.6295	5.9447	6.2749
8	5.5895	5.9605	6.3528	6.7675	7.2058	7.6686	8.1573
9	6.9310	7.4506	8.0045	8.5948	9.2234	9.8925	10.6045
10	8.5944	9.3132	10.0857	10.9153	11.8059	12.7614	13.7858
11	10.6571	11.6415	12.7080	13.8625	15.1116	16.4622	17.9216
12	13.2148	14.5519	16.0120	17.6053	19.3428	21.2362	23.2981
13	16.3863	18.1899	20.1752	22.3588	24.7588	27.3947	30.2875
14	20.3191	22.7374	25.4207	28.3957	31.6913	35.3391	39.3738
15	25.1956	28.4217	32.0301	36.0625	40.5648	45.5875	51.1859
16	31.2426	35.5271	40.3579	45.7994	51.9230	58.8079	66.5417
17	38.7408	44.4089	50.8510	58.1652	66.4614	75.8621	86.5042
18	48.0386	55.5112	64.0722	73.8698	85.0706	97.8622	112.4554
19	59.5679	69.3889	80.7310	93.8147	108.8904	126.2422	146.1920
20	73.8641	86.7362	101.7211	119.1446	139.3797	162.8524	190.0496
21	91.5915	108.4202	128.1685	151.3137	178.4060	210.0796	247.0645
22	113.5735	135.5253	161.4924	192.1683	228.3596	271.0027	321.1839
23	140.8312	169.4066	203.4804	244.0538	292.3003	349.5935	417.5391
24	174.6306	211.7582	256.3853	309.9483	374.1444	450.9756	542.8008
25	216.5420	264.6978	323.0454	393.6344	478.9049	581.7585	705.6410
26	268.5121	330.8722	407.0373	499.9157	612.9982	750.4685	917.3333
27	332.9550	413.5903	512.8670	634.8929	784.6377	968.1044	1192.5333
28	412.8642	516.9879	646.2124	806.3140	1004.3363	1248.8546	1550.2933
29	511.9516	646.2349	814.2276	1024.0187	1285.5504	1611.0225	2015.3813
30	634.8199	807.7936	1025.9267	1300.5038	1645.5046	2078.2190	2619.9956

附表 3　　等额分付现值系数（P/A，i，n）表

n	1%	2%	3%	4%	5%	6%	7%	8%	9%	10%
1	0.9901	0.9804	0.9709	0.9615	0.9524	0.9434	0.9346	0.9259	0.9174	0.9091
2	1.9704	1.9416	1.9135	1.8861	1.8594	1.8334	1.8080	1.7833	1.7591	1.7355
3	2.9410	2.8839	2.8286	2.7751	2.7232	2.6730	2.6243	2.5771	2.5313	2.4869
4	3.9020	3.8077	3.7171	3.6299	3.5460	3.4651	3.3872	3.3121	3.2397	3.1699
5	4.8534	4.7135	4.5797	4.4518	4.3295	4.2124	4.1002	3.9927	3.8897	3.7908
6	5.7955	5.6014	5.4172	5.2421	5.0757	4.9173	4.7665	4.6229	4.4859	4.3553
7	6.7282	6.4720	6.2303	6.0021	5.7864	5.5824	5.3893	5.2064	5.0330	4.8684
8	7.6517	7.3255	7.0197	6.7327	6.4632	6.2098	5.9713	5.7466	5.5348	5.3349
9	8.5660	8.1622	7.7861	7.4353	7.1078	6.8017	6.5152	6.2469	5.9952	5.7590
10	9.4713	8.9826	8.5302	8.1109	7.7217	7.3601	7.0236	6.7101	6.4177	6.1446
11	10.3676	9.7868	9.2526	8.7605	8.3064	7.8869	7.4987	7.1390	6.8052	6.4951
12	11.2551	10.5753	9.9540	9.3851	8.8633	8.3838	7.9427	7.5361	7.1607	6.8137
13	12.1337	11.3484	10.6350	9.9856	9.3936	8.8527	8.3577	7.9038	7.4869	7.1034
14	13.0037	12.1062	11.2961	10.5631	9.8986	9.2950	8.7455	8.2442	7.7862	7.3667
15	13.8651	12.8493	11.9379	11.1184	10.3797	9.7122	9.1079	8.5595	8.0607	7.6061
16	14.7179	13.5777	12.5611	11.6523	10.8378	10.1059	9.4466	8.8514	8.3126	7.8237
17	15.5623	14.2919	13.1661	12.1657	11.2741	10.4773	9.7632	9.1216	8.5436	8.0216
18	16.3983	14.9920	13.7535	12.6593	11.6896	10.8276	10.0591	9.3719	8.7556	8.2014
19	17.2260	15.6785	14.3238	13.1339	12.0853	11.1581	10.3356	9.6036	8.9501	8.3649
20	18.0456	16.3514	14.8775	13.5903	12.4622	11.4699	10.5940	9.8181	9.1285	8.5136
21	18.8570	17.0112	15.4150	14.0292	12.8212	11.7641	10.8355	10.0168	9.2922	8.6487
22	19.6604	17.6580	15.9369	14.4511	13.1630	12.0416	11.0612	10.2007	9.4424	8.7715
23	20.4558	18.2922	16.4436	14.8568	13.4886	12.3034	11.2722	10.3711	9.5802	8.8832
24	21.2434	18.9139	16.9355	15.2470	13.7986	12.5504	11.4693	10.5288	9.7066	8.9847
25	22.0232	19.5235	17.4131	15.6221	14.0939	12.7834	11.6536	10.6748	9.8226	9.0770
26	22.7952	20.1210	17.8768	15.9828	14.3752	13.0032	11.8258	10.8100	9.9290	9.1609
27	23.5596	20.7069	18.3270	16.3296	14.6430	13.2105	11.9867	10.9352	10.0266	9.2372
28	24.3164	21.2813	18.7641	16.6631	14.8981	13.4062	12.1371	11.0511	10.1161	9.3066
29	25.0658	21.8444	19.1885	16.9837	15.1411	13.5907	12.2777	11.1584	10.1983	9.3696
30	25.8077	22.3965	19.6004	17.2920	15.3725	13.7648	12.4090	11.2578	10.2737	9.4269

续表

n	11%	12%	13%	14%	15%	16%	17%	18%	19%	20%
1	0.9009	0.8929	0.8850	0.8772	0.8696	0.8621	0.8547	0.8475	0.8403	0.8333
2	1.7125	1.6901	1.6681	1.6467	1.6257	1.6052	1.5852	1.5656	1.5465	1.5278
3	2.4437	2.4018	2.3612	2.3216	2.2832	2.2459	2.2096	2.1743	2.1399	2.1065
4	3.1024	3.0373	2.9745	2.9137	2.8550	2.7982	2.7432	2.6901	2.6386	2.5887
5	3.6959	3.6048	3.5172	3.4331	3.3522	3.2743	3.1993	3.1272	3.0576	2.9906
6	4.2305	4.1114	3.9975	3.8887	3.7845	3.6847	3.5892	3.4976	3.4098	3.3255
7	4.7122	4.5638	4.4226	4.2883	4.1604	4.0386	3.9224	3.8115	3.7057	3.6046
8	5.1461	4.9676	4.7988	4.6389	4.4873	4.3436	4.2072	4.0776	3.9544	3.8372
9	5.5370	5.3282	5.1317	4.9464	4.7716	4.6065	4.4506	4.3030	4.1633	4.0310
10	5.8892	5.6502	5.4262	5.2161	5.0188	4.8332	4.6586	4.4941	4.3389	4.1925
11	6.2065	5.9377	5.6869	5.4527	5.2337	5.0286	4.8364	4.6560	4.4865	4.3271
12	6.4924	6.1944	5.9176	5.6603	5.4206	5.1971	4.9884	4.7932	4.6105	4.4392
13	6.7499	6.4235	6.1218	5.8424	5.5831	5.3423	5.1183	4.9095	4.7147	4.5327
14	6.9819	6.6282	6.3025	6.0021	5.7245	5.4675	5.2293	5.0081	4.8023	4.6106
15	7.1909	6.8109	6.4624	6.1422	5.8474	5.5755	5.3242	5.0916	4.8759	4.6755
16	7.3792	6.9740	6.6039	6.2651	5.9542	5.6685	5.4053	5.1624	4.9377	4.7296
17	7.5488	7.1196	6.7291	6.3729	6.0472	5.7487	5.4746	5.2223	4.9897	4.7746
18	7.7016	7.2497	6.8399	6.4674	6.1280	5.8178	5.5339	5.2732	5.0333	4.8122
19	7.8393	7.3658	6.9380	6.5504	6.1982	5.8775	5.5845	5.3162	5.0700	4.8435
20	7.9633	7.4694	7.0248	6.6231	6.2593	5.9288	5.6278	5.3527	5.1009	4.8696
21	8.0751	7.5620	7.1016	6.6870	6.3125	5.9731	5.6648	5.3837	5.1268	4.8913
22	8.1757	7.6446	7.1695	6.7429	6.3587	6.0113	5.6964	5.4099	5.1486	4.9094
23	8.2664	7.7184	7.2297	6.7921	6.3988	6.0442	5.7234	5.4321	5.1668	4.9245
24	8.3481	7.7843	7.2829	6.8351	6.4338	6.0726	5.7465	5.4509	5.1822	4.9371
25	8.4217	7.8431	7.3300	6.8729	6.4641	6.0971	5.7662	5.4669	5.1951	4.9476
26	8.4881	7.8957	7.3717	6.9061	6.4906	6.1182	5.7831	5.4804	5.2060	4.9563
27	8.5478	7.9426	7.4086	6.9352	6.5135	6.1364	5.7975	5.4919	5.2151	4.9636
28	8.6016	7.9844	7.4412	6.9607	6.5335	6.1520	5.8099	5.5016	5.2228	4.9697
29	8.6501	8.0218	7.4701	6.9830	6.5509	6.1656	5.8204	5.5098	5.2292	4.9747
30	8.6938	8.0552	7.4957	7.0027	6.5660	6.1772	5.8294	5.5168	5.2347	4.9789

续表

n	21%	22%	23%	24%	25%	26%	27%	28%	29%	30%
1	0.8264	0.8197	0.8130	0.8065	0.8000	0.7937	0.7874	0.7813	0.7752	0.7692
2	1.5095	1.4915	1.4740	1.4568	1.4400	1.4235	1.4074	1.3916	1.3761	1.3609
3	2.0739	2.0422	2.0114	1.9813	1.9520	1.9234	1.8956	1.8684	1.8420	1.8161
4	2.5404	2.4936	2.4483	2.4043	2.3616	2.3202	2.2800	2.2410	2.2031	2.1662
5	2.9260	2.8636	2.8035	2.7454	2.6893	2.6351	2.5827	2.5320	2.4830	2.4356
6	3.2446	3.1669	3.0923	3.0205	2.9514	2.8850	2.8210	2.7594	2.7000	2.6427
7	3.5079	3.4155	3.3270	3.2423	3.1611	3.0833	3.0087	2.9370	2.8682	2.8021
8	3.7256	3.6193	3.5179	3.4212	3.3289	3.2407	3.1564	3.0758	2.9986	2.9247
9	3.9054	3.7863	3.6731	3.5655	3.4631	3.3657	3.2728	3.1842	3.0997	3.0190
10	4.0541	3.9232	3.7993	3.6819	3.5705	3.4648	3.3644	3.2689	3.1781	3.0915
11	4.1769	4.0354	3.9018	3.7757	3.6564	3.5435	3.4365	3.3351	3.2388	3.1473
12	4.2784	4.1274	3.9852	3.8514	3.7251	3.6059	3.4933	3.3868	3.2859	3.1903
13	4.3624	4.2028	4.0530	3.9124	3.7801	3.6555	3.5381	3.4272	3.3224	3.2233
14	4.4317	4.2646	4.1082	3.9616	3.8241	3.6949	3.5733	3.4587	3.3507	3.2487
15	4.4890	4.3152	4.1530	4.0013	3.8593	3.7261	3.6010	3.4834	3.3726	3.2682
16	4.5364	4.3567	4.1894	4.0333	3.8874	3.7509	3.6228	3.5026	3.3896	3.2832
17	4.5755	4.3908	4.2190	4.0591	3.9099	3.7705	3.6400	3.5177	3.4028	3.2948
18	4.6079	4.4187	4.2431	4.0799	3.9279	3.7861	3.6536	3.5294	3.4130	3.3037
19	4.6346	4.4415	4.2627	4.0967	3.9424	3.7985	3.6642	3.5386	3.4210	3.3105
20	4.6567	4.4603	4.2786	4.1103	3.9539	3.8083	3.6726	3.5458	3.4271	3.3158
21	4.6750	4.4756	4.2916	4.1212	3.9631	3.8161	3.6792	3.5514	3.4319	3.3198
22	4.6900	4.4882	4.3021	4.1300	3.9705	3.8223	3.6844	3.5558	3.4356	3.3230
23	4.7025	4.4985	4.3106	4.1371	3.9764	3.8273	3.6885	3.5592	3.4384	3.3254
24	4.7128	4.5070	4.3176	4.1428	3.9811	3.8312	3.6918	3.5619	3.4406	3.3272
25	4.7213	4.5139	4.3232	4.1474	3.9849	3.8342	3.6943	3.5640	3.4423	3.3286
26	4.7284	4.5196	4.3278	4.1511	3.9879	3.8367	3.6963	3.5656	3.4437	3.3297
27	4.7342	4.5243	4.3316	4.1542	3.9903	3.8387	3.6979	3.5669	3.4447	3.3305
28	4.7390	4.5281	4.3346	4.1566	3.9923	3.8402	3.6991	3.5679	3.4455	3.3312
29	4.7430	4.5312	4.3371	4.1585	3.9938	3.8414	3.7001	3.5687	3.4461	3.3317
30	4.7463	4.5338	4.3391	4.1601	3.9950	3.8424	3.7009	3.5693	3.4466	3.3321

附表 4 **等额分付终值系数（*F*/*A*，*i*，*n*）表**

n	1%	2%	3%	4%	5%	6%	7%	8%
1	1.0000	1.0000	1.0000	1.0000	1.0000	1.0000	1.0000	1.0000
2	2.0100	2.0200	2.0300	2.0400	2.0500	2.0600	2.0700	2.0800
3	3.0301	3.0604	3.0909	3.1216	3.1525	3.1836	3.2149	3.2464
4	4.0604	4.1216	4.1836	4.2465	4.3101	4.3746	4.4399	4.5061
5	5.1010	5.2040	5.3091	5.4163	5.5256	5.6371	5.7507	5.8666
6	6.1520	6.3081	6.4684	6.6330	6.8019	6.9753	7.1533	7.3359
7	7.2135	7.4343	7.6625	7.8983	8.1420	8.3938	8.6540	8.9228
8	8.2857	8.5830	8.8923	9.2142	9.5491	9.8975	10.2598	10.6366
9	9.3685	9.7546	10.1591	10.5828	11.0266	11.4913	11.9780	12.4876
10	10.4622	10.9497	11.4639	12.0061	12.5779	13.1808	13.8164	14.4866
11	11.5668	12.1687	12.8078	13.4864	14.2068	14.9716	15.7836	16.6455
12	12.6825	13.4121	14.1920	15.0258	15.9171	16.8699	17.8885	18.9771
13	13.8093	14.6803	15.6178	16.6268	17.7130	18.8821	20.1406	21.4953
14	14.9474	15.9739	17.0863	18.2919	19.5986	21.0151	22.5505	24.2149
15	16.0969	17.2934	18.5989	20.0236	21.5786	23.2760	25.1290	27.1521
16	17.2579	18.6393	20.1569	21.8245	23.6575	25.6725	27.8881	30.3243
17	18.4304	20.0121	21.7616	23.6975	25.8404	28.2129	30.8402	33.7502
18	19.6147	21.4123	23.4144	25.6454	28.1324	30.9057	33.9990	37.4502
19	20.8109	22.8406	25.1169	27.6712	30.5390	33.7600	37.3790	41.4463
20	22.0190	24.2974	26.8704	29.7781	33.0660	36.7856	40.9955	45.7620
21	23.2392	25.7833	28.6765	31.9692	35.7193	39.9927	44.8652	50.4229
22	24.4716	27.2990	30.5368	34.2480	38.5052	43.3923	49.0057	55.4568
23	25.7163	28.8450	32.4529	36.6179	41.4305	46.9958	53.4361	60.8933
24	26.9735	30.4219	34.4265	39.0826	44.5020	50.8156	58.1767	66.7648
25	28.2432	32.0303	36.4593	41.6459	47.7271	54.8645	63.2490	73.1059
26	29.5256	33.6709	38.5530	44.3117	51.1135	59.1564	68.6765	79.9544
27	30.8209	35.3443	40.7096	47.0842	54.6691	63.7058	74.4838	87.3508
28	32.1291	37.0512	42.9309	49.9676	58.4026	68.5281	80.6977	95.3388
29	33.4504	38.7922	45.2189	52.9663	62.3227	73.6398	87.3465	103.9659
30	34.7849	40.5681	47.5754	56.0849	66.4388	79.0582	94.4608	113.2832

续表

n	9%	10%	11%	12%	13%	14%	15%	16%
1	1.0000	1.0000	1.0000	1.0000	1.0000	1.0000	1.0000	1.0000
2	2.0900	2.1000	2.1100	2.1200	2.1300	2.1400	2.1500	2.1600
3	3.2781	3.3100	3.3421	3.3744	3.4069	3.4396	3.4725	3.5056
4	4.5731	4.6410	4.7097	4.7793	4.8498	4.9211	4.9934	5.0665
5	5.9847	6.1051	6.2278	6.3528	6.4803	6.6101	6.7424	6.8771
6	7.5233	7.7156	7.9129	8.1152	8.3227	8.5355	8.7537	8.9775
7	9.2004	9.4872	9.7833	10.0890	10.4047	10.7305	11.0668	11.4139
8	11.0285	11.4359	11.8594	12.2997	12.7573	13.2328	13.7268	14.2401
9	13.0210	13.5795	14.1640	14.7757	15.4157	16.0853	16.7858	17.5185
10	15.1929	15.9374	16.7220	17.5487	18.4197	19.3373	20.3037	21.3215
11	17.5603	18.5312	19.5614	20.6546	21.8143	23.0445	24.3493	25.7329
12	20.1407	21.3843	22.7132	24.1331	25.6502	27.2707	29.0017	30.8502
13	22.9534	24.5227	26.2116	28.0291	29.9847	32.0887	34.3519	36.7862
14	26.0192	27.9750	30.0949	32.3926	34.8827	37.5811	40.5047	43.6720
15	29.3609	31.7725	34.4054	37.2797	40.4175	43.8424	47.5804	51.6595
16	33.0034	35.9497	39.1899	42.7533	46.6717	50.9804	55.7175	60.9250
17	36.9737	40.5447	44.5008	48.8837	53.7391	59.1176	65.0751	71.6730
18	41.3013	45.5992	50.3959	55.7497	61.7251	68.3941	75.8364	84.1407
19	46.0185	51.1591	56.9395	63.4397	70.7494	78.9692	88.2118	98.6032
20	51.1601	57.2750	64.2028	72.0524	80.9468	91.0249	102.4436	115.3797
21	56.7645	64.0025	72.2651	81.6987	92.4699	104.7684	118.8101	134.8405
22	62.8733	71.4027	81.2143	92.5026	105.4910	120.4360	137.6316	157.4150
23	69.5319	79.5430	91.1479	104.6029	120.2048	138.2970	159.2764	183.6014
24	76.7898	88.4973	102.1742	118.1552	136.8315	158.6586	184.1678	213.9776
25	84.7009	98.3471	114.4133	133.3339	155.6196	181.8708	212.7930	249.2140
26	93.3240	109.1818	127.9988	150.3339	176.8501	208.3327	245.7120	290.0883
27	102.7231	121.0999	143.0786	169.3740	200.8406	238.4993	283.5688	337.5024
28	112.9682	134.2099	159.8173	190.6989	227.9499	272.8892	327.1041	392.5028
29	124.1354	148.6309	178.3972	214.5828	258.5834	312.0937	377.1697	456.3032
30	136.3075	164.4940	199.0209	241.3327	293.1992	356.7868	434.7451	530.3117

续表

n	17%	18%	19%	20%	21%	22%	23%
1	1.0000	1.0000	1.0000	1.0000	1.0000	1.0000	1.0000
2	2.1700	2.1800	2.1900	2.2000	2.2100	2.2200	2.2300
3	3.5389	3.5724	3.6061	3.6400	3.6741	3.7084	3.7429
4	5.1405	5.2154	5.2913	5.3680	5.4457	5.5242	5.6038
5	7.0144	7.1542	7.2966	7.4416	7.5892	7.7396	7.8926
6	9.2068	9.4420	9.6830	9.9299	10.1830	10.4423	10.7079
7	11.7720	12.1415	12.5227	12.9159	13.3214	13.7396	14.1708
8	14.7733	15.3270	15.9020	16.4991	17.1189	17.7623	18.4300
9	18.2847	19.0859	19.9234	20.7989	21.7139	22.6700	23.6690
10	22.3931	23.5213	24.7089	25.9587	27.2738	28.6574	30.1128
11	27.1999	28.7551	30.4035	32.1504	34.0013	35.9620	38.0388
12	32.8239	34.9311	37.1802	39.5805	42.1416	44.8737	47.7877
13	39.4040	42.2187	45.2445	48.4966	51.9913	55.7459	59.7788
14	47.1027	50.8180	54.8409	59.1959	63.9095	69.0100	74.5280
15	56.1101	60.9653	66.2607	72.0351	78.3305	85.1922	92.6694
16	66.6488	72.9390	79.8502	87.4421	95.7799	104.9345	114.9834
17	78.9792	87.0680	96.0218	105.9306	116.8937	129.0201	142.4295
18	93.4056	103.7403	115.2659	128.1167	142.4413	158.4045	176.1883
19	110.2846	123.4135	138.1664	154.7400	173.3540	194.2535	217.7116
20	130.0329	146.6280	165.4180	186.6880	210.7584	237.9893	268.7853
21	153.1385	174.0210	197.8474	225.0256	256.0176	291.3469	331.6059
22	180.1721	206.3448	236.4385	271.0307	310.7813	356.4432	408.8753
23	211.8013	244.4868	282.3618	326.2369	377.0454	435.8607	503.9166
24	248.8076	289.4945	337.0105	392.4842	457.2249	532.7501	620.8174
25	292.1049	342.6035	402.0425	471.9811	554.2422	650.9551	764.6054
26	342.7627	405.2721	479.4306	567.3773	671.6330	795.1653	941.4647
27	402.0323	479.2211	571.5224	681.8528	813.6759	971.1016	1159.0016
28	471.3778	566.4809	681.1116	819.2233	985.5479	1185.7440	1426.5719
29	552.5121	669.4475	811.5228	984.0680	1193.5129	1447.6077	1755.6835
30	647.4391	790.9480	966.7122	1181.8816	1445.1507	1767.0813	2160.4907

续表

n	24%	25%	26%	27%	28%	29%	30%
1	1.0000	1.0000	1.0000	1.0000	1.0000	1.0000	1.0000
2	2.2400	2.2500	2.2600	2.2700	2.2800	2.2900	2.3000
3	3.7776	3.8125	3.8476	3.8829	3.9184	3.9541	3.9900
4	5.6842	5.7656	5.8480	5.9313	6.0156	6.1008	6.1870
5	8.0484	8.2070	8.3684	8.5327	8.6999	8.8700	9.0431
6	10.9801	11.2588	11.5442	11.8366	12.1359	12.4423	12.7560
7	14.6153	15.0735	15.5458	16.0324	16.5339	17.0506	17.5828
8	19.1229	19.8419	20.5876	21.3612	22.1634	22.9953	23.8577
9	24.7125	25.8023	26.9404	28.1287	29.3692	30.6639	32.0150
10	31.6434	33.2529	34.9449	36.7235	38.5926	40.5564	42.6195
11	40.2379	42.5661	45.0306	47.6388	50.3985	53.3178	56.4053
12	50.8950	54.2077	57.7386	61.5013	65.5100	69.7800	74.3270
13	64.1097	68.7596	73.7506	79.1066	84.8529	91.0161	97.6250
14	80.4961	86.9495	93.9258	101.4654	109.6117	118.4108	127.9125
15	100.8151	109.6868	119.3465	129.8611	141.3029	153.7500	167.2863
16	126.0108	138.1085	151.3766	165.9236	181.8677	199.3374	218.4722
17	157.2534	173.6357	191.7345	211.7230	233.7907	258.1453	285.0139
18	195.9942	218.0446	242.5855	269.8882	300.2521	334.0074	371.5180
19	244.0328	273.5558	306.6577	343.7580	385.3227	431.8696	483.9734
20	303.6006	342.9447	387.3887	437.5726	494.2131	558.1118	630.1655
21	377.4648	429.6809	489.1098	556.7173	633.5927	720.9642	820.2151
22	469.0563	538.1011	617.2783	708.0309	811.9987	931.0438	1067.2796
23	582.6298	673.6264	778.7707	900.1993	1040.3583	1202.0465	1388.4635
24	723.4610	843.0329	982.2511	1144.2531	1332.6586	1551.6400	1806.0026
25	898.0916	1054.7912	1238.6363	1454.2014	1706.8031	2002.6156	2348.8033
26	1114.6336	1319.4890	1561.6818	1847.8358	2185.7079	2584.3741	3054.4443
27	1383.1457	1650.3612	1968.7191	2347.7515	2798.7061	3334.8426	3971.7776
28	1716.1007	2063.9515	2481.5860	2982.6444	3583.3438	4302.9470	5164.3109
29	2128.9648	2580.9394	3127.7984	3788.9583	4587.6801	5551.8016	6714.6042
30	2640.9164	3227.1743	3942.0260	4812.9771	5873.2306	7162.8241	8729.9855

附表 5 等额分付偿债基金系数（*A*/*F*，*i*，*n*）表

n	1%	2%	3%	4%	5%	6%	7%	8%	9%	10%
1	1.0000	1.0000	1.0000	1.0000	1.0000	1.0000	1.0000	1.0000	1.0000	1.0000
2	0.4975	0.4950	0.4926	0.4902	0.4878	0.4854	0.4831	0.4808	0.4785	0.4762
3	0.3300	0.3268	0.3235	0.3203	0.3172	0.3141	0.3111	0.3080	0.3051	0.3021
4	0.2463	0.2426	0.2390	0.2355	0.2320	0.2286	0.2252	0.2219	0.2187	0.2155
5	0.1960	0.1922	0.1884	0.1846	0.1810	0.1774	0.1739	0.1705	0.1671	0.1638
6	0.1625	0.1585	0.1546	0.1508	0.1470	0.1434	0.1398	0.1363	0.1329	0.1296
7	0.1386	0.1345	0.1305	0.1266	0.1228	0.1191	0.1156	0.1121	0.1087	0.1054
8	0.1207	0.1165	0.1125	0.1085	0.1047	0.1010	0.0975	0.0940	0.0907	0.0874
9	0.1067	0.1025	0.0984	0.0945	0.0907	0.0870	0.0835	0.0801	0.0768	0.0736
10	0.0956	0.0913	0.0872	0.0833	0.0795	0.0759	0.0724	0.0690	0.0658	0.0627
11	0.0865	0.0822	0.0781	0.0741	0.0704	0.0668	0.0634	0.0601	0.0569	0.0540
12	0.0788	0.0746	0.0705	0.0666	0.0628	0.0593	0.0559	0.0527	0.0497	0.0468
13	0.0724	0.0681	0.0640	0.0601	0.0565	0.0530	0.0497	0.0465	0.0436	0.0408
14	0.0669	0.0626	0.0585	0.0547	0.0510	0.0476	0.0443	0.0413	0.0384	0.0357
15	0.0621	0.0578	0.0538	0.0499	0.0463	0.0430	0.0398	0.0368	0.0341	0.0315
16	0.0579	0.0537	0.0496	0.0458	0.0423	0.0390	0.0359	0.0330	0.0303	0.0278
17	0.0543	0.0500	0.0460	0.0422	0.0387	0.0354	0.0324	0.0296	0.0270	0.0247
18	0.0510	0.0467	0.0427	0.0390	0.0355	0.0324	0.0294	0.0267	0.0242	0.0219
19	0.0481	0.0438	0.0398	0.0361	0.0327	0.0296	0.0268	0.0241	0.0217	0.0195
20	0.0454	0.0412	0.0372	0.0336	0.0302	0.0272	0.0244	0.0219	0.0195	0.0175
21	0.0430	0.0388	0.0349	0.0313	0.0280	0.0250	0.0223	0.0198	0.0176	0.0156
22	0.0409	0.0366	0.0327	0.0292	0.0260	0.0230	0.0204	0.0180	0.0159	0.0140
23	0.0389	0.0347	0.0308	0.0273	0.0241	0.0213	0.0187	0.0164	0.0144	0.0126
24	0.0371	0.0329	0.0290	0.0256	0.0225	0.0197	0.0172	0.0150	0.0130	0.0113
25	0.0354	0.0312	0.0274	0.0240	0.0210	0.0182	0.0158	0.0137	0.0118	0.0102
26	0.0339	0.0297	0.0259	0.0226	0.0196	0.0169	0.0146	0.0125	0.0107	0.0092
27	0.0324	0.0283	0.0246	0.0212	0.0183	0.0157	0.0134	0.0114	0.0097	0.0083
28	0.0311	0.0270	0.0233	0.0200	0.0171	0.0146	0.0124	0.0105	0.0089	0.0075
29	0.0299	0.0258	0.0221	0.0189	0.0160	0.0136	0.0114	0.0096	0.0081	0.0067
30	0.0287	0.0246	0.0210	0.0178	0.0151	0.0126	0.0106	0.0088	0.0073	0.0061

续表

n	11%	12%	13%	14%	15%	16%	17%	18%	19%	20%
1	1.0000	1.0000	1.0000	1.0000	1.0000	1.0000	1.0000	1.0000	1.0000	1.0000
2	0.4739	0.4717	0.4695	0.4673	0.4651	0.4630	0.4608	0.4587	0.4566	0.4545
3	0.2992	0.2963	0.2935	0.2907	0.2880	0.2853	0.2826	0.2799	0.2773	0.2747
4	0.2123	0.2092	0.2062	0.2032	0.2003	0.1974	0.1945	0.1917	0.1890	0.1863
5	0.1606	0.1574	0.1543	0.1513	0.1483	0.1454	0.1426	0.1398	0.1371	0.1344
6	0.1264	0.1232	0.1202	0.1172	0.1142	0.1114	0.1086	0.1059	0.1033	0.1007
7	0.1022	0.0991	0.0961	0.0932	0.0904	0.0876	0.0849	0.0824	0.0799	0.0774
8	0.0843	0.0813	0.0784	0.0756	0.0729	0.0702	0.0677	0.0652	0.0629	0.0606
9	0.0706	0.0677	0.0649	0.0622	0.0596	0.0571	0.0547	0.0524	0.0502	0.0481
10	0.0598	0.0570	0.0543	0.0517	0.0493	0.0469	0.0447	0.0425	0.0405	0.0385
11	0.0511	0.0484	0.0458	0.0434	0.0411	0.0389	0.0368	0.0348	0.0329	0.0311
12	0.0440	0.0414	0.0390	0.0367	0.0345	0.0324	0.0305	0.0286	0.0269	0.0253
13	0.0382	0.0357	0.0334	0.0312	0.0291	0.0272	0.0254	0.0237	0.0221	0.0206
14	0.0332	0.0309	0.0287	0.0266	0.0247	0.0229	0.0212	0.0197	0.0182	0.0169
15	0.0291	0.0268	0.0247	0.0228	0.0210	0.0194	0.0178	0.0164	0.0151	0.0139
16	0.0255	0.0234	0.0214	0.0196	0.0179	0.0164	0.0150	0.0137	0.0125	0.0114
17	0.0225	0.0205	0.0186	0.0169	0.0154	0.0140	0.0127	0.0115	0.0104	0.0094
18	0.0198	0.0179	0.0162	0.0146	0.0132	0.0119	0.0107	0.0096	0.0087	0.0078
19	0.0176	0.0158	0.0141	0.0127	0.0113	0.0101	0.0091	0.0081	0.0072	0.0065
20	0.0156	0.0139	0.0124	0.0110	0.0098	0.0087	0.0077	0.0068	0.0060	0.0054
21	0.0138	0.0122	0.0108	0.0095	0.0084	0.0074	0.0065	0.0057	0.0051	0.0044
22	0.0123	0.0108	0.0095	0.0083	0.0073	0.0064	0.0056	0.0048	0.0042	0.0037
23	0.0110	0.0096	0.0083	0.0072	0.0063	0.0054	0.0047	0.0041	0.0035	0.0031
24	0.0098	0.0085	0.0073	0.0063	0.0054	0.0047	0.0040	0.0035	0.0030	0.0025
25	0.0087	0.0075	0.0064	0.0055	0.0047	0.0040	0.0034	0.0029	0.0025	0.0021
26	0.0078	0.0067	0.0057	0.0048	0.0041	0.0034	0.0029	0.0025	0.0021	0.0018
27	0.0070	0.0059	0.0050	0.0042	0.0035	0.0030	0.0025	0.0021	0.0017	0.0015
28	0.0063	0.0052	0.0044	0.0037	0.0031	0.0025	0.0021	0.0018	0.0015	0.0012
29	0.0056	0.0047	0.0039	0.0032	0.0027	0.0022	0.0018	0.0015	0.0012	0.0010
30	0.0050	0.0041	0.0034	0.0028	0.0023	0.0019	0.0015	0.0013	0.0010	0.0008

续表

n	21%	22%	23%	24%	25%	26%	27%	28%	29%	30%
1	1.0000	1.0000	1.0000	1.0000	1.0000	1.0000	1.0000	1.0000	1.0000	1.0000
2	0.4525	0.4505	0.4484	0.4464	0.4444	0.4425	0.4405	0.4386	0.4367	0.4348
3	0.2722	0.2697	0.2672	0.2647	0.2623	0.2599	0.2575	0.2552	0.2529	0.2506
4	0.1836	0.1810	0.1785	0.1759	0.1734	0.1710	0.1686	0.1662	0.1639	0.1616
5	0.1318	0.1292	0.1267	0.1242	0.1218	0.1195	0.1172	0.1149	0.1127	0.1106
6	0.0982	0.0958	0.0934	0.0911	0.0888	0.0866	0.0845	0.0824	0.0804	0.0784
7	0.0751	0.0728	0.0706	0.0684	0.0663	0.0643	0.0624	0.0605	0.0586	0.0569
8	0.0584	0.0563	0.0543	0.0523	0.0504	0.0486	0.0468	0.0451	0.0435	0.0419
9	0.0461	0.0441	0.0422	0.0405	0.0388	0.0371	0.0356	0.0340	0.0326	0.0312
10	0.0367	0.0349	0.0332	0.0316	0.0301	0.0286	0.0272	0.0259	0.0247	0.0235
11	0.0294	0.0278	0.0263	0.0249	0.0235	0.0222	0.0210	0.0198	0.0188	0.0177
12	0.0237	0.0223	0.0209	0.0196	0.0184	0.0173	0.0163	0.0153	0.0143	0.0135
13	0.0192	0.0179	0.0167	0.0156	0.0145	0.0136	0.0126	0.0118	0.0110	0.0102
14	0.0156	0.0145	0.0134	0.0124	0.0115	0.0106	0.0099	0.0091	0.0084	0.0078
15	0.0128	0.0117	0.0108	0.0099	0.0091	0.0084	0.0077	0.0071	0.0065	0.0060
16	0.0104	0.0095	0.0087	0.0079	0.0072	0.0066	0.0060	0.0055	0.0050	0.0046
17	0.0086	0.0078	0.0070	0.0064	0.0058	0.0052	0.0047	0.0043	0.0039	0.0035
18	0.0070	0.0063	0.0057	0.0051	0.0046	0.0041	0.0037	0.0033	0.0030	0.0027
19	0.0058	0.0051	0.0046	0.0041	0.0037	0.0033	0.0029	0.0026	0.0023	0.0021
20	0.0047	0.0042	0.0037	0.0033	0.0029	0.0026	0.0023	0.0020	0.0018	0.0016
21	0.0039	0.0034	0.0030	0.0026	0.0023	0.0020	0.0018	0.0016	0.0014	0.0012
22	0.0032	0.0028	0.0024	0.0021	0.0019	0.0016	0.0014	0.0012	0.0011	0.0009
23	0.0027	0.0023	0.0020	0.0017	0.0015	0.0013	0.0011	0.0010	0.0008	0.0007
24	0.0022	0.0019	0.0016	0.0014	0.0012	0.0010	0.0009	0.0008	0.0006	0.0006
25	0.0018	0.0015	0.0013	0.0011	0.0009	0.0008	0.0007	0.0006	0.0005	0.0004
26	0.0015	0.0013	0.0011	0.0009	0.0008	0.0006	0.0005	0.0005	0.0004	0.0003
27	0.0012	0.0010	0.0009	0.0007	0.0006	0.0005	0.0004	0.0004	0.0003	0.0003
28	0.0010	0.0008	0.0007	0.0006	0.0005	0.0004	0.0003	0.0003	0.0002	0.0002
29	0.0008	0.0007	0.0006	0.0005	0.0004	0.0003	0.0003	0.0002	0.0002	0.0001
30	0.0007	0.0006	0.0005	0.0004	0.0003	0.0003	0.0002	0.0002	0.0001	0.0001

附表 6　　等额分付资本回收系数（*A*/*P*，*i*，*n*）表

n	1%	2%	3%	4%	5%	6%	7%	8%	9%	10%
1	1.0100	1.0200	1.0300	1.0400	1.0500	1.0600	1.0700	1.0800	1.0900	1.1000
2	0.5075	0.5150	0.5226	0.5302	0.5378	0.5454	0.5531	0.5608	0.5685	0.5762
3	0.3400	0.3468	0.3535	0.3603	0.3672	0.3741	0.3811	0.3880	0.3951	0.4021
4	0.2563	0.2626	0.2690	0.2755	0.2820	0.2886	0.2952	0.3019	0.3087	0.3155
5	0.2060	0.2122	0.2184	0.2246	0.2310	0.2374	0.2439	0.2505	0.2571	0.2638
6	0.1725	0.1785	0.1846	0.1908	0.1970	0.2034	0.2098	0.2163	0.2229	0.2296
7	0.1486	0.1545	0.1605	0.1666	0.1728	0.1791	0.1856	0.1921	0.1987	0.2054
8	0.1307	0.1365	0.1425	0.1485	0.1547	0.1610	0.1675	0.1740	0.1807	0.1874
9	0.1167	0.1225	0.1284	0.1345	0.1407	0.1470	0.1535	0.1601	0.1668	0.1736
10	0.1056	0.1113	0.1172	0.1233	0.1295	0.1359	0.1424	0.1490	0.1558	0.1627
11	0.0965	0.1022	0.1081	0.1141	0.1204	0.1268	0.1334	0.1401	0.1469	0.1540
12	0.0888	0.0946	0.1005	0.1066	0.1128	0.1193	0.1259	0.1327	0.1397	0.1468
13	0.0824	0.0881	0.0940	0.1001	0.1065	0.1130	0.1197	0.1265	0.1336	0.1408
14	0.0769	0.0826	0.0885	0.0947	0.1010	0.1076	0.1143	0.1213	0.1284	0.1357
15	0.0721	0.0778	0.0838	0.0899	0.0963	0.1030	0.1098	0.1168	0.1241	0.1315
16	0.0679	0.0737	0.0796	0.0858	0.0923	0.0990	0.1059	0.1130	0.1203	0.1278
17	0.0643	0.0700	0.0760	0.0822	0.0887	0.0954	0.1024	0.1096	0.1170	0.1247
18	0.0610	0.0667	0.0727	0.0790	0.0855	0.0924	0.0994	0.1067	0.1142	0.1219
19	0.0581	0.0638	0.0698	0.0761	0.0827	0.0896	0.0968	0.1041	0.1117	0.1195
20	0.0554	0.0612	0.0672	0.0736	0.0802	0.0872	0.0944	0.1019	0.1095	0.1175
21	0.0530	0.0588	0.0649	0.0713	0.0780	0.0850	0.0923	0.0998	0.1076	0.1156
22	0.0509	0.0566	0.0627	0.0692	0.0760	0.0830	0.0904	0.0980	0.1059	0.1140
23	0.0489	0.0547	0.0608	0.0673	0.0741	0.0813	0.0887	0.0964	0.1044	0.1126
24	0.0471	0.0529	0.0590	0.0656	0.0725	0.0797	0.0872	0.0950	0.1030	0.1113
25	0.0454	0.0512	0.0574	0.0640	0.0710	0.0782	0.0858	0.0937	0.1018	0.1102
26	0.0439	0.0497	0.0559	0.0626	0.0696	0.0769	0.0846	0.0925	0.1007	0.1092
27	0.0424	0.0483	0.0546	0.0612	0.0683	0.0757	0.0834	0.0914	0.0997	0.1083
28	0.0411	0.0470	0.0533	0.0600	0.0671	0.0746	0.0824	0.0905	0.0989	0.1075
29	0.0399	0.0458	0.0521	0.0589	0.0660	0.0736	0.0814	0.0896	0.0981	0.1067
30	0.0387	0.0446	0.0510	0.0578	0.0651	0.0726	0.0806	0.0888	0.0973	0.1061

续表

n	11%	12%	13%	14%	15%	16%	17%	18%	19%	20%
1	1.1100	1.1200	1.1300	1.1400	1.1500	1.1600	1.1700	1.1800	1.1900	1.2000
2	0.5839	0.5917	0.5995	0.6073	0.6151	0.6230	0.6308	0.6387	0.6466	0.6545
3	0.4092	0.4163	0.4235	0.4307	0.4380	0.4453	0.4526	0.4599	0.4673	0.4747
4	0.3223	0.3292	0.3362	0.3432	0.3503	0.3574	0.3645	0.3717	0.3790	0.3863
5	0.2706	0.2774	0.2843	0.2913	0.2983	0.3054	0.3126	0.3198	0.3271	0.3344
6	0.2364	0.2432	0.2502	0.2572	0.2642	0.2714	0.2786	0.2859	0.2933	0.3007
7	0.2122	0.2191	0.2261	0.2332	0.2404	0.2476	0.2549	0.2624	0.2699	0.2774
8	0.1943	0.2013	0.2084	0.2156	0.2229	0.2302	0.2377	0.2452	0.2529	0.2606
9	0.1806	0.1877	0.1949	0.2022	0.2096	0.2171	0.2247	0.2324	0.2402	0.2481
10	0.1698	0.1770	0.1843	0.1917	0.1993	0.2069	0.2147	0.2225	0.2305	0.2385
11	0.1611	0.1684	0.1758	0.1834	0.1911	0.1989	0.2068	0.2148	0.2229	0.2311
12	0.1540	0.1614	0.1690	0.1767	0.1845	0.1924	0.2005	0.2086	0.2169	0.2253
13	0.1482	0.1557	0.1634	0.1712	0.1791	0.1872	0.1954	0.2037	0.2121	0.2206
14	0.1432	0.1509	0.1587	0.1666	0.1747	0.1829	0.1912	0.1997	0.2082	0.2169
15	0.1391	0.1468	0.1547	0.1628	0.1710	0.1794	0.1878	0.1964	0.2051	0.2139
16	0.1355	0.1434	0.1514	0.1596	0.1679	0.1764	0.1850	0.1937	0.2025	0.2114
17	0.1325	0.1405	0.1486	0.1569	0.1654	0.1740	0.1827	0.1915	0.2004	0.2094
18	0.1298	0.1379	0.1462	0.1546	0.1632	0.1719	0.1807	0.1896	0.1987	0.2078
19	0.1276	0.1358	0.1441	0.1527	0.1613	0.1701	0.1791	0.1881	0.1972	0.2065
20	0.1256	0.1339	0.1424	0.1510	0.1598	0.1687	0.1777	0.1868	0.1960	0.2054
21	0.1238	0.1322	0.1408	0.1495	0.1584	0.1674	0.1765	0.1857	0.1951	0.2044
22	0.1223	0.1308	0.1395	0.1483	0.1573	0.1664	0.1756	0.1848	0.1942	0.2037
23	0.1210	0.1296	0.1383	0.1472	0.1563	0.1654	0.1747	0.1841	0.1935	0.2031
24	0.1198	0.1285	0.1373	0.1463	0.1554	0.1647	0.1740	0.1835	0.1930	0.2025
25	0.1187	0.1275	0.1364	0.1455	0.1547	0.1640	0.1734	0.1829	0.1925	0.2021
26	0.1178	0.1267	0.1357	0.1448	0.1541	0.1634	0.1729	0.1825	0.1921	0.2018
27	0.1170	0.1259	0.1350	0.1442	0.1535	0.1630	0.1725	0.1821	0.1917	0.2015
28	0.1163	0.1252	0.1344	0.1437	0.1531	0.1625	0.1721	0.1818	0.1915	0.2012
29	0.1156	0.1247	0.1339	0.1432	0.1527	0.1622	0.1718	0.1815	0.1912	0.2010
30	0.1150	0.1241	0.1334	0.1428	0.1523	0.1619	0.1715	0.1813	0.1910	0.2008

续表

n	21%	22%	23%	24%	25%	26%	27%	28%	29%	30%
1	1.2100	1.2200	1.2300	1.2400	1.2500	1.2600	1.2700	1.2800	1.2900	1.3000
2	0.6625	0.6705	0.6784	0.6864	0.6944	0.7025	0.7105	0.7186	0.7267	0.7348
3	0.4822	0.4897	0.4972	0.5047	0.5123	0.5199	0.5275	0.5352	0.5429	0.5506
4	0.3936	0.4010	0.4085	0.4159	0.4234	0.4310	0.4386	0.4462	0.4539	0.4616
5	0.3418	0.3492	0.3567	0.3642	0.3718	0.3795	0.3872	0.3949	0.4027	0.4106
6	0.3082	0.3158	0.3234	0.3311	0.3388	0.3466	0.3545	0.3624	0.3704	0.3784
7	0.2851	0.2928	0.3006	0.3084	0.3163	0.3243	0.3324	0.3405	0.3486	0.3569
8	0.2684	0.2763	0.2843	0.2923	0.3004	0.3086	0.3168	0.3251	0.3335	0.3419
9	0.2561	0.2641	0.2722	0.2805	0.2888	0.2971	0.3056	0.3140	0.3226	0.3312
10	0.2467	0.2549	0.2632	0.2716	0.2801	0.2886	0.2972	0.3059	0.3147	0.3235
11	0.2394	0.2478	0.2563	0.2649	0.2735	0.2822	0.2910	0.2998	0.3088	0.3177
12	0.2337	0.2423	0.2509	0.2596	0.2684	0.2773	0.2863	0.2953	0.3043	0.3135
13	0.2292	0.2379	0.2467	0.2556	0.2645	0.2736	0.2826	0.2918	0.3010	0.3102
14	0.2256	0.2345	0.2434	0.2524	0.2615	0.2706	0.2799	0.2891	0.2984	0.3078
15	0.2228	0.2317	0.2408	0.2499	0.2591	0.2684	0.2777	0.2871	0.2965	0.3060
16	0.2204	0.2295	0.2387	0.2479	0.2572	0.2666	0.2760	0.2855	0.2950	0.3046
17	0.2186	0.2278	0.2370	0.2464	0.2558	0.2652	0.2747	0.2843	0.2939	0.3035
18	0.2170	0.2263	0.2357	0.2451	0.2546	0.2641	0.2737	0.2833	0.2930	0.3027
19	0.2158	0.2251	0.2346	0.2441	0.2537	0.2633	0.2729	0.2826	0.2923	0.3021
20	0.2147	0.2242	0.2337	0.2433	0.2529	0.2626	0.2723	0.2820	0.2918	0.3016
21	0.2139	0.2234	0.2330	0.2426	0.2523	0.2620	0.2718	0.2816	0.2914	0.3012
22	0.2132	0.2228	0.2324	0.2421	0.2519	0.2616	0.2714	0.2812	0.2911	0.3009
23	0.2127	0.2223	0.2320	0.2417	0.2515	0.2613	0.2711	0.2810	0.2908	0.3007
24	0.2122	0.2219	0.2316	0.2414	0.2512	0.2610	0.2709	0.2808	0.2906	0.3006
25	0.2118	0.2215	0.2313	0.2411	0.2509	0.2608	0.2707	0.2806	0.2905	0.3004
26	0.2115	0.2213	0.2311	0.2409	0.2508	0.2606	0.2705	0.2805	0.2904	0.3003
27	0.2112	0.2210	0.2309	0.2407	0.2506	0.2605	0.2704	0.2804	0.2903	0.3003
28	0.2110	0.2208	0.2307	0.2406	0.2505	0.2604	0.2703	0.2803	0.2902	0.3002
29	0.2108	0.2207	0.2306	0.2405	0.2504	0.2603	0.2703	0.2802	0.2902	0.3001
30	0.2107	0.2206	0.2305	0.2404	0.2503	0.2603	0.2702	0.2802	0.2901	0.3001

参 考 文 献

[1] 余建星，杜杰．工程经济．北京：中国建筑出版社，2004.

[2] 黄有亮．工程经济学．南京：东南大学出版社，2004.

[3] 李慧民．建筑工程经济与项目管理．北京：冶金工业出版社，2004.

[4] 李相然．工程经济学．北京：中国建筑工业出版社，2005.

[5] 国家发展改革委、建设部．建设项目经济评价方法与参数（第三版）．北京：中国计划出版社，2006.

[6] 贺武．财务管理．北京：机械工业出版社，2007.

[7] 渠晓伟．建筑工程经济．北京：机械工业出版社，2007.

[8] 吴全利．建筑工程经济．重庆：重庆大学出版社，2007.

[9] 陈志高．最新建筑工程项目概预算与财务成本管理及成本控制全书．北京：中国建筑工业出版社，2007.

[10] 田恒久．工程经济．武汉：武汉理工大学出版社，2008.

[11] 赵玉萍．建筑施工企业财务管理．北京：机械工业出版社，2008.

[12] 于丽君．建筑技术经济分析．北京：中国建筑工业出版社，2008.

[13] 吕靖，梁晶．技术经济学．北京：化学工业出版社，2008.

[14] 林淋．工程财务分析和评价．武汉：武汉理工大学出版社，2009.

[15] 张厚钧．工程经济学．北京：北京大学出版社，2009.

[16] 章喆，胡毓．建筑工程经济．郑州：黄河水利出版社，2010.

[17] 全国一级建造师执业资格考试用书编写委员会编写．建设工程经济．北京：中国建筑工业出版社，2010（第二版）.